NIKLAS FRANZEN
BRASILIEN ÜBER ALLES

Niklas Franzen ist Journalist und Brasilien-Experte. Er lebte für mehrere Jahre in São Paulo und berichtete als Korrespondent für verschiedene Medien, unter anderem die »taz« und das »nd«. Seit mehr als einem Jahrzehnt verfolgt er die politischen Prozesse in dem südamerikanischen Land. Er lebt in Berlin und kehrt so oft wie möglich nach Brasilien zurück.

Niklas Franzen
BRASILIEN ÜBER ALLES
Bolsonaro und die rechte Revolte

ASSOZIATION A

Gefördert durch:
Friedrich-Ebert-Stiftung, Neustart Kultur und Willi Münzenberg Forum

© Assoziation A, Berlin / Hamburg 2022
Assoziation A, Gneisenaustraße 2a, 10961 Berlin
www.assoziation-a.de
berlin@assoziation-a.de, hamburg@assoziation-a.de

Gestaltung: Andreas Homann
Satz: Elemer
Druck: CPI

Autorenfoto Seite 2: André Groth
Foto Cover: fotospublicas.com

ISBN 978-3-86241-492-5

INHALT

PROLOG

Die Euphorie muss raus. Aus allen Ecken strömen sie auf die Straße. Einige haben sich in Fahnen gehüllt, andere die Gesichter bemalt. Autos hupen, Feuerwerk kracht, Jubelschreie hallen durch die Hochhausschluchten São Paulos.

Ich schließe mich der Menge an, lasse mich vom Strom der Menschen treiben. Wohin es genau geht, weiß niemand so wirklich. Das scheint an diesem Abend auch egal zu sein. Denn etwas Großes ist gerade passiert.

Es ist der Abend des 28. Oktober 2018. Vor wenigen Minuten waren die Ergebnisse der Stichwahl auf allen Kanälen zu sehen. Brasilien stimmte für einen radikalen Neustart. Für einen Mann, der noch vor wenigen Wochen als Außenseiter gehandelt wurde: Jair Messias Bolsonaro. Es ist der Höhepunkt kräftezehrender Monate. Die brasilianische Gesellschaft ist gespalten wie selten zuvor. Für die einen ist der künftige Präsident ein waschechter Faschist, den es zu bekämpfen gilt. Für Millionen Brasilianer*innen verkörpert Bolsonaro jedoch die Hoffnung auf einen echten Wandel. Und so strömen sie an diesem Oktobertag überall im Land auf die Straße.

Ich berichte als Journalist vom Wahlabend aus São Paulo. Da alle Straßen verstopft sind, schlage ich mich zu Fuß zur Avenida Paulista durch. Die bekannteste Straße der Megametropole ist ein Betonwald aus Wolkenkratzern. Tausende haben sich hier versammelt. Ein Verkäufer preist lauthals T-Shirts mit dem Konterfei Bolsonaros an, während ein zahnloser Obdachloser einen Einkaufswagen durch die feiernde Menge steuert. Auf

Grills brutzeln Fleischspieße, laute Musik dröhnt aus Boxen. Es wird getanzt, gesungen, gelacht. Volksfeststimmung. Doch man sieht auch Menschen in Tarnoutfits, die vor Brasilien-Fahnen salutieren. Kleine Kinder, die ihre Hände zu Pistolen formen. »Brasil acima de tudo, Deus acima de todos«, schallt es immer wieder von einem Lautsprecherwagen herüber, »Brasilien über alles, Gott über allen«. Es ist der Schlachtruf von Bolsonaro. Und dann sehe ich einen jungen Mann, vielleicht Anfang 20, mit Muskelshirt und Gelfrisur. Ganz ruhig steht er da, mitten in der Menschenmenge, fast schon stoisch. Er lächelt und hat den Arm zum Hitlergruß in die Luft gereckt. Die Umstehenden applaudieren. Noch lange wird mich diese Szene beschäftigen. Immer wieder kommt sie mir in den nächsten Jahren in den Kopf und ich frage mich: Was ist mit Brasilien geschehen? Wie konnte es so weit kommen? Darum soll es in diesem Buch gehen.

Fußball, Strand, Karneval. Im Ausland bestimmten lange Zeit Klischees die Berichterstattung über das größte Land Lateinamerikas. Die Brasilianer*innen galten als gelassen, tolerant und lebensfroh. Und so rieben sich viele verwundert die Augen, als mit Bolsonaro ein notorischer Rechtsradikaler zum Präsidenten gewählt wurde, der gegen Minderheiten hetzt, die Umwelt zerstören lässt und den Medien den Kampf angesagt hat. Brasilien habe seine Unschuld verloren, hieß es schnell. Eine plötzliche Explosion von Gefühlen. Doch kam das wirklich alles so überraschend?

Rechtsradikale Politik entsteht nicht im luftleeren Raum. Sie stürzt auch nicht wie ein Unwetter über uns herein. Sie wächst auf dem Boden von Ängsten, ist Folge schwerer Krisen. Ähnlich wie die Neue Rechte in Europa oder der Trumpismus in den USA ist auch Bolsonaro nicht vom Himmel gefallen. Sein Aufstieg hat eine Vorgeschichte. Das einstige Vorzeigeland Lateinamerikas befindet sich seit Jahren in der Dauerkrise: Korruptionsskandale, wirtschaftliche Talfahrt, Massenproteste.

Einen nicht minder großen Schatten werfen die fehlende Aufarbeitung der Kolonialzeit, der strukturelle Rassismus und die Narben der Militärdiktatur. Rechtsradikale Ideen finden Widerhall in einer von Ungleichheit, Gewalt und religiösem Fundamentalismus gezeichneten Gesellschaft. Der Autor João

Paulo Cuenca meint: Mit Bolsonaro offenbare das Land seine wahre Seele.

Brasilien gilt heute als besonders extremes Beispiel des rechtsradikalen Zeitgeistes. Doch der südamerikanische Riese ist wahrlich kein Einzelfall. Überall scheint die Welt aus den Fugen geraten, nicht erst seit der Corona-Pandemie. Wir leben in Zeiten, in denen es Staatschefs geschafft haben, vermeintliche Prinzipien des Politikbetrieb außer Kraft zu setzen. In denen sich immer mehr Menschen in Paralleluniversen flüchten. Und in denen soziale Medien Wahlen entscheiden. Auch Bolsonaro – und das ist eine These dieses Buches – steht für eine neue und moderne Form des Rechtsradikalismus. Mit seiner unkonventionellen Art stellt er viele Grundsätze des politischen Systems auf den Kopf: Die Inszenierung als Anti-Politiker hat er perfektioniert, in den sozialen Medien ist er seinen meisten Kolleg*innen um Lichtjahre voraus, von seinen Anhänger*innen wird er wie ein Gott verehrt. Mit Bolsonaro ist der Dauerangriff zum Politikstil geworden. Scheinbar allgemeingültige Überzeugungen wurden aufgekündigt, geltende Normen über Bord geworfen. Der Wahn regiert. Und mit dem Bolsonarismus gibt es eine schlagkräftige Bewegung, völlig abgekoppelt von jeglicher Rationalität, die dem Präsidenten auch heute noch treu zur Seite steht. Es ist ein giftiges Gemisch aus religiösem Fanatismus, Verschwörungsmythen und Militarismus.

2009 kam ich zum ersten Mal nach Brasilien. Seitdem zieht es mich immer wieder dorthin zurück. Für mehrere Jahre lebte ich in der 20-Millionenmetropole São Paulo, studierte dort, arbeitete als Korrespondent für verschiedene Zeitungen. Wenn man ein Buch über ein Land der Größe und Komplexität Brasiliens schreibt, ist eine Sache von vornherein klar: Es gibt nicht die *eine* Wahrheit. Was es gibt, sind ganz unterschiedliche Vorstellungen und Deutungen, die sich oft diametral gegenüberstehen. Als ausländischer Journalist stößt meine Analyse immer an Grenzen. Es ist ein Blick von außen. Das ist aber nicht unbedingt ein Nachteil und hat mir in vielen Situationen Türen geöffnet.

Für dieses Buch bin ich quer durch Brasilien gereist und habe mit den unterschiedlichsten Menschen gesprochen. Ich war mit Goldgräber*innen im Regenwald unterwegs, bin mit Pastoren zu Gottesdiensten gegangen, habe Politiker*innen im Parlament und Sojafarmer im staubigen Hinterland besucht. Ich habe Wissenschaftler*innen, Aktivist*innen und Polizist*innen interviewt. Ebenso habe ich mit Regierungsmitgliedern gesprochen sowie mit jenem Mann, der hier im Fokus stehen soll: mit Präsident Jair Messias Bolsonaro.

In Europa wird leidenschaftlich darüber diskutiert, ob man überhaupt mit Rechten reden sollte. Ich verstehe das Unbehagen. Dennoch glaube ich, dass man als Journalist gar keine andere Wahl hat, als mit allen zu reden – ja sogar in der Pflicht steht, es zu tun. Journalistische Sorgfalt bedeutet für mich allerdings nicht, sich hinter einer vermeintlichen Neutralität zu verstecken.

Es ist wichtig zu verstehen, wie es dem Außenseiter Bolsonaro gelang, die Wut und Unzufriedenheit vieler Brasilianer*innen hinter sich zu bündeln. Der rechtsradikale Rüpel inszenierte sich als Kämpfer gegen das Establishment, er versprach die Bekämpfung der Korruption und eine harte Hand gegenüber Kriminellen. Gleichzeitig schaffte er es ein breites Bündnis zu schmieden. Christ*innen, Neoliberale, Großgrundbesitzer und Waffenfans kamen zu einer historischen Allianz zusammen.

Bolsonaros Aufstieg hat viel mit den Eigenheiten dieses gigantischen Landes zu tun. Dennoch lässt er sich nur im Kontext des globalen Rechtsradikalismus verstehen. Die Welt rückt zusammen. Eine Phrase, sicherlich. Aber es stimmt: In unserer globalisierten Welt überqueren Debatten und Ideen schnell die Landesgrenzen, selbst über den Atlantik hinweg. Auch Rechte vernetzen sich und sie lernen voneinander. Deshalb sollte Bolsonaros spektakulärer Wahlsieg eine Warnung sein.

Was an einem Ort passiert, kann Auswirkungen auf die ganze Welt haben. Beispiel Amazonien: Wenn der brasilianische Regenwald brennt, hat das unmittelbare Folgen auf das Weltklima. Wir müssen uns auch fragen: Welche Rolle nehmen wir selbst dabei ein? Im Globalen Norden profitieren wir vom Raubbau am Regenwald. Mit deutschen Waffen wird in den Favelas von Rio de Janeiro geschossen. Und europäische Unternehmen haben den Wahlkampf Bolsonaros unterstützt. Brasilien ist näher, als man denken mag.

Seit jenem Wahlabend 2018 in São Paulo sind mehrere Jahre vergangen. Bolsonaro hat alte Wunden aufgerissen, neue hinzugefügt. Die Corona-Pandemie zeigt das besonders schmerzlich auf. Der brasilianische Schriftsteller Luiz Ruffato wählte eine besondere Metapher, um die Gefahr von Staatschefs wie Bolsonaro zu beschreiben. »Ein Haus zu errichten, braucht viel Zeit. Vom Kauf des Geländes bis zu dem magischen Augenblick, in dem man damit beginnt, die ersten Bilder an die Wände zu hängen, das Ambiente mit Möbeln zu dekorieren, den Raum mit Andenken und mit Erinnerungen zu füllen. Um ein Haus zu zerstören, genügt eine einzige Person, wenn sie eine Spitzhacke hat. In nur wenigen Stunden werden nur noch Ruinen da sein.«

Bolsonaro hat die Zerstörung zu seinem Regierungsprojekt gemacht und er versucht, in vielen Bereichen die Uhr komplett zurückzudrehen. Nicht immer gelingt ihm das. Was allerdings feststeht: Eine konservative Revolution hat das Land erfasst. In den folgenden acht Kapiteln zeichne ich diese Entwicklung nach. Es geht unter anderem um Angriffe auf die Pressefreiheit, den Aufstieg der ultrakonservativen Freikirchen, Polizeigewalt gegen die schwarze Bevölkerung und den Zerstörungskurs in Amazonien.

Von außen betrachtet könnte man meinen: Brasilien ist ausschließlich nach rechts gerückt. Doch Bolsonaros Projekt führt zu viel Widerstand. Auf der Straße, im Parlament, in den Redaktionen. Deshalb handelt dieses Buch auch von Menschen, die sich gegen die rechte Zeitenwende zur Wehr setzen.

Einmal wurde Bolsonaro während eines Interviews gefragt, ob er den Kongress schließen würde, wenn er Präsident wäre. Der damalige Abgeordnete antwortete: »Daran gibt es nicht den geringsten Zweifel. Ich würde noch am selben Tag einen Putsch durchführen.« Als der notorische Antidemokrat die Wahl gewann, sahen viele das Land in überwunden geglaubte Zeiten zurückfallen. Doch trotz Bolsonaros Zerstörungswut hat ein autoritärer Durchmarsch wie in anderen Ländern nicht stattgefunden. Anlass zur Beruhigung ist das nicht. Denn die Erosion von Demokratien kommt heute nicht mit einem großen Schlag. Es droht auch nicht mehr ein Putsch der alten Schule. Heute sind es meist kleine Stiche und systematische Attacken gegen die Institutionen, die schleichend die demokratischen Fundamente aushebeln. Auch Bolsonaro erkennt die Spielregeln formell an, um die Demokratie von innen auszuhöhlen.

Im Oktober 2022 finden die nächsten Präsidentschaftswahlen statt, und so einige haben die Hoffnung, Bolsonaro ließe sich an der Urne abwählen. Das stimmt hoffentlich. Doch es ist ein Fehler, ausschließlich auf Amtszeiten zu blicken. Der Bolsonarismus – und das ist eine weitere These dieses Buches – wird sich nicht einfach in Luft auflösen, auch wenn der Namensgeber dieses Phänomens nicht mehr Präsident sein sollte. Seine Ideen und sein Politikstil sind gekommen, um zu bleiben. Und sie haben Brasilien bereits verändert. Wir müssen Bolsonaros rechte Revolte verstehen, um – auch anderswo – effektive Gegenmittel zu finden.

DER WEG ZUM » MYTHOS«

An einem Septembermorgen 1956 hielt ein Auto vor dem Haus von Oscar Niemeyer. Der brasilianische Architekt mit den deutschen Vorfahren hatte sich ein faszinierendes Bauwerk am Stadtrand von Rio de Janeiro errichtet. Tanzende Kurven, verglaste Wände, spektakulär an einem Hang gelegen. Niemeyer ging zu dem Wagen, öffnete die Tür und blickte in das Gesicht eines alten Bekannten. »Ich werde diesem Land eine neue Hauptstadt bauen«, platzte es aus dem Mann heraus. »Und ich will, dass du mir hilfst.«

Der Mann war kein anderer als Juscelino Kubitschek, frisch gewählter Präsident von Brasilien. Lange hatte er von einem neuen Zentrum geträumt, davon, das politische Machtzentrum von den Küstenmetropolen in das menschenleere Hinterland zu verschieben. Auch architektonisch sollte diese Stadt anders sein. Viel zu lange war Brasiliens Baustil ein Abziehbild Europas, geprägt vom Minderwertigkeitskomplex der Eliten. Die neue Hauptstadt sollte die Utopie einer souveränen und modernen Gesellschaft in Beton gießen.

Niemeyer schien dafür genau der richtige Mann. Der Architekt war ein Kritiker orthodoxer Bauformeln, bekannt für seine visionären Entwürfe und einen unverkennbaren Stil. Sinnliche Rundungen, die scheinbar aufgehobene Bodenhaftung, spielerische Leichtigkeit. Ohne lange zu überlegen, willigte Niemeyer ein, schloss sein Architekturbüro in Rio de Janeiro und machte sich auf den Weg in den »vergessenen Provinzflecken«, wie er das staubige, trostlose Wüstenareal im Landesinnern später einmal nennen sollte. Im Eiltempo entwarfen Niemeyer und der Stadtplaner Lúcio Costa die Grundrisse der zukünftigen Stadt. Kurz darauf folgte der erste Spatenstich. Keine vier Jahre nach dem Besuch Kubitscheks bei Niemeyer war die Planstadt fertiggestellt und wurde am 21. April 1960 feierlich eingeweiht. Die Geburtsstunde von Brasília, der »Hauptstadt der Hoffnung«.

Den Grundriss dieser sonderbaren Stadt bildet ein Kreuz. An den Seiten befinden sich die Wohnbezirke, der Rumpf ist eine zwölfspurige Autobahn mit dem Praça dos Três Poderes, dem Platz der Drei Gewalten, an der Spitze. Es ist ein kahler Platz, rechteckig, ohne jegliche Bepflanzung. Majestätisch wachen dort Parlament, Regierungssitz und Verfassungsgericht. Es sind architektonische Meisterwerke, als gleichschenkliges Dreieck platziert, als wollten sie sagen: Keine der Gewalten ist mächtiger als die andere. Und genau das war auch Niemeyers Idee. Der Platz, ein Symbol der Gewaltenteilung. Eine Metapher für Brasiliens Demokratie.

1. Januar 2019, Neujahrstag. Ein Mann mit Seitenscheitel und Schärpe steht auf einer Bühne und blickt auf den Praça dos Três Poderes herunter. Tausende Menschen haben sich davor versammelt. Fahnen, Transparente, ein Meer aus Gelb und Grün. Sirenen heulen, Feuerwerk donnert. Auf Millionen von Fernsehern ist zu sehen, wie dieser etwas ungelenk wirkende Mann eine Lesebrille aufsetzt, ein paar Blätter ordnet und anfängt in ein Standmikrophon zu sprechen: »Freunde und Freundinnen aus ganz Brasilien. Mit Demut und Ehre wende ich mich an Sie als Präsident von Brasilien.«

Jair Messias Bolsonaro hatte wenige Minuten zuvor den Amtseid geschworen. Alle vier Jahre findet im futuristischen Machtzentrum Brasílias die Amtseinführung des neuen Präsidenten statt. Hände schütteln, Nationalhymne singen, die erste Rede vor der Nation. Ein Ritual. Doch in diesem Jahr ist vieles anders. Denn Brasilien ist ein anderes Land: gespalten, orientierungslos, voller Wut. Die härteste Wahl seiner Geschichte steckt Brasilien in den Knochen. Bolsonaro kommt jetzt richtig in Fahrt:

»Ich stehe hier an dem Tag, als das Volk begann, sich vom Sozialismus zu befreien.« Jubel. »Von der Umkehrung der Werte, des staatlichen Gigantismus und der politischen Korrektheit.« Ekstase.

Bolsonaro klebt am Blatt, lispelt leicht, spricht abgehackt. Ein mittelmäßiger Redner. Doch seine Anhänger*innen kleben an seinen Lippen. Verehren ihn wie einen Gott. »Mythos, Mythos, Mythos«, hallt es immer wieder über den Platz. So wird er von seinen Fans gerufen.

Das Phänomen Bolsonaro ist vielschichtig, komplex und reicht über die gewöhnliche Bewunderung für einen Politiker hinaus. Der Rechtsradikale steht für eine Idee, repräsentiert eine Bewegung und ist zugleich Reflex einer taumelnden Gesellschaft.

Für Millionen Brasilianer*innen sollte an diesem Neujahrstag eine Zeitenwende beginnen, der Start in eine stolze Zukunft. Die Hoffnung ist groß: Jetzt regiert Bolsonaro, jetzt weht ein anderer Wind! Für andere werden mit der Amtseinführung ihre schlimmsten Alpträume wahr, der erste Akt einer heraufziehenden Katastrophe. Wieder setzt Bolsonaro an:

»Wir dürfen nicht zulassen, dass unheilvolle Ideologien die Brasilianer spalten. Ideologien, die unsere Werte und Traditionen zerstören. Unsere Familien. Das Fundament unserer Gesellschaft.«

Der gar nicht mehr präsidentiell wirkende Bolsonaro schnappt sich eine Fahne, wedelt mit ihr wie ein Fußballfan über dem Kopf. Die Menge johlt. Bolsonaro ist in seinem Element. Noch einmal nähern sich seine Lippen dem Mikrophon: »Möge Gott diese große Nation segnen. Brasilien über alles, Gott über allen.«

Fast 60 Jahre nach seiner Gründung war Brasília wieder einmal Schauplatz eines historischen Tages geworden. Was der Architekt Oscar Niemeyer wohl über einen Präsidenten gesagt hätte, der Porträts von Folterknechten der Militärdiktatur in seinem Büro hängen hat? Der vollmundig verkündete, dass nun die Kirche regiert? Der gegen Schwarze, Schwule und Frauen hetzt?

Niemeyer sollte mit seinen Entwürfen Weltruhm erlangen, als »Prophet der Moderne« gefeiert werden. Aber Niemeyer war noch mehr: Ein überzeugter Kommunist, ein radikaler Humanist und Atheist, ungewöhnlich im frommen Brasilien. 1966, zwei Jahre nach der Machtergreifung rechter Militärs, floh er wegen seiner linken Ideale ins Exil. Für 20 Jahre lebte er in Paris. Der Stararchitekt starb 2012, fünf Tage vor seinem 105. Geburtstag. Und so sollte Niemeyer den denkwürdigen Neujahrstag, an dem die extreme Rechte auf dem Praça dos Três Poderes ihren Triumph feierte, nicht mehr miterleben.

Die Jubeljahre

Am Ende kann Luiz Inácio »Lula« da Silva die Tränen nicht mehr zurückhalten. Es sind Freudentränen. Die Tränen einer ganzen Nation. Es ist der 2. Oktober 2009, Brasiliens Präsident sitzt auf einer Pressekonferenz in Kopenhagen. Rio de Janeiro hat soeben den Zuschlag für die Olympischen Spiele 2016 erhalten. Zuvor war Brasilien bereits ausgewählt worden, die Fußballweltmeisterschaft 2014 auszurichten. »Unsere Zeit ist gekommen«, verkündet Lula voller Stolz. Wie der Präsident blickte die große Mehrheit der Bevölkerung mit grenzenlosem Optimismus in die Zukunft. Brasilien hatte die weltweite Finanzkrise bewältigt, wurde als aufstrebender Global Player gefeiert, galt als Musterschüler der Finanzmärkte. Alles schien möglich. Die Ausrichtung der Olympischen Spiele waren die Kirsche auf der Torte, Lula der Konditor. Um Bolsonaros spektakulären Aufstieg zu verstehen, muss man die Vorgeschichte betrachten.

Seit mehr als 50 Jahren prägt Lula die brasilianische Politik wie kein Zweiter. Das liegt auch daran, dass seine Geschichte die Geschichte vieler Brasilianer*innen ist. Lula ist als siebtes Kind einer armen Familie im *sertão* aufgewachsen, dem trockenen, von Hunger geplagten Hinterland im Nordosten. Lula war sieben, als seine Mutter ihre Habseligkeiten packte und sich mit ihren Kindern auf die Ladefläche eines klapprigen Lastwagens setzte. Nach 13 Tagen Fahrt kamen endlich die Hochhäuser São Paulos in Sicht. Wie Millionen armer Landarbeiter*innen wollte die Familie im industriellen Süden ein neues Leben beginnen.

Der junge Lula musste früh lernen, Verantwortung zu übernehmen: Als Kind verkaufte er Kekse aus Maniokmehl, arbeitete als Bote, sah nur für kurze Zeit ein Klassenzimmer von innen. Mit 14 fing Lula an, als Dreher in einer Kupferfabrik zu arbeiten. An der Werkbank formte er nicht nur Metallplatten, sondern auch eine außergewöhnliche Karriere. Der redegewandte Lula brachte es schnell zum Gewerkschaftsführer, organisierte Streiks, hielt flammende Reden vor Werkstoren. Bald wurden die Schergen der rechten Militärdiktatur auf ihn aufmerksam, nahmen ihn fest. 31 Tage verbrachte er im Gefängnis. Anfang der 1980er Jahre war Lula auch dabei, als die Partei gegründet wurde, die Brasilien nachhaltig verändern sollte: die Partido dos Trabalhadores, die Arbeiterpartei. In den dunklen Jahren der rechten Militärdiktatur war sie ein Sammel- becken für oppositionelle Gewerkschaftler*innen, sozialistische Katholik*innen und soziale Bewegungen. Lula wurde ihr bekanntestes Gesicht. Sein Interesse an Politik, erklärte er später einmal, wurde nach einem Besuch im brasilianischen Kongress geweckt: Von den 433 Abgeordneten kamen nur zwei aus der Arbeiterklasse. Das wollte Lula ändern. Doch dafür musste er nach ganz oben.

Dreimal zog er als Spitzenkandidat für die PT in den Wahlkampf. Dreimal unterlag er. Vor der Wahl 2002 schlug Lula moderate Töne an, kumpelte mit der Elite und gab zu verstehen: Mit ihm als Präsidenten werde es keinen radikalen Bruch geben. Revolution? Sozialismus? Klassenkampf? Begriffe der Vergangenheit. Nun war es Zeit zu regieren. 2002, in seinem vierten Anlauf, schrieb der Politiker mit der unverkennbaren Kratzstimme das Politmärchen: Der Metallarbeiter wurde zum Präsidenten des größten Landes Lateinamerikas gewählt.

Für die Armen sollte mit Lulas Wahlsieg eine neue Zeit beginnen. Mit den Einnahmen aus dem Rohstoffgeschäft konnte die Regierung Sozialprogramme finanzieren. 30 Millionen Brasilianer*innen entkamen so der Armut, der Hunger konnte fast komplett beseitigt werden. Schwarze Vorstadtkids schrieben sich an den Universitäten ein, Hausangestellte bekamen erstmals einige Arbeitsrechte zugesprochen. Der Mindestlohn stieg und die Arbeitslosigkeit fiel auf ein historisches Tief. Die Fortschritte machten Lula zur Lichtgestalt der Armen, doch auch die Finanzmärkte hatten allen Grund zum Jubeln. Denn Lula behielt eine rigide Finanzpolitik bei und setzte auf ein vom Rohstoffexport getragenes Wirtschaftswachstum. Dem charismatischen Lula gelang es, fast alle politischen und wirtschaftlichen Lager in sein Regierungsprojekt einzubinden: Von der Trotzkistin bis zum Topmanager. Eine Politik, die als *lulismo* bekannt wurde. Die Früchte des Booms wurden etwas gerechter verteilt, an den grundsätzlichen Strukturen wurde aber nicht gerüttelt. Wieso auch? Es lief hervorragend, alle schienen glücklich. Im Jahr 2007 wurde Lula wiedergewählt.

Während seiner zweiten Amtszeit setzte sich die Erfolgsstory fort. Die Wirtschaft wuchs jährlich um spektakuläre fünf Prozent, das Land baute die Agrarindustrie aus und Brasilien kletterte auf den Platz der weltweit sechstgrößten Volkswirtschaft. Voller Anerkennung blickten viele auf den tropischen Riesen, einige auch mit Neid. Brasilien strotze vor Selbstbewusstsein: Die einstige Kolonie schien angekommen im Klub der Großen, war Primus der BRICS-Staaten.

Für die enormen Wachstumsraten waren vor allem der Exportsektor und die hohen Weltmarktpreise für Rohstoffe wie Erdöl verantwortlich. Als Mitte der 2000er Jahre riesige Ölvorkommen vor der Küste entdeckt wurden, schien das Glück perfekt. Der Boom ermöglichte es Brasilien, massive Investitionen zu tätigen, auch in Bildung und Technologie. Durch staatliche Megaprojekte wie das Infrastrukturprogramm PAC oder das Wohnungsbauprogramm Minha Casa, Minha Vida versuchte die PT-Regierung zusätzlich den Binnenmarkt anzukurbeln. Das Entwicklungsmodell der PT: Wachstum um jeden Preis und Konsum für alle, notfalls auf Pump.

Erste Risse

Doch das von der PT eingeleitete Wachstumsdogma stieß nicht nur auf Zustimmung. Umstrittene Großprojekte und das staatlich hofierte Agrobusiness zerstörten die Natur, Bagger rollten immer häufiger durch die Gebiete von Indigenen, in den Städten wurden ganze Armenviertel plattgemacht. Eine von vielen erhoffte Landreform blieb aus.

Auch die Demokratisierung der Medien war mit der PT nicht zu machen. Die linke Journalistin Eliane Brum schreibt: »Zu leugnen, dass die PT sich an der Macht korrumpiert hat, ist fast so wahnhaft, wie das Leugnen des von Menschen gemachten Klimawandels.«

Und die Partei, die stets mit hohen moralischen Standards angetreten war, landete endgültig auf dem Boden der Realpolitik, als das Wochenmagazin Veja im Jahr 2005 einen Korruptionsskandal aufdeckte. Die PT hatte Parlamentarier*innen üppige Schmiergelder für die Zustimmung zu Regierungsprojekten gezahlt. Es handelte sich um monatliche Zahlungen, weshalb der Skandal *mensalão,* die großen Monatlichen, getauft wurde. Erst Jahre später wurden einige der Strippenzieher*innen zu Haftstrafen verurteilt. Das Image der Saubermann-Partei hatte einen ersten Knacks bekommen. Doch in den Jubeljahren verpuffte der Skandal, bevor er richtig an Fahrt aufgenommen hatte. Es lief einfach zu gut. Ein paar Schmiergelder, dachten viele Brasilianer*innen, dürfen die Party nicht crashen.

Da Präsident*innen in Brasilien nur zwei aufeinanderfolgende Amtszeiten regieren dürfen, trat im Jahr 2011 Lulas politische Ziehtochter Dilma Rousseff an und gewann die Wahl. Die ehemalige Guerilla-Kämpferin setzte das Entwicklungsmodell – Wirtschaftswachstum und Sozialpolitik – ihres Vorgängers fort. Doch Rousseff war anders als der für Selbstironie, sein Charisma und das ungeschliffene Portugiesisch bekannte Volkstribun Lula. Härter, weniger nahbar, fast technokratisch. In der Macho-Kultur Brasiliens schlug der ersten Frau im Präsidentensessel aber auch viel Sexismus entgegen. Lula schied im Jahr 2011 mit einer spektakulären Zustimmungsrate von 83 Prozent aus dem Amt. Selbst US-Präsident Barack Obama musste einmal bei einem Treffen anerkennen: »Er ist der beliebteste Politiker der Erde.«

Nur wenige Jahre später ist der einstige Popstar der brasilianischen Politik für viele die Hassfigur schlechthin. Bilder von Lula in Häftlingsuniform sind auf den Straßen im ganzen Land zu sehen. Die großen Medien zeichnen den Ex-Präsident als eine Mischung aus Al Capone, tropischem Stalin und dem Teufel. Die einst so stolze und populäre Arbeiterpartei? Eine Projektionsfläche für die Enttäuschung einer ganzen Nation. Es ist der perfekte Nährboden für einen Politiker wie Jair Bolsonaro.

Erste, deutliche Risse sollten im Jahr 2013 sichtbar werden. Als in São Paulo die Erhöhung der Fahrpreise bekanntgegeben wurden, gingen Tausende auf die Straße. Solche Proteste waren nicht unüblich. Während meines Studiums in São Paulo besuchte ich immer wieder die Demonstrationen, organisiert von der kleinen linken Gruppe Movimento Passe Livre, Bewegung für freie Fahrt. Schwarze Fahnen, Trommeln, Marihuana-Duft. Es waren Proteste der studentischen Mittelschicht. Einige Hundert kamen damals zusammen, wenn es gut lief auch mal tausend. Doch dieser Juni sollte Brasilien für immer verändern.

Die Polizei schlug die Proteste nieder. Auch das war nicht unüblich. Doch diesmal flimmerten die Bilder der brutalen Polizeigewalt zur Primetime auf den Bildschirmen der großen Sender. Zusätzlich verbreiteten sich die Aufnahmen in den immer populäreren sozialen Medien. Und so wurden die Proteste schnell zum Flächenbrand. In den Wochen danach gingen landesweit Millionen von Menschen auf die Straße. Eine kleine Revolution im eigentlich protestfaulen Brasilien. Die Zeitungen titelten: »Der Riese ist aufgewacht.« Und schnell demonstrierten die Brasilianer*innen nicht mehr nur gegen die Erhöhung der Fahrpreise. Es ging um die strukturelle Ausgrenzung, um Korruption und um ein allgemeines Gefühl, nicht (mehr) von der Politik vertreten zu werden. Die Sportevents, die Präsident Lula Freudentränen auf die Wangen trieben, wirkten nun als weiterer Brandbeschleuniger. Stadien in FIFA-Qualität? Baut uns erst einmal vernünftige Schulen und Krankenhäuser, schallte es durch die Straßen.

Die Proteste zeigten auch die Grenzen des Entwicklungsmodells der PT auf. In der Partei hatte sich zunehmend die Meinung durchgesetzt, Armut sei eine Folge des Ausschlusses vom Markt. Das Ziel: eine Eingliederung der Armen in Marktstrukturen. Eine Inklusion durch Konsum. Viele besaßen zwar nun einen Plasmafernseher und ein Smartphone, saßen jedoch weiterhin in völlig überfüllten Bussen, standen in Schlangen vor den Krankenhäusern und konnten sich die explodierenden Mietpreise nicht mehr leisten.

Ironischerweise war es die viel zitierte »neue Mittelschicht«, die 2013 aufbegehrte. Also jene Brasilianer*innen, die durch die Sozialprogramme der PT überhaupt erst der Armut entflohen und sozial aufgestiegen waren. Rousseff ließ die Fahrpreiserhöhungen zurücknehmen, reagierte aber ansonsten abweisend auf ihre rebellierenden Kinder. Die Demonstrant*innen, hörte man aus Reihen der PT, seien undankbar, verwöhnt, alles Snobs. Das heizte die Proteste nur noch weiter an. Rousseffs Popularität stürzte ab.

Der Charakter der Proteste veränderte sich schnell. Immer häufiger waren Rufe zu hören, die »*ladrões*«, die »Kriminellen«, an Bäume zu hängen, rote Fahnen brannten. Die Proteste waren gekapert worden, von ganz rechts. Die erste schwere Niederlage für Brasiliens Linke und ein Vorgeschmack auf die kommenden Jahre. Dennoch wurde Rousseff im Oktober 2014 knapp wiedergewählt – vor allem wegen der Unterstützung des Nordostens, dem Armenhaus des Landes. Doch die Talfahrt sollte jetzt erst richtig beginnen. »Wir haben die Wahl gewonnen«, stellte Lula später fest, »und sie am nächsten Tag verloren.«

»Der Krieg hat begonnen«

An diesem Morgen ist Zilda schon früh wach. Sie packt ihren Rucksack, kramt die Schminke heraus, übriggeblieben vom letzten Karneval. Sie malt sich einen grünen Streifen auf die rechte Wange, einen gelben auf die linke. Dann läuft Zilda zur Busstation ihrer Kleinstadt, rund vier Stunden von São Paulo entfernt. Sie läuft früh los, denn die Füße machen der 58-Jährigen öfters mal zu schaffen. Als sie mit dem Bus in São Paulo ankommt, knallt die Sonne durch den grauen Schleier, der über der 20-Millionen-Stadt hängt. Am Busbahnhof steigt Zilda in die U-Bahn, fährt bis zur Avenida Paulista, São Paulos Bankenmeile. Zildas Ziel ist eine Gruppe, die sich vor dem Kunstmuseum MASP versammelt hat. Ältere Damen mit blond gefärbten Haaren, Männer in Camouflage-Anzügen, auch ein paar Glatzköpfe mit dicken Unterarmen sind da. Es ist der 1. November 2014. Seit der knappen Wiederwahl der Sozialdemokratin Dilma Rousseff waren nur wenige Tage vergangen. Für die Anwesenden ist klar: Die Wahl wurde gestohlen! Mit der Arbeiterpartei PT steuert Brasilien in eine kommunistische Diktatur! So denkt auch Zilda. Angst habe sie davor, dass sich Brasilien in ein neues Kuba verwandele. Dass sie irgendwann als Christin unterdrückt werde. Und dass alles zerstört wird, was ihr wichtig ist. »Rousseff muss weg, komme was wolle.« So denke die Mehrheit

des Landes, meint Zilda. Und die Wahl, frage ich? »Gefälscht!«
Natürlich sei sie Demokratin, aber nur eine Militärintervention
könne die Ordnung wiederherstellen. So offen hatte das bis dahin noch niemand zu mir gesagt.

Auch die anderen Parolen haben es an diesem Tag in sich.
»Weg mit dem Krebsgeschwür PT!«, steht auf einem Poster. »Der
Krieg hat begonnen«, schallt es von einem Lautsprecherwagen
herüber. Und überall sieht man das Konterfei eines Mannes:
Jair Bolsonaro.

Der heutige Präsident ist 2014 noch relativ unbekannt, ein
Lokalpolitiker aus Rio de Janeiro, ein radikaler Freak. Bolsonaro als Präsident? Höchstens in der Traumwelt einiger ultrarechter Spinner.

Ich gehe näher an den Lautsprecherwagen heran und sehe, wie sich ein Mann mit tiefen Geheimratsecken das Mikrophon schnappt. Es ist Eduardo Bolsonaro, Sohn des heutigen
Präsidenten, ebenfalls ultrarechter Politiker. »Mein Vater hätte Dilma Rousseff erschossen, wäre er Kandidat gewesen.« Eine
Pistole steckt gut sichtbar in seinem Hosenbund.

Im Laufe des Tages wird der skurrile Protest auf 2.000 Menschen anwachsen. Linke werden ihn später als faschistisch bezeichnen, selbst Konservative distanzieren sich deutlich. Dass
daraus eine rechte Massenbewegung erwachsen und dass vier
Jahre später an gleicher Stelle der Wahlsieg von Bolsonaro gefeiert werden würde, ahnte an diesem Nachmittag niemand.
Doch auch bei den ersten Schritten der neuen Rechten ist sie
da: die Wut. Ein älteres Ehepaar verbrennt eine Fahne der PT.
Fäuste fliegen, als es ein Passant wagt, die Putschfantasien der
Demonstrierenden zu kritisieren. Ein junger Mann, der eine rote Fahne aus seinem Fenster hält, muss wüste Beschimpfungen
über sich ergehen lassen.

»Geh nach Venezuela!«

»Schwuchtel!«

»Zur Hölle mit dir, du Hurensohn!«

Die brasilianische Gesellschaft galt lange Zeit als unpolitisch. Streit wegen Politik? Höchstens mal zu später Stunde
am Kneipentisch. Doch an solche Szenen wird sich das Land
gewöhnen. Ab 2014 werden Hass und politische Gewalt immer

mehr den Alltag prägen. Ein Mann wird die Hetze zu seinem Markenkern machen und letztlich zum Präsidenten gewählt werden.

2014 treffe ich auch Paulo Arantes. Mit seinem legeren Stil, der unprätentiösen Art und dem spektakulären Schnurrbart erfüllt er jedes Klischee des marxistischen Philosophieprofessors. Auch er meint: Eine solch aggressive Rechte sei ein Novum für Brasilien. »Das sind mit Sicherheit rechte Fanatiker, jedoch zeugen die Proteste von einer Stimmung im Land und sind deshalb leider ernst zu nehmen.« Arantes sollte Recht behalten. Besonders eine Sache sollte diesen Gruppen schon bald Auftrieb geben.

Die Mutter aller Skandale

16 Tanksäulen, ein Schnellimbiss, bunte Preisschilder auf dem Dach. Die Posto da Torre ist ein gewöhnliche Tankstelle und liegt im charakterlosen Hoteldistrikt Brasílias, keine drei Kilometer vom Praça dos Três Poderes entfernt. Am Morgen des 17. März 2014 rollten mehrere Wagen mit Blaulicht und Sirene auf das Gelände. Bundespolizist*innen stiegen aus und begannen, die Tankstelle und das angrenzende Gebäude zu durchsuchen. Es waren Beamt*innen einer im Jahr zuvor gegründeten Einheit, die gegen ein Geldwäsche-Netz ermittelten. Sie hatten herausgefunden, dass die Tankstelle als Knotenpunkt für dubiose Geldtransfers diente. Da in Brasilien viele Tankstellen Waschanlagen besitzen, tauften sie die Ermittlung Operação Lava Jato, Operation Autowäsche.

Auch in sieben anderen Bundesstaaten durchsuchte die Bundespolizei an diesem Tag Gebäude, verhaftete Verdächtige, beschlagnahmte Bargeld, Luxusautos und Schmuck. Die Zeitungen berichteten, aber die große Empörung blieb aus. Solche Operationen waren keine Seltenheit, ein kleiner Nadelstich gegen die organisierte Kriminalität. Dachte man zumindest. Niemand konnte ahnen, dass an diesem Tag die Aufdeckung des größten Korruptionsskandals in der Geschichte Lateinamerikas seinen Anfang nehmen sollte.

Unter den Verhafteten befand sich Alberto Youssef, ein windiger Geschäftsmann und *doleiro*, wie Geldwäscher in Brasilien bezeichnet werden. Sein Name war schon öfters in Polizeiakten aufgetaucht. Über Youssef stießen die Ermittler*innen bald auf einen weiteren Mann: Paulo Roberto Costa, Ex-Manager des Erdölkonzerns Petrobras. Weil sich Youssef und Costa von der neu eingeführten Kronzeugenreglung eine Hafterleichterung versprachen, legten sie ein umfassendes Geständnis ab und packten aus. Die Beamt*innen bekamen eine unglaubliche Geschichte zu hören: Die größten Baufirmen des Landes hatten ein Kartell gebildet, das seit vielen Jahren Aufträge des halbstaatlichen Petrobras-Konzerns untereinander aufteilte und zu überhöhten Preisen durchführte. Für die Vermittlung der Aufträge flossen Gelder in Milliardenhöhe auf die Konten von Politiker*innen, Staatsbeamt*innen und Manager*innen. Ein ausgeklügeltes Korruptionsnetzwerk.

Besonders ein Konzern geriet in den Fokus der Ermittler: Odebrecht. Der von deutschen Einwanderern gegründete Megakonzern war die größte Baufirma Brasiliens, in 27 Ländern tätig, mit engen Verbindungen in die Politik. Von Mexiko bis Argentinien hatte der traditionsreiche Familienkonzern Schmiergelder bezahlt. Es war eine beinahe perfekte Bestechungsmaschinerie mit einem komplexen Netz aus Tochterfirmen, Bankkonten in Steueroasen und einer eigenen Abteilung, die ausschließlich für die Zahlung von Schmiergeldern zuständig war.

Je mehr Verdächtige als Kronzeugen aussagten, desto größer wurde der Skandal. Eine Lawine kam ins Rollen. Spitzenpolitiker*innen fast aller Parteien wurden der Korruption überführt. Einige hatten Millionenbeträge für private Zwecke auf Schweizer Konten verfrachtet, andere die Parteikassen gefüllt. Zwischenzeitlich stand die Hälfte der Kongressmitglieder unter Verdacht, sich bereichert zu haben. Der Skandal erschütterte Brasilien.

Korruption hat eine lange Tradition im Land. Polizist*innen lassen sich bei Verkehrskontrollen öfter mal »Geld für die Kneipe« zustecken, in vielen Behörden laufen Dinge schneller, wenn man ein paar Scheine auf den Tisch legt. Auch auf höchster Ebene war Korruption nicht neu. 1992 wurde Präsident Fernando Collor de Mello nach einem Schmiergeldskandals abgesetzt. Dennoch: Die meisten Korruptionsdelikte blieben folgenlos, vor allem die Mächtigen mussten nur selten mit einer Strafverfolgung rechnen.

Ein ambitionierter, an US-amerikanischen Eliteuniversitäten ausgebildeter Richter wollte das ändern: Sérgio Moro. Zusammen mit dem jungen Staatsanwalt Deltan Dallagnol machte der Jurist aus der südbrasilianischen Stadt Curitiba die Lava-Jato-Ermittlungen zum Medienspektakel: Festnahmen wurden live im Fernsehen übertragen, Ergebnisse in sozialen Medien präsentiert, die Ermittler*innen traten wie Fußballstars in überfüllten Pressekonferenzen auf. Eine regelrechte Moro-Manie brach aus. Das Konterfei des Richters war auf Titelseiten und T-Shirts zu sehen, gleich zweimal wurde er zum Mann des Jahres gewählt, beim Karneval verkleideten sich viele Brasilianer*innen als »Super-Moro«.

Und die Erfolge ließen sich sehen. Die Ermittler*innen stellten hunderte Haftbefehle aus, verurteilten zahlreiche Politiker*innen und Manager*innen, Millionen verloren geglaubte Reais flossen in die Staatskasse zurück. Wahrscheinlich jedoch am wichtigsten: Bei vielen Brasilianer*innen setzte sich der Glaube durch, dass zum ersten Mal etwas gegen den »Krebs der Korruption« getan und die Straflosigkeit beendet werde.

Die medienwirksam inszenierten Ermittlungen gaben den Protesten gegen die PT-Regierung Auftrieb. Während die Lehrerin Zilda im November 2014 noch mit einigen hundert Mitstreiter*innen auf die Straße ging, zogen im März 2015 Millionen Brasilianer*innen durch die Städte des Landes. Die knallgelben Trikots der Nationalmannschaft wurden zum Symbol der Proteste.

Auch ich berichtete damals von den Demonstrationen, hörte mir wütende Reden an, interviewte viele Protestierende. Es waren überwiegend Angehörige der weißen Mittel- und Oberschicht: einige liberal, andere konservativ, nicht wenige offen rechtsradikal. So divers sie politisch waren, schweißte sie eine Sache zusammen: der Hass auf die Arbeiterpartei PT.

In den großen Medien, allen voran im mächtigen Globo-Netzwerk, wurde das Bild einer durch und durch korrupten Partei gezeichnet. Die neusten Ermittlungsergebnisse der Lava Jato wurden den Brasilianer*innen jeden Tag pünktlich zum Abendessen auf den Bildschirmen serviert. Reißerisch aufbereitet, die Ermittler*innen als Helden inszeniert und mit klaren Schuldigen: die PT und ihre Koalitionspartner*innen.

Korruptionsfälle, in die rechte Parteien verstrickt war, wurden hingegen kaum beachtet. Auch viele Zeitungen veröffentlichten gepfefferte Leitartikel, in denen sie die »anständigen Leute« ganz ungeniert dazu aufriefen, gegen »die schlimmste Regierung aller Zeiten« auf die Straße zu gehen. Bald fragte keiner mehr, wer wirklich wegen Korruption angeklagt war, und ein diffuses Bild einer durchweg korrupten Regierung brannte sich bei vielen ein. Ironischerweise war es die Rousseff-Regierung gewesen, die mit einem Antikorruptionsgesetz überhaupt erst die Möglichkeiten für die Ermittlungen geschaffen hatte.

Organisiert wurden die Massendemonstrationen von jungen, rechten Aktivist*innen, die sich in den immer beliebteren sozialen Netzwerken organisiert hatten. Und bald ging es schon nicht mehr nur um die Bekämpfung der Korruption. Immer lauter wurden die Diffamierungen von Minderheiten, die Hetze gegen die Sozialpolitik der PT und gegen die »Diktatur der politischen Korrektheit«. Das Internet wurde von den Aktivist*innen mit ironischen Memes, Videoclips und virtuellen Angriffen gegen politische Gegner*innen geflutet. Provokante Sprache, moderne Ästhetik: Die Rechte war plötzlich cool. Viele junge Leute fühlten sich von dieser Medienstrategie angesprochen. Schon bald sollte auch Jair Bolsonaro das Potenzial der sozialen Medien für sich entdecken.

Neben dem Petrobras-Skandal trieb die wirtschaftliche Talfahrt die Menschen auf die Straße. Durch fallende Rohstoffpreise auf dem Weltmarkt war das Entwicklungsmodell der PT ins Stocken geraten und Brasilien in eine schwere Krise gerutscht. 2015 schlitterte das Land in die Rezession, die Inflationsrate kratzte an der Zehn-Prozent-Marke und die Arbeitslosigkeit kletterte auf ein Zehnjahreshoch. Von der Euphorie der Jubeljahre war nichts mehr zu spüren. Die wirtschaftliche Stabilität, die lange Zeit den sozialen Frieden gewährleistet hatte, war wie weggeblasen. Für die PT wurde es immer enger und die Popularität von Präsidentin Rousseff stürzte ab. Es dauerte nicht mehr lange, bis sie ihre größte Niederlage erleiden sollte.

Der Prozess

Das brasilianische Parlament, der Congresso Nacional, ist ein Sammelsurium aus zahllosen Parteien, Lobbygruppen und Parlamentarier*innen unterschiedlichster Couleur. Mehrheiten müssen hart erkämpft werden, und das bedeutet in Brasilien nicht selten: teuer erkauft werden. Auch die PT war stets darauf angewiesen, breite Bündnisse zu schmieden. Mit der Partei Brasilianische Demokratische Bewegung, PMDB, pflegte sie über viele Jahre eine Art Zweckehe. Die Partei ist konservativ und orientiert sich zur Mitte, hat jedoch kein klares ideologisches Profil. Eine *Catch-all*-Partei, wie es im politikwissenschaftlichen Jargon heißt. Als opportunistisch, machtbesessen und hochkorrupt bezeichnen sie ihre Kritiker*innen.

Im Jahr 2015 machte es die schwere politische und gesellschaftliche Krise für die wenig verhandlungsgeschickte Rousseff zunehmend schwer, Mehrheiten zu organisieren. Als die PMDB ihrer Partei die Koalition aufkündigte und sich mit den mächtigen PT-Gegner*innen im Kongress zusammenschloss, stand Rousseff mit dem Rücken zur Wand. Über die Gründe für den Bruch wird bis heute leidenschaftlich diskutiert. Rousseff habe ein neoliberales Kahlschlagprogramm nicht mittragen wollen und sei deshalb zum Abschuss freigeben worden, sagen einige. Andere meinen, Rousseffs vehemente Unterstützung für die Lava-Jato-Ermittlungen habe ihr letztendlich das Genick gebrochen. Etliche Politiker*innen wollten einen Schlussstrich unter die Ermittlungen ziehen, weil sie selbst angeklagt wurden oder in den Fokus der Ermittler*innen zu geraten drohten.

In den Hinterzimmern des Kongresses entstand der Plan, Rousseff abzusetzen. Die brasilianische Verfassung ermöglicht eine Amtsenthebung. Voraussetzung dafür ist ein schweres Vergehen des Staatschefs. Das Problem für Rousseffs Gegner*innen: Gegen die Präsidentin liefen keine Korruptionsermittlungen. So zimmerten sie sich eilig den Vorwurf zusammen, Rousseff habe Haushaltszahlen geschönt. Budgetmanipulationen waren in Brasilien gang und gäbe, auch unter anderen Präsidenten. Ein Kavaliersdelikt im Vergleich zu den kriminellen Machenschaften anderer Politiker*innen, mitnichten ein Grund für eine Amtsenthebung. Doch im aufgeheizten Klima interessierte das bald kaum noch jemanden. Offiziell war es der frisierte Haushalt, worum es in Wirklichkeit ging: Macht und Politik. Die rechten Proteste und die Mobilmachung der konservativen Medien gaben dem Spektakel die notwendige Rückendeckung. Rousseffs Tage waren gezählt.

Am 17. April 2016 sitzen Millionen Brasilianer*innen vor den Bildschirmen. Das Abgeordnetenhaus stimmt darüber ab, ob ein Amtsenthebungsverfahren gegen Rousseff eingeleitet wird. Es ist schwer in diesen Tagen, jemanden zu finden, der keine klare Meinung zu den Ereignissen hat. Historischer Prozess? Oder doch ein Staatsstreich? Gegner*innen und Befürworter*innen stehen sich unerbittlich gegenüber, fühlen sich von der jeweils anderen Seite betrogen. Vor dem Kongress in Brasília haben sich Tausende versammelt. Die Polizei ist mit einem Großaufgebot vor Ort, hat einen Zaun hochgezogen: Menschen in rot auf der einen Seite, Menschen in gelb auf der anderen.

Im Abgeordnetenhaus sollen die Parlamentarier*innen nacheinander an das Mikrophon treten: Dafür oder dagegen, eine kurze Begründung, der Nächste bitte! Doch es kommt alles ganz anders. Das Land bekommt eine irre Show zu sehen. Abgeordnete halten flammende Reden, beten zu Gott, grüßen ihre Enkel. Parlamentarier*innen johlen, machen Selfies, einer schießt mit einer Konfettikanone. Es wird geschimpft, gerangelt, gespuckt. Ein politischer Zirkus. Aber auch ein Abbild der aufgeheizten Stimmung im Land.

Als 316ter Abgeordneter tritt Jair Bolsonaro, damals noch Abgeordneter aus Rio de Janeiro, nach vorne. Umringt wird er von einer feixenden Männergruppe, sein Sohn Eduardo hat sich hinter ihm aufgeplustert. Bolsonaro gratuliert dem Präsidenten des Abgeordnetenhauses, poltert gegen die PT und den Kommunismus. Und dann brüllt Bolsonaro diesen einen Satz, der noch lange nachhallen wird: »In Erinnerung an Carlos Alberto Ustra, dem Schrecken von Dilma Rousseff!«

Ein Geraune geht durch den Saal. Hat Bolsonaro gerade wirklich dem Chef der berüchtigten Geheimdienstbehörde gedacht? Ja, hat er. Ustras Schergen hatten während der Militärdiktatur die damals junge Widerstandskämpferin Rousseff gefoltert: Schläge, Elektroschocks, kopfüber an eine Holzstange gehängt.

22 Tage vergingen sich die Peiniger an ihr. Bolsonaros Aussage war ein Schock, ein Tabubruch. Aber Bolsonaro hatte sein Ziel erreicht: Das Land sprach über ihn. Es war das erste Mal, dass eine größere Öffentlichkeit auf den rechten Fanatiker aufmerksam wurde.

Bolsonaro stimmte für die Einleitung der Amtsenthebung, so wie 367 der 504 Abgeordneten. Damit war die nötige Zweidrittelmehrheit erreicht. Auch der Senat votierte wenige Wochen später dafür. Rousseff wurde suspendiert. Eine Demütigung für die stolze *Senhora Presidenta*. Für Rousseff und ihre Unterstützer*innen war die Sache klar. Die Amtsenthebung sei in Wirklichkeit ein *golpe*, ein Putsch. Die alte Elite entledige sich mit Hilfe eines Komplotts einer unliebsamen Präsidentin. Es handele sich um einen Anschlag auf die Demokratie. Wütende, in rot gekleidete Demonstranten zogen auf die Straßen, schrien: »Es wird keinen Staatsstreich geben!«. Doch insgesamt hatte die Linke dem Prozess nur wenig entgegenzusetzen. Viele Arme hatten sich während der Amtszeit der PT entpolitisiert, waren zu passiven Empfänger*innen von Sozialleistungen geworden. Klassenbewusstsein? Fehlanzeige. Die einst so mächtigen Gewerkschaften waren nur noch ein Schatten ihrer selbst, viele soziale Bewegungen hatten ein ambivalentes Verhältnis zur PT-Regierung. Auch wenn die Partei bis heute nicht gerne darüber spricht: Die wahrscheinlich größte Niederlage ihrer Geschichte war zum Teil auch hausgemacht.

Ende August 2016 stimmte der Senat endgültig für die Amtsenthebung. Formal lief alles lehrbuchhaft über die Bühne, doch viele Fragen blieben offen. Wurde die Verfassung genutzt, um die Verfassung auszuhebeln? Handelte es sich um einen Putsch 2.0? Oder doch um ein demokratisches Paradebeispiel? Dies sind Fragen, die bis heute einen Keil durch Brasilien treiben.

Vizepräsident Michel Temer von der PMDB übernahm die Geschäfte. Der fortan als »Verschwörer« und »Putschist« beschimpfte Temer war ein Politiker der alten Schule: elitär, unnahbar, ein gnadenloser Machtspieler. Dass unter ihm ein anderer Wind wehen sollte, zeigte sich schnell. Temer nominierte ausschließlich ältere, weiße Männer für sein Kabinett. Die Botschaft war klar: Die bürgerliche Elite ist zurück an der Macht.

Und Temer trimmte das Land auf einen radikalen Sparkurs, kündigte die Streichung von Sozialprogrammen an. Zynische Pointe dieser politischen Seifenoper: Temer und etliche Minister waren selbst knietief in Korruptionsskandale verstrickt. Doch der neue Präsident schaffte es ohne größere Probleme, die Anklagen wegen Bildung einer kriminellen Vereinigung, Geldwäsche, Steuerhinterziehung und Korruption abzuwenden. Für Temer und Co. war fast alles nach Plan gelaufen: Rousseff gestürzt, Regierung übernommen – und nun einen Deckel auf die Lava-Jato-Ermittlungen?

Die einst so ambitionierte Operation war immer mehr zu einer Farce verkommen. Ermittelt wurde insbesondere gegen Politiker*innen der PT und ihrer Koalitionspartner*innen – obwohl die ganze politische Klasse von Korruption durchsetzt war. Es wurde deutlich, dass es nicht primär darum ging, korrupte Machenschaften zu bekämpfen, sondern die PT zu demontieren. Die Ermittler*innen und der gefeierte Starrichter Moro machten sich zweifelhafte Methoden zu eigen: Sie ließen illegal Handys abhören, stachen Informationen an die Presse durch, reizten die Methode der Untersuchungshaft über Gebühr aus. Die Lava Jato hatte sich zu einer über dem Gesetz stehenden Institution entwickelt. Doch nur wenige wagten es, Zweifel zu äußern. Kritik an Moro und Co. wäre einem politischen Selbstmord gleichgekommen.

Die Lava-Jato-Ermittler*innen planten derweil den großen Wurf, und der hieß: Luiz Inácio Lula da Silva. Der Ex-Präsident war weiterhin politisch aktiv, trat auf Kundgebungen auf und brachte sich für die Wahl 2018 in Stellung. Mit einem an Obsession grenzenden Ehrgeiz setzte Moro alles daran, Lula dingfest zu machen. Doch ihm war klar: Um ein Schwergewicht wie Lula zu Fall zu bringen, brauchte es die Hilfe der öffentlichen Meinung. Es war die Aufgabe von Staatsanwalt Deltan Dallagnol, Lula als Mastermind hinter allen Korruptionsskandalen darzustellen. Die meisten Medien übernahmen völlig unkritisch diesen Diskurs.

Als Lula 2017 erstmals festgenommen und zu einem Verhör auf eine Polizeistation gebracht wird, laufen die Bilder auf allen Kanälen in Dauerschleife. Ich sitze an diesem Tag in einem

Schnellrestaurant in São Paulo, auch hier läuft der Fernseher. »Richtig so«, sagt ein Mann neben mir. Einige Gäste klatschen. Lulas Festnahme im Live-TV, es ist die perfekte Inszenierung.

Es dauerte nicht lange, bis Anklage erhoben wurde. Der Vorwurf: Der Baukonzern OAS habe Lula für die Vermittlung von Petrobras-Aufträgen ein Apartment in der Küstenstadt Guarujá spendiert. Bald kamen weitere Anklagepunkte hinzu, auch dort ging es um angeblich schmutzige Deals mit Immobilien. Allerdings: Die Ermittler*innen hatten keinerlei Beweise vorzuweisen. Dokumente, die Lula als Besitzer der Immobilien zeigen? Gab es nicht. Die Anklage stützte sich auf Indizien und Kronzeugenaussagen. Lula beteuerte stets seine Unschuld, schimpfte das Verfahren sei politisch motiviert.

Aber Moro hatte die öffentlichen Meinung auf seiner Seite, alles spielte gegen den Ex-Präsidenten. Im Juli 2017 wurde Lula wegen passiver Korruption und Geldwäsche in erster Instanz verurteilt. Im Januar 2018 dann die Verurteilung in zweiter Instanz, und noch mehr: Seine Strafe wurde sogar noch verlängert, auf insgesamt zwölf Jahre. Kurze Zeit später ordnete Richter Moro an, Lula zu verhaften.

Für diesen kam es nicht in Frage, leise abzutreten. Der Weg ins Gefängnis sollte zur großen Show werden. Tausende versammelten sich vor dem Gebäude der Metallarbeitergewerkschaft, Lulas alter Wirkungsstätte im Industriegürtel São Paulos. Stundenlang blockierten sie die Zugänge, reckten Fäuste in die Luft und brüllten »Não se entrega!«, »Stell dich nicht!«. Die Beamt*innen der Bundespolizei warteten auf ihn, Lula hatte keine Wahl. Doch bevor er sich stellte, ließ er sich noch einmal durch die Menge tragen. Jubel, Schweiß, Tränen. Es waren emotionale Szenen, genau wie Lula geplant hatte. Auch er ist ein Meister der Inszenierung und weiß genau, dass Politik in Brasilien immer auch ein Kampf um Bilder ist. Seine Botschaft an diesem Tag war unmissverständlich: Ihr könnt mich einsperren, aber damit macht ihr mich nur noch stärker! Macht euch auf meine Rückkehr gefasst!

Beamt*innen der Bundespolizei brachten Lula in ein Gefängnis in Moros Heimatstadt Curitiba. Knapp 40 Jahre nachdem der damalige Gewerkschaftsführer von den Schergen der

Junta inhaftiert worden war, saß er wieder in Haft. Und noch mehr: Durch die Verurteilungen war Lula von den Wahlen ausgeschlossen. Das war besonders bitter für die PT, denn er hatte in allen Umfragen mit großem Vorsprung geführt. Nun war der Weg frei für Jair Bolsonaro.

Von einer »Verschwörung gegen Lula« sprachen damals nur einige Linke. Zwei Jahre später sollte der US-amerikanische Journalist Glenn Greenwald und sein Team des Onlinemediums The Intercept Brasil beweisen können, dass tatsächlich ein Justizkomplott gegen Lula stattgefunden hatte. Starrichter Moro und die Staatsanwaltschaft hatten zusammengearbeitet, um Lula hinter Gitter zu bringen und seine Wahl zu verhindern. Der größte Korruptionsprozess in der Geschichte Lateinamerikas war zu einem der größten Justizskandale geworden. Moro hatte politische Ambitionen immer abgestritten, hatte stets seine Unabhängigkeit betont. Doch nur wenige Tage nach Bolsonaros Wahlsieg ließ er sich vom Präsidenten zum Justizminister ernennen. Der fast perfekte Coup.

März 2022, Unter den Linden. Ich treffe Sérgio Moro zum Interview in der deutschen Hauptstadt. Das Einstein ist ein schickes österreichisches Restaurant, Treffpunkt der Polit- und Journalistenszene, nur wenige Gehminuten vom Reichstaggebäude entfernt. Moro ist in diesen Tagen auf Deutschland-Tour, allerdings nicht als Regierungsmitglied. Im April 2020 trat er als Justizminister zurück. Der vermeintliche Grund: Bolsonaro soll aus politischen Gründen Einfluss auf die Bundespolizei genommen haben, um seine Söhne vor Ermittlungen zu schützen. Doch war Moro wirklich zu später Einsicht gekommen? Oder wollte er mit seinem Abgang eher seine eigene Karriere pushen? Moro inszeniert sich mittlerweile als Repräsentant einer *terceira via*, eines Dritten Weges – als vermeintliche Alternative zwischen zwei »extremen Polen« – sowohl gegen seinen Ex-Chef Bolsonaro als auch gegen seinen alten Erzfeind Lula.

Moro betritt das Restaurant in Begleitung mehrerer Mitarbeiter. An sein Jacket hat er ein Anhänger mit der deutschen und brasilianischen Fahne gepinnt. Er setzt die Brille ab, dann beginnt er zu sprechen. Moro sieht sich in keinerlei Verantwortung für die chaotische Situation in Brasilien. Die Verurteilung

Lulas und der Wahlsieg Bolsonaros seien zwei separate Ereignisse gewesen, die in keinem Zusammenhang zueinander stünden. Ja, Bolsonaro sei schon immer »ein bisschen exotisch« gewesen. Aber er habe die Hoffnung gehabt, dass er sich im Amt mäßige. Deshalb habe er die Nominierung als Justizminister angenommen. Einen Fehler will er seinen Eintritt in die Regierung trotzdem nicht nennen. Er sei von Bolsonaro enttäuscht worden und trage keine Verantwortung. Selbstkritik ist während des ganzen Gesprächs nicht zu hören. Auch sonst reagiert der nur wenig charismatische Moro genervt auf Nachfragen, Kritik wiegelt er fast roboterhaft ab, sagt seine Gegner*innen hätten eine völlig verzerrte Sicht auf die Dinge.

Zurück ins Jahr 2018. Brasilien schlitterte immer mehr in eine schwere politische und moralische Krise. Die PT war abgesetzt und gedemütigt worden, die bürgerliche Elite zurück an der Macht.

Doch die Hoffnung, dass es nun endlich wieder bergauf gehen würde, wurde enttäuscht. Die wirtschaftliche Talfahrt ging weiter, in den Städten explodierte die Gewalt. Die neue Regierung bestand aus professionellen Kleptokrat*innen und rücksichtslosen Marktradikalen, die sehr bald mit der niedrigsten Zustimmungsrate in der Geschichte Brasiliens abgestraft wurden. Bei vielen Brasilianer*innen war das Vertrauen in die Demokratie und ihre Institutionen komplett zerrüttet, als Brasilien 2018 auf den Wahlkampf zusteuerte.

Gespaltenes Land

Silas Lima denkt gerne zurück an die alten Zeiten. Als die Schüler*innen ihren Lehrer*innen gehorchten. Man ohne Angst auf die Straße gehen konnte. Die Wirtschaft brummte. Und jetzt? Lima seufzt. »Brasilien hat sich verändert.« Regen trommelt auf das Blechdach. Plopp, plopp, plopp.

Wir sitzen in einem Fitnessstudio am Stadtrand von São Paulo, es ist Ende Oktober 2018. Eine Stunde habe er Zeit. Dann müsse er weiterarbeiten, den nächsten Kurs geben. Lima ist 32, hat weiche Gesichtszüge, eine etwas zu große Basecap sitzt verkehrt herum auf seinem Kopf. Ein ganz normaler junger Mann aus der Vorstadt. Wild schwingen seine trainierten Arme in der Luft, wenn er spricht. Und sprechen will er. Über das, was schiefläuft in Brasilien.

In wenigen Tagen findet die Stichwahl für die Präsidentschaft statt. Jair Bolsonaro gegen Fernando Haddad. Der rechtsradikale Waffennarr gegen den linken Professor. Der provokante Shootingstar gegen den Repräsentanten der Arbeiterpartei PT. Ein Showdown. Die Medien schreiben von der »wichtigsten Wahl in der Geschichte des Landes«. In diesen Tagen gibt es kaum ein anderes Thema. Lima stimmte in der ersten Runde für Bolsonaro. Wen er in der Stichwahl wählen wird? Keine Frage, wieder Bolsonaro.

Lima lebt in Itaquera, ganz im Osten von São Paulo. Ein Arbeiterstadtteil, früher mal eine Hochburg der PT. Der größte Sozialbau der Megametropole steht hier. Die quadratischen Wohnblocks sehen von weitem aus wie überdimensionale Bauklötze. Davor schlängelt sich eine enge Straße. Kleine Geschäfte, Schönheitssalons, gekachelte Spelunken. Aus einer Box dröhnt ohrenbetäubende Musik, ein Mann lässt sich in einem winzigen Friseurladen einen Kurzhaarschnitt verpassen, auf einem Markt preisen Händler*innen lauthals ihre Ware an. Das typische Vorstadtgewusel.

Hausnummer 1884, ein unscheinbares Gebäude. Eine Treppe führt steil nach oben. Schon auf halbem Weg hört man laute Geräusche: Technobeats, Gestöhne, Metallgeklapper. Es riecht nach Schweiß und Deo. Die Geräte sind Modell 1980er, denen eine Ölung nicht schaden würde. Glücklich sei Lima gewesen, als er den Job als Fitnesstrainer bekommen habe. Nach seiner Ausbildung war er erst einmal arbeitslos. So wie viele hier im Stadtteil. Ein Freund besorgte ihm die Arbeit.

Früher habe Lima die PT gewählt. Die Amtszeit von Lula? Sensationell! Doch als die Politikone von Dilma Rousseff abgelöst wurde, sei »der Zug entgleist«. Von da an ging alles bergab. Korruptionsskandale, Wirtschaftskrise, Massenproteste. Bei Lima wuchs die Wut auf die gesamte politische Klasse: »Ich habe die Schnauze voll von der ganzen alten Politik!« So wie Lima geht es vielen. Brasilien ist in diesen Tagen schwer angeschlagen, taumelt von einer Krise in die nächste, die Wut ist groß. Auf die traditionelle Politik, die Eliten, die Medien. Eine antipolitische

Stimmung hat sich breitgemacht. Viele Brasilianer*innen wollen einen radikalen Neustart, jemand, der Ordnung und Sicherheit bringt. Bolsonaro trifft im krisengebeutelten Land einen Nerv. Der Rechtsaußenpolitiker hat es geschafft, sich als Anti-Establishment-Kandidat zu inszenieren. Als Saubermann. Als Gegenpol zur korrupten Elite. Er versprach, Schluss zu machen mit der »alten Politik«, den Filz im Kongress auszumisten, Brasilien umzukrempeln. Emotionen sind bei dieser Wahl entscheidend: Man wählt gegen etwas.

Und Bolsonaro hat es verstanden, die Aufmerksamkeit auf sich zu ziehen. Einmal erklärte er, lieber einen toten als einen schwulen Sohn zu haben. Mehrfach beschimpfte er schwarze Brasilianer*innen und Indigene auf rassistische Weise. Ich frage Lima, was er davon hält. Einige Aussagen seien »unglücklich«. Manchmal vergreife er sich im Ton. Doch Bolsonaro sei der Einzige, der das Land wieder in die richtige Spur bringen könne. Und dann sei da noch das Thema Sicherheit.

Vor ein paar Tagen lief sein Bruder zur Arbeit. Sechs Uhr morgens, so wie jeden Tag. Als er um eine Ecke bog, hielt plötzlich ein Motorrad neben ihm. Im nächsten Moment blickte er in den Lauf einer Pistole. Ein Überfall, mal wieder. »Man kann heute überall ausgeraubt werden«, sagt Lima und zeigt durch die Fensterfront auf die angrenzenden Wohnblocks. »Im schlimmsten Fall knallen die dich einfach ab.« Gerade Arbeiter*innen wie er würden unter der Gewalt leiden. Mehr als 60.000 Menschen wurden 2017 in Brasilien ermordet. Zahlen wie aus einem Krieg. Bolsonaro sei der einzige, der die Gewalt stoppen könne. Gut finde Lima deshalb seine Pläne, die Polizei aufzurüsten und die Bevölkerung zu bewaffnen. »Das wird die Verbrecher abschrecken.«

Und Bolsonaro fasziniere ihn, weil er vieles anders mache. Auch mal auf den Tisch haue. Dinge direkt ausspreche. »In schwierigen Zeiten können Militärs unser Land am besten regieren.« Als die Militärdiktatur im Jahr 1985 endete, war Lima noch nicht geboren. Sein Vater meint aber: Brasilien ging es nie besser als in diesen Jahren. Mir kommen Bilder in den Kopf: Blutende Demonstranten, Folteropfer, verwüstete Redaktionen. Dorthin will er zurück? Ich hake nach:

»Und was ist mit Bolsonaros Ankündigung, die Folter wieder einzuführen?«

»Das wird oft falsch dargestellt!«

Trotz seiner Sympathien für die extreme Rechte, bezeichnet sich Lima als Demokrat. Alle sollten wählen können, wen sie wollen. Gewalt gegen Andersdenkende lehne er ab. Lima ist höflich, denkt nach, bevor er spricht. Er ist kein fanatischer Rechtsextremist. Und doch ein typischer Bolsonaro-Wähler.

Ich fahre weiter, noch weiter raus in die Peripherie der Millionenstadt. Wie eine Bergbahn rattert der Bus die steilen Straßen empor. Rote Backsteinhäuser, stinkende Flüsse, verkohlte Wände mit Jesus-Graffiti. Es ist eine dieser Gegenden, in die sich nur selten Bewohner der zentralen Stadtteile verirren. Der Bus stoppt vor einem mit Hütten und Plastikzelten übersäten Hügel, der wie ein pickeliger Buckel in die Höhe ragt. Die Silhouette São Paulos lässt sich gerade noch am Horizont erahnen. Vor einigen Jahren haben Tausende Familien das Gelände besetzt, angeführt von der Wohnungslosenbewegung MTST. Es waren Menschen, die sich die steigenden Mieten nicht leisten können, für die kein Platz auf dem formellen Wohnungsmarkt ist. Menschen wie Mariel Rodrigues Conceição.

Schnellen Schrittes stapft die kleine Mittfünfzigerin durch das Labyrinth der Zeltstadt. Vor einer mit Plastikplanen abgedichteten Hütte bleibt sie stehen:»Mein kleines Paradies.« In einer Ecke steht eine kleine Küche, auf einem Schrank eine Nähmaschine, daneben gerahmte Kinderfotos. Conceição kam vor vielen Jahren aus dem Nordosten nach São Paulo. Ihren Akzent hat sie bis heute behalten. Lange lief es gut für sie. Mit ihrem Mann und den drei Söhnen lebte sie in einem kleinen Haus, hatte Arbeit. Doch dann: Ehekrise, Trennung, ihr Mann verkaufte das Haus. Zusammen mit ihren Söhnen musste sie umziehen, lebte fortan zur Miete. Als sie ihren Job verlor, konnte sie die hohe Miete nicht mehr bezahlen. »Eine Freundin hat mir von der Bewegung erzählt, so kam ich hierher.«

Conceição ist eine herzliche Frau, macht Witze, lacht viel. Wenn sie über Bolsonaro spricht, verdunkelt sich jedoch ihre Miene. »Im schlimmsten Fall droht mit ihm eine Rückkehr in die Diktatur.« Was sie am meisten schockiere? Einmal habe Bolsonaro auf einer Wahlkampfveranstaltung ein kleines Mädchen dazu gebracht, ihre Finger zu einer Pistole zu formen. Und auch die verbalen Angriffe gegen ihre Bewegung machten ihr große Sorge. Conceição verschwindet im Inneren ihrer dunklen Hütte, kommt mit einem Smartphone zurück, drückt auf den Play-Button eines Videos. In seiner cholerischen Art poltert Bolsonaro, die MTST als terroristische Vereinigung einstufen zu lassen, falls er gewählt werde. Conceição schüttelt den Kopf. »Der ist doch verrückt.« Sie habe nun wieder einen Job, arbeitet als Altenpflegerin in der Innenstadt. Dort, wo die Reichen in ihren bewachten Wohnanlagen leben. In einer jener Gegenden, die sich für Conceição und ihre Nachbarn wie eine fremde Welt anfühlen. Fünf, manchmal sechs Stunden sitze sie im Bus. Jeden Tag. Der Weg, immer der gleiche. Doch in letzter Zeit seien die Fahrten anders gewesen. Die Leute im Bus würden nun offen über Politik reden, oft käme es zu Streit, manchmal fliegen sogar die Fäuste. Brasilien ist in den Tagen vor der Stichwahl angeschlagen, nervös und so polarisiert wie selten zuvor. Freundschaften zerbrechen nach politischen Diskussionen, in sozialen Netzwerken tobt der Hass. Der Riss, der seit 2013 durch die brasilianische Gesellschaft geht, ist in diesen Wochen zu einer Schlucht aufgebrochen.

Aufstieg des Außenseiters

Eine junge Frau wuselt durch den Konferenzraum. Klemmbrett in der Hand, Knopf im Ohr. Ein stämmiger Gewerkschafter trippelt von einem Bein auf das andere, blickt im Fünf-Sekunden-Takt auf sein Handy. In einer Ecke steht Ex-Präsidentin Dilma Rousseff, wirkt gedankenverloren. Die Nervosität steht allen ins Gesicht geschrieben. Oder ist es Angst?

Es ist der Tag der Stichwahl, der 28. Oktober 2018. Die Arbeiterpartei PT hat in ein schickes Hotel im Zentrum von São Paulo geladen. Die gesamte Führungsriege ist anwesend, ebenso Mitglieder von sozialen Bewegungen, Gewerkschaftsvertreter*innen, Journalist*innen aus aller Welt. Ich bin einer davon. Auf einer Leinwand läuft Globo, der größte Sender Brasiliens. Gleich sollen dort die Ergebnisse der Stichwahl verkündet werden. Bolsonaro ist klarer Favorit. Doch wie konnte es dazu kommen?

Lange war der rechtsradikale Politiker als Freak und Außenseiter belächelt worden. Noch wenige Monate vor der Wahl hatte ihm kaum jemand Chancen ausgerechnet. Wieso auch? 28 Jahre saß er als Hinterbänkler im brasilianischen Parlament, war Mitglied in sieben verschiedenen Parteien, schaffte es in seiner Laufbahn, gerade einmal zwei eigene Gesetzesinitiativen durchzubringen. Als er 2017 für das Amt des Präsidenten des Abgeordnetenhauses kandidierte, bekam er nur vier Stimmen.

Anfang 2018 gab Bolsonaro bekannt, in die Sozialliberale Partei, die PSL, einzutreten. Programmatisch war die Partei neoliberal, nationalistisch und antikommunistisch, jedoch weniger radikal als Bolsonaro. Die Granden der Partei witterten mit dem Politrowdy ihre Chance zum großen Wurf. Und Bolsonaro brauchte eine Partei, die für seine Inszenierung als Anti-Establishment-Kandidat nicht zu stark mit Korruption in Verbindung gebracht werden konnte. Dafür schien die PSL die richtige Wahl. Doch es war eine Zweckehe, mehr nicht. Ein Problem für Bolsonaro: Die PSL war bis dahin eine weitestgehend unbekannte Kleinstpartei, stellte keinen einzigen Gouverneur und hatte gerade einmal einen Sitz im Kongress. In Brasilien finanzieren Parteien ihre Wahlkämpfe über öffentliche Mittel, die ihnen nach Fraktionsstärke im Parlament zustehen. Seitdem im Jahr 2015 Privatspenden verboten wurden, sind sie fast komplett auf diese Gelder angewiesen. Der Minipartei PSL stand nur ein Bruchteil der Gelder anderer Parteien zu. Und eine weitere Sache sollte den Wahlkampf für Bolsonaro nicht einfacher machen. Wer in Brasilien Wahlen gewinnen will, braucht die Präsenz im Fernsehen. So lautete bis dahin ein ungeschriebenes Gesetz. Doch auch die Länge der TV-Spots richtet sich nach den Sitzen im Kongress. Während die PT täglich fast 12 Minuten ihre Wahlwerbung senden konnte, hatte Bolsonaro gerade einmal acht Sekunden zur Verfügung. Nichts sprach für den ultrarechten Außenseiter.

Doch entgegen aller Erwartungen stieg er schier unaufhaltsam in den Umfragen an. Bolsonaros Inszenierung als Außenseiter, seine Hetze und die geradezu geniale Medienstrategie schien in dem krisengebeutelten Land einen Nerv zu treffen. Demoskop*innen rieben sich verwundert die Augen, als er Mitte des Jahres schon an zweiter Stelle lag. Und nach einem im wahrsten Sinne des Wortes einschneidenden Ereignis ging die Kurve noch steiler nach oben.

6. September 2018, Bolsonaro besucht Juiz de Fora, eine Stadt mit 500.000 Einwohner*innen im Bundesstaat Minas Gerais. Am Morgen spaziert Bolsonaro durch ein Krankenhaus, trifft Unternehmer*innen. Klassische Wahlkampftermine. Nachmittags spricht er auf einem zentralen Platz. Tausende sind gekommen, um den ultrarechten Popstar zu sehen. Es läuft gut, doch Bolsonaro reicht das nicht. Nach seiner Rede will er eine Runde drehen, lässt er sich auf Schultern durch eine überfüllte Einkaufsstraße tragen. Bolsonaro reckt die Arme in die Luft. Jubel von allen Seiten, das Bad in der Menge. Der König und das Volk. Bolsonaro liebt solche Auftritte. Später wird man auf Handyvideos sehen, wie er plötzlich sein Gesicht verzieht. Wie er nach hinten sackt. Wie er sich mit beiden Händen an den Bauch fasst. Das Video wackelt. Gebrüll.

Das Messer bohrt sich tief in Bolsonaros Unterleib, trifft den Dünndarm und eine Vene. Die Verletzungen sind schwer, er verliert viel Blut. Auf dem schnellstem Weg wird er ins nächste Krankenhaus gebracht. Notoperation, großes Bangen. Bolsonaro hat Glück, er überlebt. Der Attentäter wird noch vor Ort verhaftet, bevor es ein wütender Mob schafft, ihn zu lynchen. Adélio Bispo de Oliveira, 40 Jahre, polizeibekannt. Später wird er sagen: Er habe im Auftrag Gottes gehandelt. Die Ermittler werden feststellen, dass er den Anschlag alleine durchführte. Und dass er geistig verwirrt ist. Doch die Verschwörungstheorien nehmen schnell ihren Lauf. Der Täter sei von den Linken beauftragt worden. Seine Anwält*innen würden von einer Drogengang bezahlt. Doch auch Bolsonaro-Gegner*innen streuen Gerüchte, bezweifeln, dass es überhaupt ein Attentat gegeben hat.

Kurz ruht der Wahlkampf aller Kandidat*innen. Bolsonaro wird in ein Nobel-Krankenhaus in São Paulo verlegt. Nach ein paar Tagen geht der Wahlkampf für ihn weiter, jedoch vom Krankenhaus aus. Sauerstoffmaske, blauer Kittel, die Hände zu Pistolen geformt. Die Bilder von Bolsonaro im Krankenbett verbreiten sich rasend schnell. In den nächsten Tagen können die Brasilianer*innen über die sozialen Medien seine Genesung wie bei einem nahen Verwandten verfolgen. Bei seinen

Anhänger*innen verwandelt er sich nach dem Attentat endgültig zu einer übernatürlichen Figur: Er wurde durch Gottes Hand gerettet! Bolsonaro ist von oben geschickt worden! Diesen Mann kann nichts aufhalten!

In den kommenden Wochen war Bolsonaro überall zu sehen, seine Followerzahlen in den sozialen Medien schossen in die Höhe. Alle redeten über den Kandidaten, der das Attentat überlebte. Entscheidend in einem Land, in dem Wähler eher eine Persönlichkeit als ein Programm wählen. Wo Emotionen wichtiger sind als Inhalte. Aufgrund seiner Verletzungen konnte Bolsonaro nicht an den restlichen TV-Duellen teilnehmen. In den Debatten der großen Fernsehsender zuvor, hatte er eine klägliche Figur abgegeben, wirkte unvorbereitet, wenig charismatisch. Für die anderen Kandidat*innen war es leicht, Bolsonaro rhetorisch in die Ecke zu drängen. Der Wahlkampf im Krankenhauspyjama? Etwas besseres hätte ihm wohl kaum passieren können.

Als am 7. Oktober die erste Runde der Stichwahl stattfand, nahmen ihn immer noch nicht viele ernst. Bolsonaro, so hörte man, sei ein Protestkandidat. Ein kurzweiliges Medienphänomen. Mehr nicht. Doch der rechtsradikale Rüpel sollte viele Analyst*innen eines Besseren belehren. Er kam auf sensationelle 46 Prozent der Stimmen.

Wenn in Brasilien in der ersten Runde kein Politiker mehr als 50 Prozent holt, ziehen die beiden stärk-sten Kandidat*innen in die Stichwahl. Nur knapp schrammte Bolsonaro an einem Wahlsieg in der ersten Runde vorbei. Spätestens jetzt befiel viele Brasilianer*innen eine böse Vorahnung.

Die Geschichte von Bolsonaros Aufstieg ist auch die Geschichte des tiefen Falls einer Partei, die jahrzehntelang die brasilianische Politik geprägt hatte: die PSDB, die Partei der brasilianischen Sozialdemokratie. Namen von brasilianischen Parteien können verwirren. Die PSDB hat wenig mit den alten sozialdemokratischen Idealen am Hut. Sie ist konservativ, marktradikal, die Partei der bürgerlichen Elite. Mit dem Soziologieprofessor Fernando Henrique Cardoso als Präsident regierte die Partei von 1995 bis 2003, bevor sie von der PT und Lula abgelöst wurde. 2018 wollte sie eigentlich ihre große Rückkehr feiern. Doch alles kam ganz anders.

Nach dem Amtsenthebungsverfahren von PT-Präsidentin Dilma Rousseff, das die PSDB unterstützt hatte, entwickelte die Partei einen Plan: Den Mitte-Rechts-Interimspräsidenten Michel Temer als Lückenbüßer nutzen, mit einer neoliberalen Schockpolitik die Weichen für die Zukunft stellen und anschließend mit einem bürgerlichen Kandidaten die Wahlen gewinnen. Doch zumindest der letzte Teil des Plans ging nicht auf. Die PSDB zog mit dem Ex-Gouverneur von São Paulo Geraldo Alckmin ins Rennen – und stürzte in der ersten Runde der Wahlen komplett ab. Alckmin kam gerade einmal auf 4,8 Prozent der Stimmen.

Ein Debakel für die Partei. Aber auch andere Kandidat*innen der bürgerlichen Rechten wurden abgestraft. Die konservativen Kräfte waren nämlich mindestens genauso tief in Korruptionsskandale verstrickt wie die Arbeiterpartei PT. Der gesamten politischen Klasse schlug jede Menge Wut und Ablehnung entgegen. Diese »antipolitische« Stimmung sollte die Wahl entscheiden. Was zuvor als Bolsonaros Nachteil betrachtet worden war, war jetzt seine Stärke. Obwohl er Mitglied verschiedener Parteien gewesen war und für fast drei Jahrzehnte im Kongress gesessen hatte, hatte Bolsonaro nie ein Amt inne gehabt. Doch vor allem liefen keine Korruptionsermittlungen gegen ihn. Das reichte Bolsonaro, um sich als Saubermann inszenieren zu können, als jemand außerhalb des korrupten Kreises der Eliten. Seine Inkompetenz? Ein Ausdruck von Authentizität. Die Hetze? Ein Zeichen für die Freiheit des Geistes. Viele Brasilianer*innen, mit denen ich in diesen Tagen redete, sagten mir: Bolsonaro mag plump, radikal, ja verrückt sein, aber zumindest ist er nicht korrupt und Teil der »alten Politik«.

Ein radikaler Neustart

Zurück in das schicke Hotel in São Paulo, es sind nur noch wenige Minuten bis zur Verkündung der Wahlergebnisse. Plötzlich hallt Applaus durch den Konferenzraum, Köpfe drehen sich zum Eingang. Der Mann tritt herein, der Bolsonaro schlagen will: Fernando Haddad.

Eigentlich wollte die PT es noch einmal mit Ex-Präsident Lula versuchen. Doch nachdem er aufgrund seiner Verurteilung nicht antreten durfte, war dieser Plan obsolet. Besonders bitter: In allen Umfragen hatte Lula mit großem Vorsprung geführt. Also schickte die Partei Fernando Haddad ins Rennen, versuchte aber mit dem Image der PT-Legende zu punkten und entwarf sogar den Slogan *Haddad é Lula, Lula é Haddad,* Haddad ist Lula, Lula ist Haddad. Es war der Versuch, Lulas Popularität auf Haddad zu übertragen. Die Rechnung ging zumindest teilweise auf. Die PT schaffte es immerhin auf den zweiten Platz, Haddad zog in die Stichwahl. Vielen Brasilianer*innen außerhalb von São Paulo war sein Name jedoch kein Begriff. Dabei blickt auch Haddad auf eine steile Karriere zurück. Der Spross einer libanesischen Handelsfamilie, die in den 1940er Jahren nach São Paulo gekommen war, wurde unter Lula Bildungsminister. Während seiner Amtszeit schraubte er den Etat für Bildung von vier auf sechs Prozent des Bruttoinlandsprodukts hoch. Er gründete Universitäten, führte Stipendienprogramme für arme Studierende und Quotenregelungen für Schwarze ein. 2012 gewann er überraschend die Bürgermeisterwahl in São Paulo. Dort drückte er der Stadt vor allem mit Reformen im ökologischen und kulturellen Bereich seinen Stempel auf. Er ließ in der verkehrsgeplagten Stadt Fahrradwege bauen, tanzte auf Musikfestivals, ließ sich beim Graffiti-Sprühen fotografieren. Haddad entwickelte sich zum Liebling der linksliberalen Mittelschicht.

Der Fernando, sagen seine Mitstreiter*innen, ist charmant, hochintelligent und rhetorisch begabt. Ein Vollprofi eben. Doch als Präsidentschaftskandidat blieb er farblos. Haddad fehlte es nicht nur am Charisma seines Übervaters Lula, sondern auch an Rückhalt in der armen Bevölkerung. Mit seinem sachlichen und intellektuellen Stil hatte er es schwer, sich gegen den rechtsradikalen Rüpel Bolsonaro durchzusetzen. Ich treffe »den Professor« beim Parteitag im Oktober 2019 wieder. Haddad ist ein gutaussehender Mann, höflich, mit einem leichten Händedruck. Geduldig beantwortet er meine Fragen. »Ohne seine Fake News hätte Bolsonaro die Wahl nicht gewonnen und ich wäre jetzt Präsident.«

Die PT verbreitet gerne diese Geschichte. Es stimmt, dass Bolsonaro in seinem Wahlkampf massiv auf Falschmeldungen setzte. Doch ganz so einfach ist es nicht. Seine Wahl ist auch

Ausdruck eines Gefühls, das in Brasilien mit einem Begriff festgehalten wird: *antipetismo*.

Seit den turbulenten Jahren ab 2013 hat sich der Hass auf die PT in der brasilianischen Gesellschaft tief verankert. Befeuert von den konservativen Medien gelang es, jegliches gesellschaftliche Problem der PT anzuheften. Die Partei wurde zu einem Synonym für den Absturz des Landes. Dass die Justiz häufig auf dem rechten Auge blind schien, tat ihr übriges. Keiner verstand es so gut, diese Gefühle anzuheizen, wie Bolsonaro. In vielen Ansprachen hetzte Bolsonaro unverhohlen gegen die PT. Lula sei ein Dieb, der zu viel Schnaps trinke, Haddad ein verkappter Kommunist. Bolsonaros Wahlkampf war eine klassische *negative campaign*, eine Kampagne, die darauf abzielte, den politischen Gegner herabwürdigend in den Vordergrund zu stellen.

Doch sein Aufstieg war noch mehr: Eine Kampfansage an die Errungenschaften der PT. In Brasilien ist es selbstverständlich, dass Angestellte – immer weiblich, meist schwarz – in den Haushalten der Mittel- und Oberschicht schuften. Oft leben sie bei den Familien in kleinen, fensterlosen Kammern. Ein Relikt aus der Sklavenzeit. Die PT setzte erstmals einige Verbesserungen für die bis dahin völlig entrechteten Hausangestellten durch. Wegen der von der PT erkämpften Anhebung des Mindestlohnes konnten sich viele Familien aber plötzlich keine Hausangestellte mehr leisten. Ein Affront in der starr strukturierten Klassengesellschaft Brasiliens. Auch dass die Kinder der Besserverdiener*innen nun an den Universitäten mit schwarzen Vorstadtkids konkurrieren mussten, oder dass sich ehemals Arme plötzlich Flugreisen leisten konnten, brachte die weiße Mittel- und Oberschicht auf die Barrikaden. Aus diesen Kreisen speiste sich der harte Kern der Bolsonaro-Anhänger*innen. Der ultrarechte Kandidat verstand es, den Klassenhass von oben zu bündeln und ihn mit Vorurteilen gegen Minderheiten und Hetze gegen die PT weiter anzutreiben.

Es wäre allerdings zu einfach, die Ablehnung der PT ausschließlich als Reaktion der weißen Mittel- und Oberschicht zu betrachten. Die PT schaffte es nicht, sich glaubwürdig von Korruption zu distanzieren. Widerspruch wiegelte sie oft deutlich ab. Bis heute ist sie nur selten dazu bereit , Selbstkritik zu üben.

Widerspruch wird nicht selten in einem abgehobenen Duktus als konterrevolutionär abgetan und mit dem Hass der Eliten auf die PT gleichgesetzt. Viele Linke hatten sich bereits vor Jahren enttäuscht von der Partei abgewendet. Und die Parteigrößen beschwören zwar gerne die »Basisarbeit« wiederaufzunehmen, was bedeutet: den Kontakt mit der Arbeiterklasse wiederherzustellen. Doch auch viele PT-Politiker*innen lassen sich höchstens kurz mal vor der Wahl in armen Stadtteilen blicken. Wo einst fortschrittliche Nachbarschaftsorganisationen den Alltag organisierten, geben heute evangelikale Kirchen den Ton an. Und die standen bei der Wahl Bolsonaro treu zur Seite. Auch in der Nachbarschaft von Silas Lima, dem Fitnesstrainer aus São Paulo, unterstützte die Mehrheit Bolsonaro. Ein großer Teil der Armen, die einstige Wählerbasis der PT, wählte plötzlich rechts.

Es ist 19:21 Uhr als Globo-Moderator William Bonner eine Nachricht aus der Regie bekommt. Neben dem Foto von Bolsonaro wird eine Zahl eingeblendet: 55,13. So viel Prozent holte Bolsonaro in der Stichwahl. 57,7 Millionen Brasilianer*innen stimmten für den rechtsradikalen Rowdy. Die Wahl ist entschieden, ein klarer Sieg.

Im Konferenzraum des Hotels in São Paulo herrscht für kurze Zeit Totenstille. Einige fangen an zu schluchzen. Menschen fallen sich in die Arme. Dann Gebrüll.

»Faschist!«

»Nie wieder Diktatur!«

Der geschlagene PT-Kandidat Haddad tritt an das Mikrophon. »Es steht viel auf dem Spiel.« Er ringt mit der Fassung. »Aber wir werden für die Demokratie kämpfen.« Eine Schweigeminute für die Demokratie wird abgehalten.

An der Hotelbar treffe ich Eduardo Suplicy. Ehemaliger Senator, PT-Politiker der ersten Stunde, linke Kultfigur. »Ich brauche einen kurzen Moment«, sagt er und stürzt einen Kaffee herunter. Schwarz, ohne Milch, ohne Zucker. »Das ist ein sehr trauriges Resultat für uns. Jetzt müssen wir reflektieren, was falsch gelaufen ist.« Der 77-Jährige blickt auf ein bewegtes Leben zurück, erlebte viele Tiefpunkte mit. Heute sei eine der dunkelsten Stunden Brasiliens, meint er. Ein schwarzer Tag für einige, ein Neustart für andere. Von draußen höre ich Feuerwerk, Gehupe, Gebrüll. Es ist der Jubel von Bolsonaros Anhänger*innen.

POLITIK AM SMARTPHONE

Es gibt ein Video von Bolsonaros Amtsantritt. Die Kamera fährt entlang einer Absperrung. Im Hintergrund sieht man den Palácio do Planalto, den Regierungssitz. Dicht gedrängt stehen Hunderte Menschen hinter dem Gitter. Ältere Frauen mit Sonnenhüten, Männer vom Typ Kleinunternehmer, ein Jungspund im knallgelben Fußballtrikot. Einige halten Porträts des künftigen Präsidenten hoch, andere klammern sich an selbstgebastelte Schilder oder schwenken Fahnen. Im Chor rufen sie: »WhatsApp! WhatsApp! WhatsApp!«

Viele sind seit den Morgenstunden auf den Beinen. Sie warten auf ihr Idol, das hier gleich seine erste Rede als Präsident halten wird. Es wird gejubelt, geschunkelt, getanzt. Partystimmung. Und dann rufen sie: »Facebook! Facebook! Facebook!«

Die Sprechchöre sind an die anwesenden Journalisten gerichtet. Eine Provokation. Aber sie feiern irgendwie auch sich selbst. Denn der Wahlsieg von Bolsonaro war auch der Sieg von Millionen Internetnutzern. Der Erfolg einer Online-Bewegung. Zum ersten Mal wurde die Zukunft des Landes in der virtuellen Welt entschieden.

Angst und Algorithmen

Wenn irgendwo in Brasilien ein paar Steaks auf dem Grill brutzeln, Freund*innen am Strand ein Bier trinken oder die Oma mit den Enkeln spielt, kann man einer Sache ziemlich sicher sein: Fotos werden in den sozialen Medien landen. Brasilianer*innen lieben es zu posten, Beiträge zu kommentieren, Inhalte zu teilen. Manch böse Zunge würde sagen: Sie sind internetsüchtig. In der Tat haben die sozialen Netzwerke in kaum einem Land so hohe Nutzerzahlen wie in Brasilien. Und in kaum einem Land gelang es, die Internetaffinität der Bevölkerung so geschickt für politische Zwecke auf die Spitze zu treiben.

Dass sich Rechte in sozialen Medien wohl fühlen, ist nicht neu und wahrlich kein brasilianisches Phänomen. Mit Donald Trump regierte ein »Twitter-Präsident« die USA, in Deutschland hetzt die AfD on- und offline gegen Geflüchtete, auch die Brexit-Kampagne wäre ohne die sozialen Medien wohl kaum erfolgreich gewesen. Das Smartphone ist zu einer der wichtigsten Waffen der Rechten avanciert. Das war Bolsonaro bewusst, als er seine Wahlkampagne plante. Sein Team beobachtete genau die Prozesse in anderen Ländern, kopierte einige Strategien aus dem Ausland, traf sich sogar mit Donald Trumps Ex-Berater Steve Bannon. Jedoch setzten sie völlig neue Parameter. Brasilien wurde zum Labor eines rechtsautoritären Online-Projekts.

Die Proteste gegen die Rousseff-Regierung hatten in Brasilien erstmals gezeigt, wie wichtig die sozialen Medien für die politische Mobilisierung sein können. Den jungen, rechten Online-Aktivist*innen gelang es damals, auf Plattformen wie Facebook virtuelle Gemeinschaften aufzubauen. Sie waren Vollprofis und wussten, wie man Erfolg im Netz hat: Einfache, verständliche Sprache, moderne Ästhetik, eingängige Parolen. So brachten sie schnell die »schweigende Mehrheit« auf ihre Seite, also jene Brasilianer*innen, die sich vorher wenig für Politik interessiert hatten. Der Widerstand gegen die Regierung wurde ein virtuelles Erlebnis. Facebook und Co. dienten als gigantische Verstärker für die Unzufriedenheit der Brasilianer*innen. Und schon bald entwickelten sich virtuelle Diffamierungskampagnen zu einem festen Bestandteil dieser neuen Bewegung. Oft gesteuert, manchmal spontan: Ein wilder Internetmob fiel über alle her, die nicht ins konservative Weltbild passten oder sich kritisch äußerten. Feminist*innen, Linke, Journalist*innen. Ein völlig enthemmter Hass brach sich im Netz Bahn, oft hinter dem Deckmantel der Anonymität.

Bolsonaro war damals noch Abgeordneter. Wahlkreis: Rio de Janeiro. Themen: Sicherheit und Werte. Wähler*innen: Hauptsächlich Polizist*innen und Soldat*innen. Häufig war er zu Gast in Fernseh- und Radioshows, wo er den Waffennarr und homophoben Linken-Hasser mimte. Wegen seiner Hassreden wurde der rechtsradikale Polit-Clown eingeladen. Er war da, um zu schockieren und zu provozieren. Mit seinen Grusel-Positionen bescherte er den Sendungen stets gute Einschaltquoten. Doch die Aufmerksamkeit für den Politiker blieb begrenzt. Um Präsident zu werden, musste er sich etwas einfallen lassen. Und das tat er.

Bolsonaro setzte immer stärker auf Plattformen wie Facebook. Seine Markenzeichen auch dort: Markige Sprüche, eine faschistoide Inszenierung, Attacken gegen Andersdenkende. Der Erfolg zeigte sich schon bald. Ende 2017 hatte Bolsonaro bereits sieben Millionen Follower auf Facebook – doppelt so viele wie die größte Tageszeitung des Landes. Als er verkündete ins Präsidentschaftsrennen einzusteigen, startete er bereits als Kandidat mit den meisten Followern.

Bolsonaro blieb auch kaum etwas anderes übrig, als seine Kampagne in die sozialen Medien zu verlagern, da dem ultrarechten Außenseiter im Fernsehen nur wenige Sekunden für Wahlspots zur Verfügung standen, die traditionellen Medien kritisch berichteten und er in TV-Debatten nur wenig charismatisch herüberkam. Kaum jemand nahm ihn ernst. Bolsonaro? Bloß ein Internethype, meinten viele.

In Brasilien gilt: Wer Wahlen gewinnen will, muss bekannt sein. Die meisten Brasilianer*innen sind unpolitisch und ideologisch nicht festgelegt. Wählen ist für viele eine Bauchentscheidung. Man stimmt für eine Persönlichkeit. Jemand, den man kennt. Nicht für ein Programm. Die sozialen Medien sind daher für Typen wie Bolsonaro ein Segen. Sie ermöglichen es, direkt mit ihrem Publikum zu kommunizieren. Beinahe ungefiltert können sie dort ihre Ansichten herausposaunen. Nervige Fragen von Journalisten? Redaktionen, die O-Töne aussuchen? Faktenchecks? Gibt es nicht. Es ist leicht, Lügen zu verbreiten, die Anhänger aufzuheizen und Gegner*innen zu diffamieren. Die Chefs der Online-Giganten geloben zwar regelmäßig Besserung, mittlerweile wird ein bisschen stärker reguliert, Donald Trump wurde gar von Twitter gesperrt. Dennoch: Auf den Plattformen kann man immer noch fast alles schreiben, was man will.

Bolsonaro und sein Team hatten die Logik der Algorithmen verstanden: Je kontroverser das Thema, desto höher die Klickzahlen. Der Treibstoff der Plattformen ist die Empörung. Belohnt wird man für Polemiken, nicht für sachliche Debatten. Im Marketingsprech würde man sagen: Es gibt keine schlechte Presse. Das gilt auch für die sozialen Medien. Ein dahergetwitterter Beitrag, in dem man seinen Gegner*innen in Kneipensprache Prügel androht, bekommt mehr Aufmerksamkeit als ein Post über die letzten Haushaltszahlen. So war es auch bei Bolsonaro. Je radikaler, provozierender und menschenverachtender er online auftrat, desto bekannter wurde er – und stieg weiter in der Gunst der Wähler*innen.

Und noch eine Sache kam ihm zu Gute: Die komplexen Optimierungsprozesse der Plattformen. Ursprünglich konzipiert, um den Benutzer*innen maßgeschneiderte Werbung in den Feed zu spülen, sah man bald auch personalisierte, politische Botschaften. Allen voran Facebook wurde zum König dieses *microtargetings* und prägte damit maßgeblich die US-Wahl im Jahr 2016.

Auch in Brasilien bekamen die einzelnen Wählergruppen auf sie zugeschnittene Anzeigen: Christ*innen erhielten Nachrichten über die große »Verschwulung«, Waffenfans über einen drohenden Bürgerkrieg, Unternehmer*innen düstere Aussichten der Wirtschaftslage. Oft waren es haarsträubende Falschmeldungen oder maßlose Übertreibungen. Doch die Nachrichten erzielten ihre Wirkung. Die Benutzer*innen bekamen genau das zu lesen, was sie am meisten fürchteten. So wurden etliche Brasilianer*innen am Smartphone radikalisiert. Eine toxische Mischung aus Angst und Algorithmen.

Und die sozialen Medien tun noch mehr: Sie gaukeln den Benutzer*innen vor, auf der »richtigen« Seite zu stehen. In den viel zitierten Filterblasen werden sie permanent in ihren Ansichten bestärkt, können sich als Teil einer gigantischen Gemeinschaft fühlen, belohnt durch Likes und Shares. Andere Meinungen? Kommen in diesen parallelen Realität nicht vor. Es sind die perfekten Echokammern.

Netzkrieger

Mein Handy piept. Bing! Neue Nachricht. Keine zehn Sekunden später. Bing! Noch eine. Nach fünf Sekunden schon wieder. Bing!

Vor der Wahl 2018 gelingt es mir, einer WhatsApp-Gruppe von Bolsonaro-Fans beizutreten. Fast im Sekundentakt trudeln neue Nachrichten ein. Memes, Collagen, kurze Videos. Auf meinem Smartphone sehe ich Bolsonaro als Superman, Brasilien-Fahnen mit pathetischen Sprüchen, Linke als Kinderschänder. Einige der Nachrichten sind lustig, viele obszön, die meisten voller Hass.

Facebook war wichtig für die rechte Revolte in Brasilien, doch der Nachrichtendienst WhatsApp entschied die Wahl. In ihrem Buch »A eleição disruptiva« (Die disruptive Wahl) schreiben die Autoren Juliano Corbellini und Maurício Moura: »Eine Wahl gewinnt man am Kneipentisch, beim Mittagessen mit der Familie, im Gespräch auf der Arbeit und jetzt in WhatsApp-Gruppen«. Nur wenige Menschen in Brasilien lesen regelmäßig Zeitung, das Bildungsniveau ist niedrig, die Kommunikationsfreude dafür umso größer. So feierte WhatsApp einen fulminanten Aufstieg und schaffte es zur wichtigsten Informationsquelle des Landes, weit vor dem Fernsehen oder Facebook. Bereits vor der Wahl benutzten 120 Millionen der 147 Millionen Wahlberechtigen den Messengerdienst.

Der Riss, der vor der Wahl durch die brasilianische Gesellschaft ging, spiegelte sich ebenso auf WhatsApp. In Familiengruppen standen sich zwei Lager unversöhnlich gegenüber. Kinder gegen Eltern. Omas gegen Enkel. Brüder gegen Schwestern.

Die meisten Mobilfunkanbieter bieten Pakete an, mit denen man auch ohne Guthaben WhatsApp verwenden kann. Gerade arme Brasilianer*innen nutzen das. Statt zu telefonieren, schicken sich viele nur noch Sprachnachrichten, fast alles wird über »Zap« organisiert. Im Wahlkampf informierten sich viele Menschen ausschließlich per WhatsApp über Politik. Sie waren besonders empfänglich für die rechte Propaganda.

Da die Richtlinien von WhatsApp nur maximal 256 Mitglieder pro Gruppe zulassen, wurde auf das Schneeball-Prinzip gesetzt: Mit einem Klick konnten Inhalte an Freunde und Verwandte weitergeleitet werden, die schickten sie an ihre Kontakte, und so weiter. Nachrichten, die von Bekannten kommen, werden als glaubwürdiger wahrgenommen. Das haben Studien ergeben. Mit den sozialen Medien ist die Politik weit in das Privatleben vorgedrungen. Während Facebook und YouTube bestimmte Inhalte entfernten, gab es bei WhatsApp keinerlei Regulierung. Anonym und ohne juristische Konsequenzen konnten dort Gerüchte, Falschinformationen und Hetzbotschaften verbreitet werden. Es war ein rechtsfreies Niemandsland. Mittlerweile greift WhatsApp zwar härter durch, doch die Rechten sind einfach auf andere Messengerdienste wie Telegram umgestiegen.

Dass im Wahlkampf WhatsApp-Nutzer*innen mit Nachrichten bombardiert wurden, hatte aber auch noch einen weiteren Grund: Marketing-Firmen hatten massenhaft automatisierte Nachrichten verschickt. Es waren wilde Gerüchte und hanebüchene Falschmeldungen, fast ausschließlich über die PT und ihren Kandidaten Fernando Haddad. Bezahlt wurden diese Firmen von Bolsonaro nahestehenden Unternehmer*innen, wie Journalist*innen herausfanden. Seit der Wahlreform von 2015 dürfen Firmen nicht mehr an Parteien spenden. Die WhatsApp-Kampagne war somit illegal. Es war der Versuch, Bolsonaro durch die Hintertür zum Wahlsieg zu verhelfen. Als aus diesem Grund angefangen wurde zu ermitteln, war Bolsonaro allerdings schon längst Präsident.

Sein Sieg sei ein großer Betrug, schimpften deshalb viele nach der Wahl. Die Anhänger*innen von Bolsonaro? Eine Armee von Robotern! Es stimmt, dass massenhaft automatisierte Nachrichten verschickt wurden. Dass viele Brasilianer*innen mit Falschmeldungen in die Irre geführt wurden. Aber es wäre zu einfach, seinen Wahlsieg alleine damit erklären zu wollen. Die Leidenschaft vieler Brasilianer*innen für Bolsonaro ist echt. Sie hat auch damit zu tun, dass er die politische Kommunikation revolutioniert hat.

Bolsonaro hat es geschafft, aus Politik ein Gefühl zu machen. Es ist das Gefühl, Teil von etwas Größerem zu sein. Gehört zu werden. Mitzugestalten. Möglich wurde das durch den Siegeszug der sozialen Medien. In seinem Buch »Ingenieure des Chaos« schreibt der italienische Journalist Giuliano da Empoli über den revolutionären Charakter der Netzwerke: »Aus Zuschauern werden Akteure, Einkommen oder Bildungsgrad spielen eine Zeitlang keine Rolle. Die Meinung des erstbesten Dahergelaufenen ist genauso viel wert wie die des Experten, möglicherweise sogar mehr.«

Als ich mit Bolsonaro-Unterstützer*innen rede, wird mir klar: Die sozialen Medien geben ihnen das Gefühl nicht länger dazu verdammt zu sein, die Geschicke des Landes passiv zu beobachten. Sie vermitteln ihnen den Eindruck, im Herzen eines Aufstands zu sein. Die Geschichte mitzugestalten. Einfach nur wählen? Das war gestern. Heute ist man selbst aktiv, Teil einer Online-Bewegung.

Die sozialen Medien haben zudem die Beziehung zwischen Politik und Wähler*innen auf den Kopf gestellt. Früher grinsten Politiker*innen einem von Wahlplakaten entgegen, man sah sie gelegentlich im Fernsehen, mit Glück auch mal live bei einer Wahlkampfveranstaltung. Heute kann man quasi jeden ihrer Schritte verfolgen, der Informationsfluss kennt keine Grenzen. Wer ein Smartphone hat, kann sich die volle Dröhnung geben: 24 Stunden am Tag, sieben Tage die Woche.

Bolsonaro weiß genau, wie er sich in den sozialen Medien zu inszenieren hat: Konservativ und hart in der Sache, aber trotzdem nahbar. Wie ein ganz normaler Mann der Volkes. Bolsonaro, so hörte ich oft, ist ganz anders als die korrupte Polit-Elite! Jemand, der sich nicht verstellt! Einer von uns! Die Dauerbeschallung in den sozialen Netzwerken gibt vielen das Gefühl, ihrem Idol ganz nah zu sein. Die einst kühle Distanz zu Volksvertretern? Gibt es in Zeiten von Twitter, Facebook und WhatsApp nicht mehr. Der Medienprofi Bolsonaro hat verstanden, wie wichtig dieser direkte Draht zur Bevölkerung ist: On- und offline geriert er sich als Präsident zum Anfassen – und ist damit extrem erfolgreich.

Die Kunst für Politiker ist es heute, Menschen mit einer Idee anzustecken, sie damit zu »bewaffnen« und eine Lawine in Gang zu setzen. Bolsonaro hat es geschafft, eine Armada von willfährigen, überaus aktiven Smartphone-Aktivist*innen hinter sich zu scharen. Und wenn diese Netzkrieger*innen eines gelernt haben, dann wie man politische Gegner zerstört. Der virtuelle Hass, den die jungen Anti-Rousseff-Aktivist*innen in Brasilien gesät hatten, sollte vor der Wahl 2018 vollends eskalieren. Es waren geradezu digitale Hexenjagden, die veranstaltet wurden. Ein Mann sollte das besonders zu spüren bekommen.

Der erste Exilant

Wenn Jean Wyllys unterwegs war, brüllte immer irgendjemand »Pädophiler!«, »Hurensohn!«, »Kommunist!«. Auch in den sozialen Medien brach sich der Hass auf ihn Bahn. Morddrohungen, Fake News, übelste Hetze. Seine Wohnung konnte er nur noch in Begleitung von Bodyguards verlassen. Spontan einkaufen? Ins Kino gehen? Unmöglich. In Brasilien, sagt Wyllys, habe er wie in einem Privatgefängnis gelebt. Irgendwann ging es einfach nicht mehr.

August 2019, Sommer in Berlin. Die Restaurants sind voll, Menschen sitzen in Parks, viele tragen berlintypisch eine Bierflasche in der Hand. Für ein paar Tage ist der brasilianische Politiker Wyllys in der deutschen Hauptstadt. Treffen, Vorträge, einfach mal Durchatmen. Man merkt: So frei hat er sich seit langer Zeit nicht mehr gefühlt. Wir verabreden uns, und Wyllys erzählt, wie ein wilder Internetmob Jagd auf ihn machte. Wie er sich zum Lieblingsfeind von Jair Bolsonaro entwickelte. Und wie er der erste Politiker seit der Militärdiktatur wurde, der aus Brasilien fliehen musste.

Wyllys, Jahrgang 1974, kleingewachsen, lange krause Haare, ist einer bekannter Mann in Brasilien. Das hat zwei Gründe: Er gewann die populäre Reality-Show Big Brother. Und er ist offen schwul. Sein Weg in die Politik war alles andere als vorgezeichnet. Die meisten Politiker*innen stammen aus der weißen Elite, tragen die Namen mächtiger Familien, haben an ausländischen Eliteuniversitäten studiert. Nicht so Wyllys. Aufgewachsen ist er in einer armen, schwarzen Familie im nordöstlichen Bundesstaat Bahia. Seine Mutter war Wäscherin, der Vater ein prügelnder Alkoholiker. Zuhause gab es kein fließendes Wasser, oft fiel der Strom aus, das Essen war stets knapp. Als Kind verkaufte der junge Wyllys Zuckerwatte, während sich viele seiner Freunde Drogengangs anschlossen und einen sinnlosen Tod im Kugelhagel starben. Wyllys war ein intelligenter Junge und kämpfte sich seinen Weg nach oben. Er studierte, arbeitete als Journalist, wurde Professor für Kommunikation.

In der katholischen Kirche hatte sich Wyllys als Jugendlicher politisiert. 2009 trat in die Partei Sozialismus und Freiheit (PSOL) ein und wurde 2010 überraschend in den Kongress gewählt. Wyllys war charismatisch, ein guter Redner und der einzige offene Homosexuelle im Parlament. So machte er sich schnell einen Namen. Dem verstaubten Kongress drückte er mit seinen Schwerpunkten einen Stempel auf: LGBT, Menschenrechte, Entkriminalisierung von Drogen. 2014 wurde er wiedergewählt, zweimal sogar zum Abgeordneten des Jahres ernannt. Ein linker Senkrechtstarter.

Homosexuelle haben es in der brasilianischen Öffentlichkeit nicht leicht. Das bekam Wyllys schnell zu spüren. Doch sich zu verstecken, sich anzupassen oder eine Rolle zu spielen, kam für ihn nicht in Frage. Der streitlustige Politiker ging kaum einer Debatte aus dem Weg. Er eckte an, auch in der eigenen Partei. Drohungen waren für ihn nicht neu, doch ein Ereignis sollte alles verändern.

Es ist der 17. April 2016. Jener Tag, als die Abgeordnetenkammer über die Amtsenthebung von Präsident Rousseff und die Zukunft Brasiliens abstimmt. Wyllys tritt nach vorne. Einen roten Schal hat er sich über den Anzug geworfen, die langen Haare nach hinten gekämmt. Er wirkt aufgebracht. Wenige Minuten zuvor hat Bolsonaro dem Folterer Carlos Alberto Ustra gedacht. Die Stimmung ist feindlich. Eine feixende Männergruppe versucht Wyllys niederzubrüllen. Doch der bleibt unbeirrt, standhaft. Man merkt: Unter keinen Umständen will er Schwäche zeigen. Nicht an diesem Tag! Nicht vor diesen Leuten! Er nennt die Abstimmung eine »Farce«, beschimpft die Anwesenden als »Kanaillen« und stimmt gegen den »Putsch«. Dann tritt er vom Mikrophon ab. Er läuft an Bolsonaro vorbei und spuckt ihm vor Millionen Fernsehzuschauern ins Gesicht. »Ich würde es wieder tun«, wird er mir später sagen.

Bolsonaro hatte Wyllys vorher beleidigt. Wieder einmal. Die Spucke, sagt Wyllys, sei auch eine Reaktion auf jahrelange Demütigungen und homophobe Attacken gewesen. Eduardo Bolsonaro,der Sohn des heutigen Präsidenten und ebenfalls

Abgeordneter, spuckte daraufhin Wyllys an. Eine Verwarnung erhielt allerdings nur der linke Politiker.

Die Spuckattacke von Wyllys entwickelte sich schnell zum Politikum. In den Medien lief das Video des Tumults in Dauerschleife und erhielt bei weitem mehr Aufmerksamkeit als Bolsonaros Hommage an den Folterer Ustra – bezeichnend für Brasiliens Umgang mit der Vergangenheit. Die Konfrontation zwischen Bolsonaro und Wyllys war weit mehr als eine Auseinandersetzung zwischen zwei Parlamentariern. An diesem Tag prallten zwei entgegengesetzte Vorstellungen aufeinander. Zwei völlig gegensätzliche Ideen von der angestrebten Verfasstheit eines Landes. Eines liberalen, toleranten und säkularen Brasiliens. Gegenüber eines autoritären, radikalen und fundamentalistischen Brasiliens.

In den sozialen Medien wurde Wyllys nach diesem denkwürdigen Tag zum Abschuss freigegeben. Tausende Falschmeldungen und Verleumdungen machten die Runde. Wyllys plane Pädophilie zu legalisieren. Wyllys habe Christ*innen beschimpft. Wyllys wolle Kinder schwul machen. Es waren haarsträubende Lügen, frei erfunden, und doch: Viele glaubten, was sie in den sozialen Netzwerken zu lesen bekamen.

Forscher*innen des US-amerikanischen Massachusetts Institute of Technology (MIT) fanden heraus, dass die Verbreitung von Falschinformationen im Internet um siebzig Prozent wahrscheinlicher ist, als die Verbreitung von richtigen Informationen. »Eine Lüge ist bereits dreimal um die Erde gelaufen, ehe sich die Wahrheit die Schuhe anzieht«, schrieb bereits Mark Twain. Warum ist das so? Falschmeldungen sind wie Balsam für eine verunsicherte Bevölkerung. Sie nähren nicht nur bestehende Vorurteile, sondern geben auch ein Gefühl von Sicherheit und liefern scheinbar einfache Erklärungen für komplexe Phänomene. In Krisenzeiten ist die Konstruktion von Feindbilder wichtig, um seine eigne Positionen abzusichern. Und Falschmeldungen schaffen ein Gemeinschaftsgefühl, sind ein effektives Organisationsmittel. Der Journalist Giuliano da Empoli schreibt: »Jeder Hinz und Kunz kann wahre Fakten glauben, aber es zeugt von echter Loyalität, wenn man an das Absurde glaubt.«

Im brasilianischen Wahlkampf 2018 erreichte die Verbreitung von Fake News eine völlig neue Dimension. Auch linke und

progressive Kräfte streuten Gerüchte, manchmal auch knallharte Lügen. Doch mit den rechten Diffamierungskampagnen
konnte sie nicht mithalten. Die Unterstützer*innen Bolsonaros
spülten immer absurdere Falschmeldungen in die Netzwerke.
Ein geplantes Programm gegen Homophobie an Schulen wurde
kurzerhand als Strategie zur »Frühsexualisierung von Kindern«
umgedeutet. Irgendwann musste die Arbeiterpartei PT sogar
erklären, keine Babyfläschchen in Form eines Penis an Kin-
dertagesstätten verteilt zu haben. Und Bolsonaro? Der brachte
höchstpersönlich etliche Falschmeldungen in Umlauf. Mit Erfolg. Sein Gegenkandidat Fernando Haddad, der versuchte mit
sachlichen Argumente und Inhalten zu punkten, hatte gegen
die giftige Wolke aus Lügen, Halbwahrheiten und Hetze keine
Chance.

Wer glaubte, die Falschmeldungen seien bloß ein schmut-
ziges Hilfsmittel für den Wahlkampf gewesen, wurde schon
bald eines Besseren belehrt. Auch als Präsident ist Bolsonaro
auf seine Fake News-Armeen angewiesen. Es gehört zu seinem
Politikstil zu spalten und Unruhe zu stiften. Er bewegt sich in
einem konstanten Angriffsmodus. Dafür braucht er seine digitalen Milizen: Alle, die nicht zu einhundert Prozent hinter
ihm stehen, werden in den sozialen Medien als Feinde mar-
kiert und zum Abschuss freigegeben. Gesteuert werden viele Kampagnen von gut organisierten Zirkeln. Es sind YouTu-
ber, Blogger, Journalist*innen. Man kann auch sagen: Rechte
Influencer*innen, oft mit riesigen Reichweiten. Besonders eine
Gruppe sorgte für Schlagzeilen: das *gabinete do ódio*, das Kabi-
netts des Hasses. Systematisch verbreitete die Gruppe Falschmeldungen und Hetze gegen die demokratischen Institutionen.
Was diese Gruppe besonders macht: Sie hat direkte Verbindungen ins Regierungslager. Eine Propagandamaschinerie gesteuert vom Präsidentenpalast? »Der Regierungsapparat wird dazu
genutzt, das Internet mit Falschmeldungen und Gewaltaufru-
fen zu fluten«, erzählt mir die Soziologie-Professorin der Bun-
desuniversität von São Paulo, Esther Solano. »Das ist antidemo-
kratisch und kriminell.« Finanziert wird das Kabinett des Hasses von reichen Unternehmer*innen, als Strippenzieher wird
Carlos Bolsonaro genannt.

Es gibt nur wenige Menschen, denen Bolsonaro vertraut. Seine Söhne Carlos, Flávio und Eduardo zählen dazu. Die drei sind ebenfalls Politiker und stehen ihrem Vater in Radikalität in nichts nach. Viele sprechen vom Bolsonaro-Klan, da die Söhne ebenfalls fleißig in der Regierung mitmischen und als inoffizielle Berater fungieren. Carlos, der zweitjüngste Sohn des Präsidenten, gilt als ausgemachter Medienstratege. Er soll hinter vielen Beiträgen seines Vaters stehen und wird wegen seiner cholerischen Art »Pitbull« genannt. Der Online-Aktivismus ist Familiensache.

Gerade in Krisenzeiten brauchen Staatschefs wie Bolsonaro ihre digitalen Milizen. Als sich der Präsident 2020 heftige Schlagabtausche mit Richter*innen des Obersten Gerichtshofes (STF) lieferte, bombardierten seine Netzkrieger*innen die sozialen Netzwerke mit Lügen und Fake News. #fechaSTF, #SchließtdenSTF, wurde einer der meist genutzten Hashtags. Die Richter*innen sahen sich als Kriminelle verunglimpft. Und eine über das Netz radikalisierte Gruppe marschierte gar im Stil einer faschistischen Miliz durch Brasília, bedrohte Richter*innen und versuchte den Kongress zu stürmen.

In der Corona-Pandemie liefen die Fake News komplett aus dem Ruder. Corona sei gar kein Virus, sondern eine Erfindung der Chines*innen, Lockdowns ein kommunistisches Outdoor-Gefängnis und Impfungen dazu da, um Menschen einen Chip einpflanzen, außerdem würden sie Aids verursachen. Es sind klassische Verschwörungsmythen, an Absurdität kaum zu überbieten, fast schon lachhaft. Allerdings: Ein Teil der Bevölkerung glaubte die Falschinformationen und missachtete fortan Hygienemaßnahmen. Und niemand kann sagen, wie viele Corona-Tote hätten ohne solche Desinformationskampagnen verhindert werden können.

Brasiliens Beispiel zeigt, wie sich auch andernorts die politische Kommunikation radikal verändert. Wenn man heute über Politiker*innen vom Schlage Bolsonaro diskutiert, muss man auch über ihre Online-Entourage sprechen. Jederzeit abrufbereit, extrem effizient, mit einem klaren Ziel: Politische Gegner*innen zu vernichten. Es sind schlagkräftige Bewegungen, völlig abgekoppelt vom öffentlichen Diskurs. So erreichen sie Menschen, die für die traditionellen Medien schon lange nicht mehr empfänglich sind. Die man mit rationalen Argumenten nicht oder kaum mehr erreicht. Die immer weiter in virtuelle Parallelwelten abrutschen. Die Journalistin Eliane Brum spricht in Abgrenzung zum Konzept des »postfaktischen«, das die Kommunikation Donald Trumps prägte, von einer »Selbstwahrheit«: In Brasilien werde Wahrheit radikal subjektiv definiert. Inhalte oder Fakten zählten nicht mehr, sondern nur noch die Art und Weise, wie etwas gesagt werde.

Und es droht eine weitere Radikalisierung, auch weil es bisher kein effektives Gegengift gibt. Anders als Politiker*innen sind diese Internetbewegungen nicht auf Amtszeiten beschränkt. Die digitalen Milizen und ihre Methoden werden weiterexistieren – auch nach Bolsonaros Präsidentschaft.

Es ist der 24. Januar 2019, drei Wochen nach dem Amtsantritt von Bolsonaro, als Jean Wyllys eine Nachricht übermittelt: Er befinde sich im Ausland, werde nicht nach Brasilien zurückkehren, sein Mandat aufgeben. Zu konkret seien die Morddrohungen gewesen, zu gefährlich die Situation für ihn. Je näher die Wahl gerückt war, desto stärker war der Hass vom Netz ins reale Leben übergeschwappt. Auf der Straße war er immer häufiger angepöbelt worden. Unbekannte hatten die Adresse seiner Familie veröffentlicht und gedroht, seiner Mutter den Kopf abzuschneiden. Die Interamerikanische Menschenrechtskommission der Organisation Amerikanischer Staaten war zu dem Schluss gekommen, dass der brasilianische Staat beim Schutz des Parlamentariers versage. Menschen wie er, sagt Wyllys, seien nicht mehr sicher in Brasilien.

Die Nachricht, dass ein hochrangiger Politiker wegen Morddrohungen das Land verlassen musste, machte schnell die Runde. Viele reagierten schockiert, begannen Fragen zu stellen: Steuert Brasilien in vergangen geglaubte Zeiten zurück? Hat der Hass gesiegt? Selbst Konservative sprachen von einer dunklen Stunde der Demokratie. Und Präsident Bolsonaro? Der twitterte nur zwei Wörter: »Grande dia«, »Großartiger Tag«. Es war eine klare Botschaft.

Bolsonaro hatte Wyllys seit Jahren beschimpft, bedroht und verspottet. Auch im Wahlkampf feuerte er auffällig oft in Richtung seines linken Antagonisten – obwohl die beiden überhaupt nicht im direkten Duell miteinander standen. Für Bolsonaro war Wyllys das perfekte Opfer: Schwul, links, aus dem armen Nordosten. Den Brasilianer*innen wollte er mit seinen Angriffen ein Feindbild servieren, ihnen sagen: Ihr müsst euch entscheiden, auf welcher Seite ihr steht. Auf der Seite eines schwulen Sozialisten, der Drogen legalisieren will? Oder auf der Seite eines fünffachen Vaters und konservativen Christen? Brasilien entschied sich für letzteres.

Ob seine Flucht ein Sieg für Bolsonaro sei? Wyllys verneint. »Ich bin weggegangen, um zu leben. Wir brauchen keine weiteren Märtyrer.« Wyllys redet wie ein Mann, der viel einstecken musste. Und manchmal wirkt er verbittert, wenn er über sein Herkunftsland spricht. »Brasilien befindet sich in einer Art kollektiven Hysterie, in einem Anfall von Dummheit«, ist so ein Satz von ihm. »Alles, was bei WhatsApp erscheint, wird geglaubt.«

Ob es ohne die sozialen Medien jemals so weit gekommen wäre? Man weiß es nicht. Manche sagen: Die sozialen Medien seien in Wirklichkeit nur ein Verstärker von Emotionen, die seit jeher in den Menschen schwelten. Kaum jemand bestreitet allerdings, dass sie zumindest dazu beigetragen haben, dass Brasilien nach ganz rechts geschwenkt ist. Dass das Land gespalten ist wie nie zuvor. Und dass Menschen wegziehen mussten. Zahlreiche weitere Brasilianer*innen verließen nach Bolsonaros Amtsantritt das Land. Künstler*innen, Journalist*innen, Intellektuelle. Auch sie hielten die permanenten Drohungen nicht mehr aus.

Wyllys zog zuerst nach Barcelona, lebte kurz in Berlin. 2019 ging er als Gastprofessor an die US-Eliteuniversität Harvard. Sein Forschungsthema: Fake News und Hass gegen Minderheiten. Es ist ruhiger geworden um den ehemaligen Politiker. Es ist ihm zu wünschen, dass das so bleibt. Ob er jemals wieder nach Brasilien zurückkehren wird, frage ich ihn. Wyllys weiß es nicht.

Vierte Gewalt im Fadenkreuz

Erst kommen die bösen Blicke. Handys werden gezückt, fangen an zu filmen. Mittelfinger werden gereckt. Dann gibt es Gebrüll.

»Abfall, Abfall, Abfall«. Gemeint bin ich. Mitte Mai 2020, São Paulo. Im Schatten eines Hochhauses hat sich ein Dutzend Menschen versammelt. Brasilien-Fahnen schwenken durch die Luft, Vuvuzelas tröten, eine Maske trägt kaum jemand. Es sind die ersten Wochen der Corona-Zeit. Brasilien ist weltweites Epizentrum der Pandemie. Während in São Paulo Bagger Massengräber ausheben, Menschen in Krankenhausfluren ersticken und Bürgermeister*innen vor Fernsehkameras schluchzen, gehen Woche für Woche Brasilianer*innen gegen die Isolationsmaßnahmen auf die Straße. Die Fans von Präsident Bolsonaro.

Ich berichte von den Protesten. Will verstehen, was diese Menschen antreibt. Menschen wie Osmar Priante, 47, stämmige Statur, selbsterklärter Patriot. Es sei doch ganz klar, schnaubt er. Die Corona-Zahlen sein gefälscht. Wer dahinter stecke? »Eine globale linke Vereinigung.« Alle, die Bolsonaro widersprechen, bezeichnet er als Kommunisten.

Während des Interviews mit dem Aggro-Aktivisten sammeln sich immer mehr Menschen neben mir, beobachten und filmen mich, stören das Gespräch. Die Stimmung ist feindlich. Als die Beleidigungen lauter werden, ziehe ich ab und frage mich: Ist es vielleicht besser, mich beim nächsten Mal nicht als Journalist zu erkennen zu geben? Was sagt es über ein Land aus, wenn Journalist*innen von bestimmen Anlässen nicht mehr ohne Sorge um die körperliche Unversehrtheit berichten können? Wie steht es um die Pressefreiheit im größten Land Lateinamerikas?

Brasilien ist noch weit von türkischen oder belorussischen Verhältnissen entfernt. Kein*e Journalist*in sitzt wegen kritischer Berichterstattung im Gefängnis, Zeitungen wurden nicht plattgemacht, Beiträge nicht zensiert. Und doch: Im jährlichen Ranking für Pressefreiheit von Reporter ohne Grenzen geht es für Brasilien konstant nach unten. Medien bangen um ihre Existenz. Journalist*innen berichten von Übergriffen.

Brasiliens Medienlandschaft ist extrem zentralisiert. In gerade einmal einer handvoll Unternehmerdynastien ist eine enorme Machtfülle konzentriert, der öffentliche Rundfunk ist marginal, unabhängige Medienprojekte haben es schwer. Es sind große Medienimperien, die den Markt beherrschen, allen voran das Globo-Netzwerk. Trotz des fulminanten Siegeszuges des Internets läuft bei vielen Brasilianer*innen weiterhin fast rund um die Uhr der Fernseher, nicht nur wegen der populären Telenovelas, den Seifenopern. Millionen sitzen jeden Abend vor den Nachrichten: Die Sprache ist einfach, der Ton oft kommentierend – irgendetwas zwischen Volksbildung und Meinungsmache.

Eigentlich sind die traditionellen Medien stramm konservativ. Die linken Journalisten Carlos Magno und Rosa Sampaio drücken das so aus: »Konzentriert in den Händen derer, die über wirtschaftliche und politische Macht verfügen, reproduzieren die brasilianischen Medien weiterhin hegemoniale Normen und Narrative, welche für die ›Herren der Macht‹ von Interesse sind.« Mit ihrer einseitigen Berichterstattung schrieben, filmten und kommentierten die klassischen Medien die Amtsenthebung von Rousseff und die Haft von Lula quasi herbei. Damit wurde der Aufstieg Bolsonaros erst möglich. Dennoch: Mittlerweile berichten die meisten seriösen Journalist*innen durchaus kritisch. Dieser ultrarechte Fanatiker ist der feinen Gesellschaft in den großen Medienhäusern dann doch etwas zu fremd: Zu radikal, zu laut, zu ungehobelt.

Bolsonaro weiß die kritischen Töne für sich zu nutzen. Geschickt stilisiert er sich als Opfer einer Verschwörung: Die Medien hätten es auf ihn abgesehen, weil er der korrupten Elite den Kampf angesagt habe. Auch seine Anhänger*innen fühlen sich durch die kritische Berichterstattung in ihrer Meinung bestätigt, dass ein Komplott gegen ihr Idol im Gang sei. Und sie sehen sich als Teil eines Kampfes von epischen Ausmaßen: Eine tapfere Avantgarde gegen die Fake-News-Medien! Das Volk gegen das Establishment!

Deshalb ist es wenig überraschend, dass Bolsonaro auch als Präsident fast ausschließlich auf die sozialen Medien setzt. Fast täglich sendet er Live-Ansprachen auf seinen Plattformen, viele Erklärungen übermittelt er nur noch über Twitter. Dennoch ist Bolsonaro auch auf die traditionellen Medien angewiesen – und die sind ungewollt zu seinem Verstärker geworden. Bolsonaro hier, Bolsonaro dort, Bolsonaro überall. Jeder Schritt des Rechtsradikalen wird von Journalist*innen begleitet. Die Dauerpräsenz kommt ihm zu Gute, auch weil viele Medien seine Pöbeleien aufgreifen, kommentieren und ihnen damit noch größere Reichweite verschaffen.

Die Medien, kritisieren viele, seien in seine Falle getappt. Denn für Politiker*innen wie Bolsonaro gebe es keine schlechte Berichterstattung. Kritik lasse sich leicht umdrehen. Diene ihrer Inszenierung als Opfer. Aber was tun? Nicht mehr berichten? Einfach ignorieren? Der Journalismus hat noch keine Antworten auf diese Fragen gefunden.

Der brasilianische Wissenschaftler André Eler von der Datenanalyseorganisation Bites untersuchte im Wahlkampf die sozialen Netzwerke Bolsonaros. Er machte eine interessante Entdeckung: Der ultrarechte Kandidat schaffte es besonders dann neue Nutzer*innen zu erreichen, wenn er die Medien attackierte. So war es fast schon logisch, dass er Journalist*innen als Lieblingsfeinde ausmachte, als er in den Präsidentenpalast einzog.

Seine Amtseinführung sollte einen ersten Vorgeschmack auf die neuen Verhältnisse geben. Journalist*innen mussten im Presseraum auf dem Boden sitzend arbeiten, weil es keine Stühle gab. Sie hatten kaum die Möglichkeit, Toiletten zu benutzen. Es gab kein Trinkwasser. »Wie Tiere« seien sie behandelt worden, klagten Reporter*innen später. Mittlerweile haben sich Journalist*innen daran gewöhnt, von Pressekonferenzen ausgeladen, durch Online-Kampagnen eingeschüchtert und wüst beschimpft zu werden. Bolsonaro bezeichnete Medienvertreter*innen als »Feinde« und »aussterbende Art«. Einem Reporter brüllte er entgegen, er müsse »eigentlich verhaftet werden«. Einem anderen sagte er, dass er Lust habe, ihm sein Gesicht einzuschlagen. Wieder einem anderen erklärte er vor laufenden Kameras, dass er aussehe wie ein »schrecklicher Homosexueller«. Bolsonaro verspottet, beleidigt, droht. Warum macht er das?

Hinter den Attacken auf die »vierte Gewalt« steckt eine Strategie. Kaum eine Sache fürchten autoritäre Staatschef so sehr wie freie und kritische Medien. Sobald diese erst einmal diskreditiert sind, ist es leicht, alternative Wahrheiten zu etablieren, von Problemen abzulenken und aufgedeckte Skandale als »Lügen der Systempresse« abzustempeln. Bolsonaro hat verstanden, wie wichtig das Feindbild Medien für sein Regierungsprojekt ist.

Und es bleibt nicht bei verbalen Angriffen. In derselben Woche als der ehemalige US-Präsident Donald Trump erklärte, die Abonnements der »New York Times« und »Washington Post« im Weißen Haus abzubestellen, zog Bolsonaro nach. Er ließ alle Regierungs-Abos der liberalen Tageszeitung Folha de São Paulo kündigen. Der Präsident behauptete, es sei seinen Mitarbeitern weiterhin freigestellt, sich die Zeitung am Kiosk zu kaufen. Gleichzeitig warnte er wiederholt vor dem Blatt, da es seine Regierung mit Lügen »vergifte« und nannte seine Nachrichten »größte Fake-News Brasiliens«. Auch andere Regierungsvertreter*innen riefen zum Boykott kritischer Medien auf. Per Dekret wollte Bolsonaro außerdem Unternehmen verbieten, ihre Umsätze in Zeitungen zu veröffentlichen. Viele Printmedien sind auf diese lukrativen Anzeigen angewiesen. Dem mächtigen Globo-Netzwerk drohte er, die Sendelizenz nicht zu verlängern.

Es scheint, als habe Bolsonaro die Bedienungsanleitung »Wie zerstöre ich die Demokratie« genau studiert. Medien finanziell aushungern zu lassen, ist oft der erste Schritt autoritärer Staatschefs. So zum Beispiel auch in Ungarn. Premierminister Viktor Orbán setzt in seinem Land auf eine Art Zermürbungstaktik: Abzug staatlicher Werbung, Hetze gegen regierungskritische Medien, Belästigung unabhängiger Journalist*innen. Tätliche Angriffe auf Reporter*innen und willkürliche Verhaftungen sind in dem osteuropäischen Land selten, dennoch: Medienschaffende berichten von einem Klima der Angst, Journalist*innen haben reihenweise das Land verlassen, viele hüten sich vor Themen, die die Regierung betreffen. Es ist eine Zensur 2.0. Droht eine Orbánisierung Brasiliens? Und wie arbeitet es sich als Journalist im größten Land Lateinamerikas? Der Fall einer Frau steht emblematisch für den erbitterten Kampf um die Pressefreiheit in Brasilien.

»Keine Warnung, sondern ein Befehl«

Einen Leibwächter habe Patrícia Campos Mello nie gebraucht. Weder in Syrien noch in Afghanistan oder Libyen, wo sie als

Kriegsberichterstatterin arbeitete. Doch als sie im Oktober 2018 aus ihrer Heimatstadt São Paulo über die Präsidentschaftswahl berichtete, konnte sie nur noch bewacht auf die Straße.

Es ist der 18. Oktober 2018, als sich das Leben der renommierten Journalistin auf den Kopf stellt. Um Punkt 14 Uhr erscheint ein Text auf der Startseite der Tageszeitung Folha de São Paulo. Der Titel: »Unternehmer finanzieren WhatsApp-Kampagne gegen die PT«. Wochenlang hat Mello recherchiert, dutzende Interviews geführt, Daten ausgewertet. Es ist die heiße Phase des Wahlkampfes, zwei Wochen vor der entscheidenden Stichwahl. Mello ist die Erste, die über die von rechten Unternehmer*innen finanzierten WhatsApp-Kampagnen berichtete. Ihre Recherche bringt den späteren Präsidenten nicht direkt mit dem Skandal in Verbindung. Dennoch: Bolsonaro-Fans fluten Mellos Profile, hacken ihr Handy. Sie rufen dazu auf, alle öffentlichen Veranstaltungen der Journalistin zu stören, verbreiten die wildesten Fake News. Mello und ihre Familie erhalten Tausende Morddrohungen. In einer Nachricht heißt es: »Wenn du deinen Sohn schützen willst, verlasse das Land. Das ist keine Warnung, sondern ein Befehl.« Irgendwann wird sie von Jair Bolsonaro höchstpersönlich angefeindet, wird auf sexistische Weise von ihm beschimpft und angezeigt.

Mello, Jahrgang 1974, blondgefärbtes Haar, ist eines der bekanntesten Gesichter des brasilianischen Journalismus. Sie arbeitete als US-Korrespondentin in Washington, reiste als Reporterin um die Welt, schrieb mehrere Bücher. Mehrmals spreche ich mit der Journalistin, die für die Tageszeitung Folha de São Paulo arbeitet. Ich frage sie: Wie fühlt sich das an, Zielscheibe eines virtuellen Mobs zu werden? »Natürlich hatte ich nach den Attacken Angst.« Die Angriffe seien Versuche, sie für ihre Berichterstattung zu diskreditieren. Sie mundtot zu machen. »Das ist typisch in Ländern mit autoritären Führern.« Und Mello ist sich sicher: Die Angriffe seien heftiger, weil sie eine Frau ist.

Mello ging in die Offensive, veröffentlichte weitere Texte und wurde wieder massiv bedroht. 2020 stand sie auf Platz drei der Liste der gefährdetsten Journalisten der Welt. Mello meint: »Während der Militärdiktatur in Brasilien wurden Journalisten zensiert, gefoltert und ermordet. Die Diktatur endete 1985. Unter Bolsonaro, ein demokratisch gewählter Präsident, ist die Verfolgung zurück: durch soziale Medien und virtuelle Milizen.« Die Online-Hetzjagden seien eine »informelle Zensur«. Staatliche Repression gegen Journalist*innen brauche man heute nicht mehr. Denn jede*r Smartphone-Besitzer*in kann andere mundtot machen. Die Zensor*innen sind wir.

Mellos Fall schlug hohe Wellen. 2020 wurde darüber in einem Parlamentarischen Untersuchungsausschuss diskutiert. Ein Jahr später, im März 2021, verurteilte ein Gericht Präsident Bolsonaro wegen der sexistischen Kommentare zu einer Geldstrafe. Mellos Geschichte ist kein Einzelfall.

Viele Kolleg*innen berichten von Drohungen. Von Hass im Netz. Und von den direkten Attacken aus dem Regierungslager. Ich spreche mit Marcelo Träsel, Journalismus-Professor aus der südbrasilianischen Stadt Porto Alegre und Präsident der Brasilianischen Assoziation des Investigativen Journalismus. »Das Verhältnis zwischen Journalisten und der Regierung hat sich extrem verschlechtert«, sagt er. Auch vor Bolsonaros Aufstieg habe es Konflikte zwischen Regierungsvertreter*innen und Medien gegeben. Aber stets seien ein gewisses Maß an Respekt und bestimmte Normen eingehalten worden. »Vorher gab es Kritik an bestimmten Medien, aber keine direkten Angriffe auf einzelne Journalisten.«

Auch ich erlebe diese Feindseligkeiten. Dass mein Berufsstand nicht sonderlich beliebt ist, kenne ich aus Deutschland. Für einige Zeit schrieb ich über rechte Kreise, Neonazis, die AfD. Auch mir wurde »Lügenpresse« auf Protesten entgegengebrüllt, auch ich wurde im Netz angefeindet. Kolleg*innen berichten von tätlichen Übergriffen, auch in Deutschland ist der Ton rauher geworden. Aber dass ein Präsident seine Anhänger auf Journalisten hetzt? Unvorstellbar.

Und aus Bolsonaros Worten werden allzu oft Taten. So auch am 3. Mai 2020, Tag der Pressefreiheit. Bolsonaro-Fans ziehen vor den Kongress, demonstrieren gegen den Lockdown, einige auch für eine Militärintervention. Der Fotoreporter Dida Sampaio ist vor Ort, macht Bilder. Am Ende des Tages sieht man Aufnahmen, die schockieren. Sie zeigen, wie Sampaio von einer Leiter geschubst wird. Wie sich ein Mob auf den Fotografen stürzt. Ihn mit Tritten und Schlägen traktiert. Sampaio wird nur leicht verletzt, aber der Angriff war für viele ein Zeichen: Wir sind nicht mehr sicher. Wenige Wochen zuvor hatten mehrere Medien erklärt, nicht mehr von Bolsonaros morgendlichen Pressekonferenzen zu berichten. Die Situation sei zu gefährlich. Sie könnten nicht mehr für die Sicherheit ihrer Reporter garantieren. Eine Nachricht, die einer Kapitulation gleichkommt.

Die Pressefreiheit ist so etwas wie die Leitplanke der Demokratie. Angriffe auf Medienvertreter*innen haben klare Ziele: Unliebsame Meinungen unterdrücken, alternative Wahrheiten etablieren, von eigenen Verfehlungen ablenken. Doch in Brasilien haben sie das Gegenteil bewirkt. Studien zeigen, dass das Vertrauen in den Journalismus seit Bolsonaros Amtsantritt gestiegen ist. Die vom Präsidenten mit besonderer Leidenschaft attackierte Folha de São Paulo verzeichnete nach jeder Attacke steigende Auflagen. Und die Journalist*innen? Die große Selbstzensur ist ausgeblieben. Viele Reporter*innen, auch traditionell konservative, sind kritischer geworden, bieten der Regierung mit ihrer Arbeit Paroli. Nur wenige lassen sie Finger von »delikaten« Themen. Eine Jetzt-erst-Recht-Mentalität.

Doch wenn die Journalistin Mello nun einen Text über die Regierung schreibt, atme sie erst einmal tief durch. Sie denke über die möglichen Reaktionen nach. Werden sie meine Familie verunglimpfen? Obszöne Memes posten? Und manchmal überlege sie, ob es wirklich Sinn macht, zu schreiben. Doch Mello macht weiter, sie ist immer noch optimistisch. Denn trotz aller Hindernisse habe die Presse gerade die einmalige Gelegenheit, wieder aufzustehen und »die globale Manipulation der öffentlichen Meinung durch soziale Medien zu bekämpfen.«

WAHN UND PLAN

Langsam rollt die schwarze Limousine heran und bremst vor einem hüfthohen Gitter. Ein Mann öffnet die hintere Tür des Wagens. Jair Bolsonaro steigt aus, richtet seinen Anzug, grinst. Hinter einer Absperrung stehen rund 30 Menschen, ich bin einer davon. Fast jeden Tag trifft Bolsonaro in der Hauptstadt Brasília seine Anhänger*innen vor dem Palast der Morgenröte, der offiziellen Residenz. Er schüttelt Hände, plaudert, posiert für Selfies. Ein Präsident zum Anfassen.

Ich habe mich als Unterstützer getarnt. Denn Journalist*innen sind hier nicht erwünscht. Kolleg*innen rieten mir ab, vor dem Palast aufzukreuzen. Viel zu riskant, sagten sie. Und ihre Sorge ist nicht unberechtigt. Journalist*innen wurden hier schon beschimpft, bespuckt, geschlagen. Die großen Medienhäuser schicken ihre Reporter*innen schon länger nicht mehr dorthin. Doch ich wollte unbedingt solch ein Treffen am *cercadinho*, am kleinen Zaun, erleben. Denn an kaum einem anderen Ort kommt man dem Präsidenten so nah wie hier. An kaum einem anderen Ort wird Bolsonaro so deutlich in seinen Ansprachen. Und an kaum einem anderen Ort lässt sich besser die fast schon religiöse Hingabe von Bolsonaros Anhänger*innen beobachten.

Auch für den Präsidenten sind die Treffen enorm wichtig. Sie sind eine Möglichkeit, Dampf abzulassen und Dinge einzuordnen. Ohne Kritik, ohne Widerspruch, ohne Nachfragen der Presse. Ich versuche es trotzdem und spreche Bolsonaro auf eine Klage von Umweltschützer*innen vor dem Internationalen Strafgerichtshof an. Verärgert schaut er mich an und beginnt, sichtlich genervt über NGOs zu schimpfen. Es wird klar: Bolsonaro will hier nicht über kritische Dinge sprechen. Das ist typisch für seinen autoritären Kurs. Dialog findet kaum noch statt. Politik macht Bolsonaro nur für seine Basis. Dass er an diesem Abend wieder einmal haarsträubende Lügen erzählt, stört hier niemanden. Seine Anhänger*innen sind schon lange nicht mehr empfänglich für Informationen von außerhalb, leben in einer rechtsradikalen Parallelwelt.

Aus dem ganzen Land sind die Fans des Präsidenten in diesem Tag angereist. Tausende Kilometer für ein kurzes Treffen. Einige haben Freudentränen in den Augen. Ein blonder Mann murmelt immer wieder: »Ein Traum ist wahr geworden, ein Traum ist wahr geworden.« Bei den meisten Menschen löst ein Treffen mit einem Staatsoberhaupt Ehrfurcht aus. Doch bei Bolsonaro ist es mehr. Es ist eine Verehrung, die schon fast sektenhafte Züge trägt. Woher kommt dieser regelrechte Führerkult? Ist es Bolsonaros Persönlichkeit? Sind es seine politischen Ideen? Oder hat er einfach nur Gefühle freigesetzt, die seit langem in den Brasilianer*innen schwelen? Wer Brasilien verstehen will, muss begreifen, wie der Präsident und seine Anhänger*innen ticken. Muss verstehen, in welcher Tradition sie stehen. Und muss zurück in die Geschichte blicken.

Der Junge aus Glicério

Ende 1969 machten sich Carlos Lamarca und eine Gruppe von 17 Genoss*innen auf den Weg in das Ribeira-Tal. Die Region im südlichen Hinterland São Paulos schien der perfekte Ort für ihr Unterfangen: Dünn besiedelt, weitläufig, abgelegen. Die Gruppe wollte sich dort an der Waffe ausbilden lassen, um das rechte Militärregime in einem Guerillakampf in die Knie zu zwingen. Ihr Vorbild: die kubanische Revolution.

Lamarca war ein desertierter Hauptmann der brasilianischen Armee, der sich 1969 einer linken Widerstandsgruppe angeschlossen hatte. Doch der Marxist aus Rio de Janeiro sollte nicht zum brasilianischen Che Guevara aufsteigen. Denn schon bald wurde das Militär auf die Gruppe aufmerksam. Mehr als 2.500 Soldaten rückten an, begannen die gesamte Region abzuriegeln und Straßensperren zu errichten. An einem Tag kam ein 15-Jähriger auf die Soldaten zu und bot seine Hilfe an. Er kenne die Gegend gut, sei jeden Tag in den angrenzenden Wäldern unterwegs und könne helfen, die »Terroristen« zu fangen. Der Junge hieß Jair Bolsonaro.

Der heutige Präsident lebte damals in Eldorado Paulista, ganz in der Nähe vom Camp der Guerilleros. Am 8. Mai 1970 sollte die verschlafene Kleinstadt plötzlich in aller Munde sein. Am Ortseingang lieferten sich Soldaten eine wilde Schießerei mit Lamarcas Gruppe. Der linke Widerstandskämpfer konnte fliehen, wurde jedoch im September 1971 getötet. Es ist umstritten, ob Bolsonaro die Soldaten tatsächlich bei der Suche unterstützte, wie er regelmäßig in Interviews behauptet. Klar ist: In dieser Zeit wuchs in ihm seine Bewunderung für das Militär – und sein abgrundtiefer Hass auf alle Linken.

Fünfzehn Jahre zuvor war Bolsonaro in der Kleinstadt Glicério, ebenfalls im Bundesstaat São Paulo, geboren worden. Seine Vorfahren waren arme Bauern, die aus dem Norden Italiens nach Brasilien eingewandert waren. Zusammen mit seinen Eltern und den fünf Geschwistern lebte er in mehreren Städten der Region. Die Bolsonaros waren konservativ, streng katholisch, eine typische Familie aus dem Landesinnern. Sein Vater zog als Land-Zahnarzt ohne Berufsausbildung durch die Dörfer. Die Familie war nicht arm, führte aber ein einfaches Leben und zählte wahrlich nicht zur Elite.

Für den jungen Bolsonaro waren die Militärs, die Jagd auf die Guerilleros machten, Helden und Vorbilder zugleich. Einer dieser Soldaten gab Bolsonaro ein Werbeprospekt der Armee. Kurze Zeit später verpflichtete sich Bolsonaro zum Militärdienst. Zunächst besuchte er eine Kadettenanstalt im Bundesstaat São Paulo. Wenige Monate später, im Jahr 1973, schrieb er sich in der renommierten Militärakademie von Agulhas Negras im Bundesstaat Rio de Janeiro ein, die er 1977 als Leutnant der Artillerie beendete. Danach ließ sich Bolsonaro zum Fallschirmjäger ausbilden und diente bis 1988 in der Luftlandebrigade. Viele heutige Wegbegleiter lernte er in dieser Zeit kennen. Einmal Soldat, immer Soldat.

Trotz seiner Faszination für das Militär war Bolsonaro alles andere als ein gehorsamer Soldat gewesen. 1986 kritisierte er in einem Artikel für die Wochenzeitung Veja die niedrige Besoldung der Truppe. Offene Kritik waren bei den Militärs jedoch ein rotes Tuch, fünfzehn Tage verbrachte er im Gefängnis. Dem Rebell in Uniform brachte der Text aber auch viel Zuspruch ein. Er erhielt mehr als 100 Solidaritätsschreiben aus dem ganzen Land.

Im Jahr nach dem »Skandalartikel« kam es zu einem noch größeren Coup. Zusammen mit einige Kameraden plante Bolsonaro, eine Bombe in einem Waschraum zu zünden. Wieder ein Protest gegen die niedrige Besoldung. Der Plan flog auf und Bolsonaro wurde aus der Armee geworfen. Trotz erdrückender Beweise sprach ihn ein Gericht aber letztlich frei. In seinem Buch »O Cadete e o Capitão« (Der Kadett und der Kapitän) spricht der Journalist Luiz Maklouf Carvalho von einer Vereinbarung, die hinter geschlossenen Türen besiegelt wurde: Bolsonaro flog nicht unehrenhaft aus der Armee und durfte sich fortan Hauptmann der Reserve nennen. Doch seine Tage beim Militär waren gezählt. Also begann er eine politische Karriere.

Auch als Politiker war Bolsonaro weiterhin der Truppe verbunden. Bei seinem ersten Wahlkampf für einen Sitz im Stadtrat Rio de Janeiros spannte er Flyer an einen Drachen und ließ sie über einer Kaserne abwerfen. Die Rechnung ging auf: Viele Soldaten stimmten für ihn, 1988 wurde er in den Stadtrat gewählt. Doch Bolsonaro wollte mehr. Zwei Jahre später ließ er sich als Kandidat für die Abgeordnetenkammer aufstellen. Und wieder hatte Bolsonaro im ersten Anlauf Erfolg. Am 1. Januar 1992 zog er in den Nationalkongress, das brasilianische Parlament, ein.

Dort blieb Bolsonaro allerdings lange Zeit farblos. Er war ein Interessenvertreter des Militärs und der Waffenlobby. In fast drei Jahrzehnten im Parlament gelang es ihm aber nicht durch politische Projekte oder Gesetzesinitiativen herauszustechen. Mehrmals kandidierte er für den Vorsitz des Unterhauses, erhielt jedoch nur wenige Stimmen. Um nach oben zu kommen, brauchte er eine neue Taktik. Und so setzte er immer mehr auf eine Strategie, die zu seinem Markenzeichen werden sollte: Angriffe unter die Gürtellinie. Vor allem nach einer Episode machte Bolsonaro landesweit von sich reden.

Am 19. November 2003 herrscht Gedrängel im Grünen Saal des Abgeordnetenhauses. Zahlreiche Journalist*innen haben sich dort versammelt und warten auf vorbeiziehende Abgeordnete. Zwei Wochen zuvor kam es im Randgebiet von São Paulo zu einem brutalen Mordfall: Eine Gruppe junger Männer hatte zwei Jugendliche, ein 16-jähriges Mädchen und einen 19-jährigen Jungen, vergewaltigt, gefoltert und ermordet. Der Fall erschütterte das Land.

Bolsonaro ist an diesem Tag im Grünen Saal, dem Vorraum des Plenarsaals, unterwegs und wird von Fernsehjournalist*innen über den brutalen Mordfall befragt. Der Abgeordnete schimpft wild herum und fordert eine Absenkung des Strafmündigkeitsalters, da einer der Täter minderjährig war. Typisch Bolsonaro. Ganz in der Nähe wird auch Maria do Rosário, Politikerin der Arbeiterpartei PT, interviewt. Irgendwann kreuzen sich die Gespräche der beiden und es entwickelt sich ein verbaler Schlagabtausch, aufgezeichnet von den Fernsehkameras.

DO ROSÁRIO: Sie fördern diese Gewalt.

BOLSONARO: Ich fördere Vergewaltigungen?

DO ROSÁRIO: Ja, das tun Sie.

BOLSONARO: Nehmen Sie das auf, nehmen Sie das auf. Ich fördere Vergewaltigungen. Nehmen Sie das auf …

DO ROSÁRIO: Ja, so wie ich das sehe …

BOLSONARO: Nehmen Sie das auf, nehmen Sie das auf. Ich bin ein Vergewaltiger.

DO ROSÁRIO: Sie sind derjenige, der die Gewalt rechtfertigt …

BOLSONARO: Ich bin jetzt ein Vergewaltiger …

DO ROSÁRIO: Ja, das sind Sie …

BOLSONARO: Ich würde dich nie vergewaltigen, denn du hast es nicht verdient.

Bolsonaros Worte sollten noch lange nachhallen und wurden auf allen Kanälen wiederholt. Ein Tabubruch und ein Schock. Doch dem bis dato relativ unbekannten Abgeordneten Bolsonaro war die Aufmerksamkeit gewiss. Ein Disziplinarverfahren wurde eingeleitet, kurze Zeit später aber eingestellt.

Ich treffe Maria do Rosário an einem Mittwochnachmittag im Oktober 2021 im Abgeordnetenhaus, nur wenige Meter von dem Ort entfernt, wo Bolsonaro sie angefeindet hatte. 2014 wiederholte der heutige Präsident sogar seine Worte während einer Sitzung. Als Opfer sieht sich Rosário dennoch nicht. Sie verklagte Bolsonaro und 2015 verurteilte ihn eine Richterin. Er musste eine Geldstrafe zahlen. Immerhin. Doch nun ist Bolsonaro Präsident. Wie sich die Situation im Kongress seitdem verändert habe? »Bolsonaro hat eine Kultur des Hasses etabliert«, meint sie. Wie das aussieht, sehe ich kurz vor unserem Interview. In einer Ausschusssitzung liefert sich Rosário eine hitzige Diskussion mit einer prominenten Bolsonaro-Verbündeten. Harte Debatten sind in einer Demokratie nicht unüblich, ja wünschenswert. Was neu ist: Heute stehen sich die unterschiedlichen Lager als erbitterte Feinde gegenüber. Das sagen auch andere Abgeordnete, mit denen ich in Brasília spreche. Ein Dialog ist kaum noch möglich. Regelbrüche und Grenzüberschreitungen sind zur Norm geworden.

Ein ganz normaler Brasilianer

Es gehört zu den typischen Reflexen einer empörten Öffentlichkeit, autoritären Staatschefs Rationalität, Planung und Intelligenz abzusprechen. Stattdessen werden sie wahlweise als irre, dumm oder überfordert dargestellt. Das ist bei Jair Bolsonaro nicht anders.

Der rechtsradikale Rüpel lebt geradezu von seinen skurrilen Auftritten, Hassreden und ständigen Provokationen. Nach jedem neuen Skandal tönte es: Er ist verrückt geworden! Jetzt ist er zu weit gegangen! Der Mann ist komplett überfordert! Auch wenn im Fall Bolsonaros ein gewisses Maß an Größenwahn und politischer Inkompetenz nicht zu leugnen ist, führt dieser Diskurs ins Leere. Denn Bolsonaro hat klare Ziele und wird von einem brutalen Kalkül geleitet. Das wurde in der Corona-Pandemie besonders deutlich.

Als die ersten Menschen mit Atemnot in die Krankenhäuser eingewiesen wurden, spielte Bolsonaro das Virus als »kleine Grippe« herunter. Er verspottete Kranke, mischte sich in Menschenmengen, spazierte ohne Maske durch Geschäfte. Mehrfach betonte er, die Pandemie »wie ein Mann« durchzustehen und erklärte, Masken seien »etwas für Schwuchteln«. Wieder einmal erklärten viele Beobachter*innen Bolsonaro für verrückt, einige sprachen gar von einem politischen Selbstmord. Doch der Präsident wusste genau, was er tat: Seine Corona-Politik folgte einer eigenen morbiden Logik.

Bolsonaro pflegt ein soldatisch-faschistoides Männlichkeitsbild. Schwäche wird als verachtenswert dargestellt, Krankheiten als individuelles Problem, für das jede*r selbst die Verantwortung trägt. Die Logik: Nur die Starken überleben. Für rechte Menschenfeinde wie Bolsonaro ist die Pandemie ein Moment der natürlichen Auslese. Sozialdarwinismus pur. Und so ließ Bolsonaro kaum eine Gelegenheit aus, um gegen staatliche Eingriffe wie Lockdowns zu wettern und lautstark eine Wiedereröffnung von Geschäften und Fabriken zu fordern. Seine Devise: Die Wirtschaft darf nicht stillstehen! Mit dieser Haltung sendete er ein Signal an jene Kräfte, die ihn im Wahlkampf tatkräftig unterstützt hatten. Große Teile der Kapitalbesitzer*innen und des Finanzkapitals standen hinter Bolsonaro, ebenso das mächtige Agrobusiness und viele Kleinunternehmer*innen. Mit jenen Kräften wollte es sich Bolsonaro in der Pandemie nicht verscherzen.

Sein Wirtschaftsprogramm stammt maßgeblich aus der Feder von Wirtschaftsminister Paulo Guedes. Der ehemalige Investmentbanker ist ein Ultraliberaler, wie er im Buche steht: Studium bei Milton Friedman an der berüchtigten Chicago School, Karriere bei der rechten Militärjunta in Chile, Gründung neoliberaler Thinktanks in Brasilien. Ähnlich wie Bolsonaro pochte er darauf, dass die Fließbänder unter keinen Umständen stehen bleiben dürfen. Was sind schon ein paar hunderttausend Tote? Hauptsache die Wirtschaft läuft!

Die Corona-Politik offenbart allerdings noch mehr über den Präsidenten. Bolsonaro war in den Wahlkampf gezogen, um den verstaubten Politikbetrieb aufzuwirbeln. Als Außenseiter, als selbsterklärter Antipolitiker, als vermeintlicher Kämpfer gegen das Establishment. Auch als Präsident benötigt Bolsonaro den ständigen Konflikt mit dem »System«. »Er brauchte den Kollaps, um gewählt zu werden«, schreibt der Soziologe Marcos Nobre in seinem Buch »Ponto-Final« (Endpunkt). »Und er braucht den Kollaps umso mehr, um an der Macht zu bleiben.« So war es fast logisch, dass Bolsonaro das massenhafte Sterben während der Pandemie schulterzuckend abtat, den Rat von Wissenschaftler*innen missachtete und Angebote von Impfstofffirmen ausschlug.

In der Welt von autoritären und populistischen Typen wie Viktor Orbán, Boris Johnson, Donald Trump stehen Eklats und Polemiken auf der Tagesordnung. Man hat kaum Zeit, auf einen Zwischenfall einzugehen, schon wird dieser vom nächsten überschattet. Bolsonaro hat diese Skandalpolitik perfektioniert. Mal gibt er im Fußballtrikot Pressekonferenzen, mal beschimpft er im Kneipenjargon seine politischen Gegner*innen. Dadurch schafft er es, sich ständig in Szene zu setzen, Aufmerksamkeit auf sich zu lenken und von eigenen Fehlern abzulenken. Und seine Fans vergöttern ihn für seine »unkonventionelle Art«.

Im Oktober 2020 lerne ich Clemerson vor dem Präsidentenpalast in Brasília kennen. 37, braungebrannt, Brasilien-Trikot. Mit seinem Sohn ist er aus dem Soja-Bundesstaat Mato Grosso angereist, um »seinen Präsidenten« zu treffen. Warum er Bolsonaro unterstütze? »Er ist ehrlich. Ganz anders als der Rest.« Solche Aussagen hört man häufig. Von seinen Anhänger*innen wird er für seine »authentische Art« gefeiert. Und in der Tat ist Bolsonaro mehr als der hasserfüllte Provokateur. Er versteht es, eine einfache Sprache zu benutzen,was in einem Land mit einem geringen Bildungsniveau nicht ganz unwichtig ist. Er ist sehr direkt, erzählt gerne Anekdoten, macht Witze und nimmt nie ein Blatt vor den Mund.

Mit dieser Art gibt er seinen Unterstützer*innen zu verstehen: Seht her, ich bin ein ganz normaler Brasilianer! Einer von euch! So ist es für ihn kein Nachteil, dass er nur ein mittelmäßiger Redner ist und wenig Ausstrahlung hat. Im Gegenteil. Fast alle haben einen Onkel oder Bruder, die ähnlich reden oder auftreten wie Bolsonaro. In Zeiten einer schweren gesellschaftlichen und politischen Krise, in der dem politischen Establishment große Ablehnung entgegenschlug, wünschten sich viele genau so jemand wie Bolsonaro: Hauptsache kein klassischer Politiker.

Doch wer sind die Unterstützer*innen Bolsonaros eigentlich genau? Seine Wähler*innen stammen aus allen gesellschaftlichen Schichten. Der Politikwissenschaftler Jairo Nicolau hat für sein Buch »O Brasil dobrou à direita« (Brasilien bog rechts ab) die Ergebnisse der Wahl 2018 genau analysiert. Nicolau benutzt den Bildungsgrad als einen Indikator für seine »Radiographie der Wahl 2018«. Bolsonaro gelang es, in allen drei von Nicolau benutzten Gruppen zu gewinnen. Die PT hatte seit 2002 in der unteren und mittleren Gruppe immer die meisten Stimmen geholt. Nicolau stellt jedoch auch fest, dass Brasilianer*innen mit einem geringen Bildungsgrad weitaus weniger häufiger für Bolsonaro stimmten als Brasilianer*innen mit einen mittleren oder hohen Bildungsgrad. Ebenso schreibt er, dass Bolsonaro im armen Nordosten nur relativ wenig Stimmen erhielt und überproportional von Männern gewählt wurde. Der typische Bolsonaro-Wähler im Jahr 2018 war damit männlich, weiß, Bewohner einer größeren Stadt und Angehöriger der Mittel- oder Oberschicht.

Wir gegen die

Am Morgen des 11. Juni 2020 kommen am weltbekannten Copacabana-Strand in Rio de Janeiro mehrere Menschen zusammen. Sie tragen weiße Schutzanzüge und haben Spaten dabei. Es sind Mitarbeiter*innen einer NGO. Noch bevor die Sonne aufgeht, beginnen sie zu buddeln. Sie heben einhundert symbolische Gräber aus, hämmern Kreuze in den Sand. Auf einem Schild steht: »Brasilien, das Land der Gräber«. Brasilien befindet sich in den ersten Monaten der Pandemie. Die NGO will mit der Aktion der Tausenden Toten gedenken. Ein stiller Protest. Das war der Plan.

Videos in den sozialen Medien zeigen jedoch, wie plötzlich Anhänger*innen von Präsident Bolsonaro auftauchen. Eine Frau in Sportkleidung brüllt hysterisch herum und beschimpft die NGO-Mitarbeiter*innen als Kommunisten, während ein älterer Mann in aller Seelenruhe durch den Sand stapft und die Kreuze umstößt. Es war eine der absurdesten Szenen der Pandemie. Sie symbolisiert jedoch gut jene Bewegung, die häufig als Bolsonarismus bezeichnet wird. Eine Bewegung, die von Hass, Wahn und Verschwörungsglauben angetrieben wird. Die Bolsonaro fast blind hinterherläuft. Und doch weit über den Präsidenten hinausweist.

Bolsonaro hat sich immer als Vollstrecker des »wahren Volkswillens« betrachtet. Jemand, der die vermeintlichen Eliten das Fürchten lehrt. Klassischer Populismus. Doch der Bolsonarismus ist mehr, er hat durchaus ein ideologisches Fundament. Ein tropischer Neofaschismus, sagen einige. Klar ist: im Bolsonarismus vereinen sich ganz unterschiedliche reaktionäre Ideen. Religiöser Fanatismus, Ultranationalismus, Militarismus. Was sie zusammenhält, ist die Überzeugung, auf der richtigen Seite zu stehen und eine Haltung, sich hermetisch nach außen abzuschirmen. Zweifel? Gibt es nicht. Kritik? Wird nicht toleriert. Es gibt nur zwei Kategorien: Für Bolsonaro oder gegen ihn. Freund oder Feind. Wir gegen die. Bolsonaro nährt diese Wagenburgmentalität, indem er ständig Konflikte mit den demokratischen Institutionen provoziert.

Früher ging es in der Politik einmal darum, so viele Menschen wie möglich zu erreichen. Doch wenn Bolsonaro eine Sache als Abgeordneter gelernt hat, dann die: Man muss als Politiker nicht mehr die ganze Bevölkerung ansprechen, auch nicht als Präsident. Heute reicht es, die Gesellschaft zu spalten und kleine Gruppen mit einer Idee anzustecken. »Um eine Mehrheit für sich zu gewinnen, ist es nicht mehr nötig, eine gemeinsame Mitte zu finden, sondern man addiert einfach die Extremen«, schreibt der italienische Journalist Giuliano da Empoli.

In der paranoiden Parallelwelt des Bolsonarismus ist das »System«, also die Justiz, der Kongress und die Medien, längst von der korrupten Elite infiziert und müsse deshalb gesäubert werden. Richtig ist: Bolsonaro liegt im Dauerclinch mit den Institutionen, weil diese vielen Initiativen der Regierung einen Riegel vorgeschoben haben. Mit seiner Ablehnung der Gewaltenteilung ähnelt Bolsonaro seinen autoritären Zeitgenossen auf der ganzen Welt, die die Parlamente und Justiz entweder zerschlagen haben oder sie frontal angreifen.

Diese Schützengrabenlogik hat noch einen weiteren Vorteil: Jegliche Unfähigkeit des Präsidenten lässt sich mit dem Widerstand des »Systems« erklären. Mehrmals spreche ich Unterstützer*innen von Bolsonaro auf die magere Bilanz ihres Idols an. Die Antwort ist fast immer die gleiche: »Sie lassen den Präsidenten nicht arbeiten.«

Gerade in Krisenzeiten sucht Bolsonaro immer wieder Zuflucht bei seinen radikalisierten Anhänger*innen. Und er versucht konstant Bilder zu produzieren, die ihn als großen Volkstribun zeigen. Bolsonaro düst im Stile des italienischen Faschisten Benito Mussolini zusammen mit seinen Anhänger*innen in Motorradparaden über Autobahnen, lässt sich vermeintlich spontan an Stränden blicken und von Badegästen feiern. Warum tut er das? Die Antwort ist simpel: Weil er im Prinzip gar keine andere Möglichkeit hat. Durch seine Politik hat sich Bolsonaro weitestgehend isoliert, er hat keine starke Partei hinter sich, gilt für viele Brasilianer*innen als *die* Hassfigur schlechthin. Ohne seine radikalisierte Basis hat Bolsonaro nicht viel vorzuweisen. Deshalb ist es für ihn auch nicht möglich, sich zu mäßigen oder sich wie ein normaler Präsident zu verhalten. Denn seine Anhänger*innen stehen nicht trotz, sondern wegen seiner ständigen Tabubrüche und Provokationen hinter ihm.

In der Pandemie erreichten die Schlagabtausche mit den demokratischen Institutionen immer neue Höhepunkte. Irgendwann marschierten Bolsonaro-Fans in verschiedenen Städten auf und forderten ganz offen eine Militärintervention. Auch Bolsonaro ließ sich bei den Protesten blicken, frenetisch von der Menge gefeiert. Ein Präsident, der an antidemokratischen Demonstrationen teilnimmt, wäre in den meisten Ländern wahrscheinlich ein Grund zum Rücktritt. Nicht in Brasilien. Bolsonaro hat die Grenze des Mach- und Sagbaren verschoben, Fundamente der demokratischen Ordnung eingerissen. Der herbeifanatisierte Ausnahmezustand rechtfertigt für die Bolsonarist*innen jede noch so autoritäre Maßnahme. Dem Präsidenten kommt eine messianische Funktion als Retter der Nation zu.

Für das Weltbild Bolsonaros ist ein fiktives Bedrohungsszenario fundamental. »Die angebliche Bedrohung wird erst plausibel, wenn man Feinde konstruiert, die nicht eine politische Position, sondern das Dasein einer lokalen oder nationalen Gemeinschaft angeblich gefährden«, schreibt der Soziologieprofessor Sérgio Costa. »Diese Feinde sind nicht abstrakte Phänomene wie die Globalisierung oder der globale Kapitalismus, sondern konkrete Gegner, die man im Alltag erkennen und bekämpfen kann.« In den USA sind es illegale Migrant*innen, in Deutschland unter anderem Muslim*innen, auf den Philippinen Drogenkonsument*innen und in Brasilien vor allem die Linken. Es gehört zum bolsonaristischen Standardvokabular, alles und jeden in Kalter-Kriegs-Rhetorik abzukanzeln. Ein Bürgermeister, der Bolsonaro kritisiert? Kommunist! Eine Schauspielerin, die sich für LGBT-Rechte stark macht? Kommunistin! Ehemalige Gefolgsleute, die sich vom Präsidenten abgewendet haben? Kommunist*innen! In der kruden Welt der Bolsonarist*innen steht Brasilien einen Schritt davor, die rote Fahne auf dem Kongress zu hissen. Kaum etwas könnte falscher sein. Woher speist sich diese Obsession bezüglich des Kommunismus? Warum ist sie so wichtig für die extreme Rechte? Um das zu verstehen, muss man zurückblicken.

Ustras Schatten

Stundenlang prügelten sie auf Amelinha Teles ein. Malträtierten sie mit Elektroschocks. Vergewaltigten sie. Irgendwann holten sie Teles' Kinder in die Zelle. Nackt und eingenässt lag ihre Mutter dort. Durch die Schläge war ihr Körper von Hämatomen übersät, ihr Gesicht komplett deformiert. Als der vierjährige Sohn seine Mutter sah, fragte er: »Mama, warum bist du so blau?«

Am 28. Dezember 1972 war Teles zusammen mit ihren Kindern, ihrem Mann und ihrer Schwester entführt worden. Im Rahmen der Operation Bandeirantes wurden sie in ein Gebäude des Folterzentrums DOI-CODI verschleppt und dort tagelang misshandelt.

Ich treffe Teles in ihrem Haus in São Paulo. An den Wänden hängen Demo-Poster und gerahmte Bilder, überall stehen Pflanzen, ein Hund tobt durch den Hof. Teles, Jahrgang 1944, ist eine kleine Frau mit roter Brille und Vokuhila. Bis heute ist sie Aktivistin, kämpft für Frauenrechte, mischt sich ein. Und sie hält die Erinnerung an das Leid wach, dass sie und Tausende Brasilianer*innen während der Militärdiktatur erleiden mussten.

Teles stammt aus einer kommunistischen Familie. Ihr Vater war Hafenarbeiter und Mitglied der Kommunistischen Partei

Brasiliens (PCB). Bereits als Kleinkind nahm er sie mit auf Demonstrationen. Als Jugendliche engagierte sich Teles selbst in der Partei. Nach dem Militärputsch von 1964 arbeitete sie in einer geheimen Druckerei der Kommunistischen Partei Brasiliens (PCdoB), einer Abspaltung der PCB, die den bewaffneten Kampf unterstützte. Oppositionelle lebten in dieser Zeit gefährlich, fast täglich verschwanden Menschen. »Wir wussten, dass sie uns jederzeit verhaften können«, sagt Teles. Obwohl sie vorsichtig agierte, landete sie in einem Folterkeller des Regimes. Irgendwie überlebte sie die Tortur. Viele andere nicht. So auch Teles' Genosse Carlos Nicolau Danielli, der am gleichen Tag wie sie verhaftet worden war. Offizielle Todesursache damals: Erschossen bei einem Schusswechsel. Amelinha Teles kämpfte lange gegen diese Darstellung. Doch erst 40 Jahre später erkannten die Behörden an, dass Danielli zu Tode gefoltert worden war.

Bis heute, sagt Teles, trage sie viele Wunden auf ihrer Seele. Und die Vergangenheit holt sie immer wieder ein. So auch an jenem Tag, als Bolsonaro während einer Rede Carlos Alberto Ustra würdigte. Denn der Oberst hatte Amelinha Teles höchstpersönlich gefoltert. Überrascht habe sie die Hommage des heutigen Präsidenten an Ustra nicht. Was sie erschrocken habe: die Reaktion des Parlaments und der fehlende Aufschrei in der Gesellschaft. Die Episode stehe symptomatisch für Brasiliens Umgang mit der eigenen Geschichte. Eine Geschichte, um deren Deutung bis heute gerungen wird.

Im Jahr 1961 wurde João »Jango« Goulart Präsident von Brasilien. Er hatte mit einer hohen Inflation, steigender Auslandsverschuldung und wirtschaftlicher Stagnation zu kämpfen. Außenpolitisch suchte der neue Präsident sowohl den Schulterschluss mit den USA als auch eine Annäherung an den Ostblock. Goulart war eigentlich ein Mann der Bourgeoisie, ein Großgrundbesitzer und strenger Katholik. Doch er entschied sich für einen mutigen Weg: Goulart leitete eine Steuerreform ein, hob den Mindestlohn an, startete ein Alphabetisierungsprogramm. Doch vor allem seine Pläne eine Landreform durchzuführen, erhitzten die Gemüter. Bei der armen Landbevölkerung kam das gut an, die brasilianische Elite ging hingegen auf die Barrikaden. Auch in Washington schrillten die Alarmglocken.

Lateinamerika war ein wichtiger Schauplatz des Kalten Krieges und für die USA war gerade Brasilien von zentraler Bedeutung. Die beiden Länder blickten auf eine lange Partnerschaft zurück. Viele brasilianische Militärs wurden von den USA ausgebildet und in innerer Kriegsführung und »Kommunistenabwehr« geschult. 1963 sagte der damalige Präsident John F. Kennedy seinen Beratern: »Wir müssen etwas wegen Brasilien unternehmen.« Die Angst vor einem »zweiten Kuba« war groß. Ein Land in der Größe Brasiliens dürfe nicht in die Hände des Kommunismus fallen. Dabei war Goulart wahrlich kein Sozialist. Doch seine Basisreformen und die Annäherungspolitik an den Osten gingen Washington zu weit. Die USA mussten handeln. Und das taten sie.

Eine Operation mit dem Namen »Brother Sam« wurde geboren. Das Land stoppte die Entwicklungshilfen, finanzierte stattdessen großzügig die rechte Opposition in Brasilien. Auch die CIA soll an der Organisation von »pro-demokratischen« Demonstrationen beteiligt gewesen sein und Abgeordnete bestochen haben. Doch ihre genaue Rolle ist unklar, denn die Akten sind bis heute unter Verschluss.

Allerdings unterschied sich die Operation »Brother Sam« von vorherigen Staatsstreichen. »Es gab keine großen, lärmenden Interventionen, bei denen Onkel Sam ganz offensichtlich die Fäden in der Hand hielt«, schreibt der US-amerikanische Journalist Vincent Bevins in seinem Buch »The Jakarta Method«. »Die USA förderten sorgfältig starke antikommunistische Elemente und ließen sie wissen, dass sie Unterstützung bekämen, wenn sie handelten.«

Im Jahr 1964 gelang es den rechten Kräften in Brasilien, eine antikommunistische Stimmung anzufeuern. Allzu schwer war das nicht. Das Land blickte auf eine lange antikommunistische Tradition zurück. Auch die großen Medien befeuerten den Verschwörungsmythos, die Linke habe einen Putsch geplant. Es müsse gehandelt werden. Am 19. März 1964 gingen in São Paulo beim »Marsch der Familie mit Gott für die Freiheit« 500.000 Menschen auf die Straße. Organisiert wurde die Demonstration von konservativen Katholik*innen. Ganz offen wurde dort eine Militärintervention gefordert. Es wurden ganz ähnliche Parolen skandiert, wie sie heute bei den Protesten von Bolsonaros Anhänger*innen zu hören sind.

Als sich Präsident Goulart mit Teilen der Militärführung überwarf, waren seine Tage gezählt. Am 31. März 1964 putschte das Militär. Die USA hatten hierfür eine Flotte von Kriegsschiffen, mehrere Flugzeugträger und auch Munition bereitgestellt, die nur auf den Einsatzbefehl warteten. Doch am Ende wurde die Schützenhilfe des großen Bruders nicht benötigt. Der Putsch lief gewaltfrei und unblutig ab. Widerstand gab es kaum, auch weil die Linke völlig unvorbereitet war. Viele glaubten bis zur letzten Minute nicht an einen Putsch. Goulart ging ins Exil nach Uruguay und die Generäle übernahmen das Kommando.

Heute wird die Diktatur oft als zivil-militärisch bezeichnet, denn die Junta gab sich selbst eine demokratische Fassade. Formell gab es eine Oppositionspartei und es wurde Scheinwahlen abgehalten. Doch es regierten alleine die Militärs. Kurz nach ihrer Machtergreifung setzten sie die Verfassung außer Kraft und regierten fortan per Dekret. Am 13. Dezember 1968 trat der »Fünfte Institutionelle Akt« in Kraft und leitete die brutalste Phase der Obristen-Herrschaft ein: Der Nationalkongress wie die meisten Landesparlamente wurden geschlossen, soziale und politische Rechte eingeschränkt, Medien und Kultur der Zensur unterworfen. Zahlreiche Künstler*innen und Intellektuelle mussten das Land verlassen. Folter und Staatsterror wurden zur fast täglichen Praxis. Doch es regte sich Widerstand. Überall im Land bildeten sich Guerrillagruppen, die den bewaffneten Kampf aufnahmen. Ihr Widerstand wurde jedoch schnell niedergeschlagen.

Mehr als 20 Jahre währte die Diktatur, bis es Ende der 1980er Jahre zu einer langsamen Öffnung kam. Wirtschaftlich ging es schlecht, die Inflation war hoch, immer mehr Menschen gingen auf die Straße. Die Tage der Junta waren gezählt. Die Militärs hatten aber ihre Mission erreicht und jegliche Bedrohung für die herrschende Ordnung eliminiert. Die Linke war weitestgehend außer Kraft gesetzt und die Elite musste trotz des Umbruchs nicht um ihre Privilegien fürchten. 1985 endete die Diktatur mit freien Wahlen. Doch anstatt sich der blutigen Vergangenheit zu stellen, wählte Brasilien einen anderen Weg: Verdrängen und Vergessen.

Wenn ein Land eine Diktatur durchlebt, in der der Staat Bürger*innen entführt, foltert und hinrichtet, ist es notwendig, die Ereignisse aufzuarbeiten. Dies kann durch die Untersuchung der Verbrechen, eine Verurteilung der Täter oder eine lebendige Erinnerungskultur geschehen. Auf diese Weise wird in der Bevölkerung der Glauben verankert, dass Entführung, Folter und Mord nicht mehr geduldet werden – und sie mit Gerechtigkeit rechnen können. Doch in Brasilien wurde die Debatte über die Militärdiktatur viel zu lange unter den Teppich gekehrt. Eine ganze Generation wuchs heran, ohne zu wissen, was zur Zeit der Diktatur passiert war.

Erst 2014 stellte eine Wahrheitskommission einen 4.300 Seiten dicken Bericht vor. Zwei Jahre lang hatte die Kommission Daten zusammengetragen, Akten ausgewertet und Opfer befragt. Das Ergebnis war so eindeutig wie bedrückend: Während der 21-jährigen Diktatur hatte der Staat systematisch Oppositionelle verfolgt und ermordet. Offiziell wurden 434 Brasilianer*innen getötet, Tausende gefoltert, Zehntausende ins Exil getrieben. Der Bericht sollte eigentlich einen Wendepunkt in der Erinnerungskultur darstellen. Doch letztlich blieb er folgenlos. Juristisch fand keine Aufarbeitung statt, denn ein 1979 verabschiedetes Amnestiegesetz versprach den Konfliktparteien weitreichende Straffreiheit. Während sich im Nachbarland Argentinien etliche Generäle für ihre Verbrechen vor Gericht verantworten mussten, wurde in Brasilien bis heute kein Folterer für seine Gräueltaten belangt. Bis heute hat es keine Entschuldigung des Militärs gegeben. Und bis heute tragen vielen Straßen die Namen von Junta-Generälen. »Eine Demokratie, die auf nicht bestatteten, vom Staat produzierten Leichen aufgebaut ist, hat eine strukturelle Schwäche«, schreibt die Journalistin Eliane Brum.

Die dunklen Jahre werden zudem nicht selten mit dem Verweis auf die Nachbarstaaten heruntergespielt. Weil es nicht so viele Tote wie in Argentinien oder Chile gab, habe es in Brasilien gar keine richtige Diktatur gegeben. Eine Diktatur light sozusagen. Für Opfer wie Amelinha Teles ist das der reine Hohn. »Brasilien verschließt seine Augen vor der eigenen Geschichte.« So ist es kein Wunder, dass der Geist der Diktatur wieder aufleben konnte.

Flirts mit der Vergangenheit

Am 8. Juli 2016 ist der damalige Abgeordnete Jair Bolsonaro zu Gast in der populären rechten Radiosendung »Jovem Pan«. Irgendwann kommt das Gespräch auf die Militärdiktatur. Bolsonaro sagt, diese Zeit werde oft völlig falsch dargestellt. Wer daran Zweifel habe, solle seinen Opa fragen. Und dann sagt er: »Der einzige Fehler war es, dass gefoltert und nicht direkt getötet wurde.«

Bolsonaro hat aus seinen Sympathien für die Diktatur nie einen Hehl gemacht. Er bezeichnete den Folterer Ustra als Nationalhelden und traf sich mit ehemaligen Tätern zum Kaffeeklatsch. Aber auch andere Regierungsmitglieder pflegen eine morbide Nostalgie für die »Bleiernen Jahre«. Wirtschaftsminister Paulo Guedes brachte im November 2019 einen neuen Notstandparagrafen ins Spiel, sollte es zu Massenprotesten wie in Chile kommen. Vizepräsident Hamilton Mourão feiert jedes Jahr den Militärputsch von 1964 und verbreitet die Lüge, die rechten Generäle hätten Brasilien vor dem Sozialismus bewahrt. Dieses Narrativ ist klassisch. Der Putsch war für sie eine »Revolution gegen den Kommunismus«. Die Diktatur bezeichnen sie als »Regierung der Stärke«. Und die Repression verharmlosen sie als »Wiederherstellung der Ordnung«. Warum tun sie das?

»Die Umschreibung der Geschichte ist ein zentrales Element des populistischen Projekts«, schreibt der argentinische Historiker Federico Finchelstein in seinem Buch »A Brief History of Fascist Lies«. Der Mythos einer goldenen, glorreichen Vergangenheit dient zum einen als ideologische Selbstbestätigung. Zum anderen lässt sich die eigene Politik normalisieren, indem man die Verbrechen autoritärer Regime herunterspielt und historische Fakten verdreht.

In Brasilien hat die Umdeutung der Geschichte zu dem Mythos der sauberen Militärs beigetragen, unter denen es keine Korruption gab und die für Sicherheit und Ordnung sorgten. Weil ihre Verbrechen nie wirklich öffentlich verhandelt wurden, genießen sie heute viel Zuspruch in der Gesellschaft. Und so löste es keine größere Debatte aus, als das Militär unter Bolsonaro seine Macht deutlich ausbauen konnte. Während Bolsonaro in fast allen anderen Bereichen die Axt anlegte, passierte mit dem Militär das Gegenteil: Es erhielt rekordverdächtige Haus-

haltszuwendungen, bei der Rentenreform blieben sie von Kürzungen verschont. Mehr als 3.000 Militärangehörige sitzen in
der Regierung, rund 340 auf gut dotierten Posten, häufig ohne
entsprechende Qualifikationen. So viele waren es selbst zu den
Hochzeiten der Diktatur nicht. Mehrere Minister hatten zuvor
eine Karriere bei der Truppe hingelegt; Militärs übernehmen
immer häufiger auch zivile Aufgaben und leiten fast ein Drittel der bundesstaatlichen Unternehmen. Die Regierung plant
zudem, mehr als 200 Militärschulen zu bauen: In den Schulen
tragen die Schüler*innen Uniformen, müssen morgens zum Ap-
pell antreten und ihnen wird das krude Geschichtsverständnis
der Armee eingebläut.

Viele, die heute in der Regierung sitzen, leisteten ihren Militärdienst wie Bolsonaro in den 1970er und 1980er Jahren. Da sie
zur Zeit des Kalten Krieges Karriere machten, werden sie »Generation Vietnam« genannt. Die ideologische Nähe zu den USA ist
Programm, auch in anderen Punkten blieben viele in der Zeit
der Diktatur stecken. Doch nicht alle stehen uneingeschränkt
hinter Bolsonaro. Während der Präsident gerade in den unteren
Rängen viel Unterstützung genießt, ist er bei manchen Generä-
len umstritten. Einige können ihm seine Eskapaden als junger
Soldat nicht verzeihen, andere stört sein ungehobelter Ton. Offene Kritik vernimmt man dennoch nur selten. Der Korpsgeist
ist groß, außerdem will kaum jemand die neuen Privilegien gefährden. Und es gibt eine Sache, die alle zusammenschweißt:
der tiefsitzende Antikommunismus.

Kommunistische Parteien sind weit davon entfernt, eine
ernsthafte Gefahr für den Kapitalismus darzustellen. Doch
überall auf der Welt halluzinieren sich die Reaktionären von
heute eine kommunistische Bedrohung herbei. Ex-US-Präsident
Donald Trump behauptete, eine von den US-Demokrat*innen
geforderte kostenlose Gesundheitsversorgung sei ein trojani-
sches Pferd des Marxismus. Bolsonaro wird nicht müde zu betonen, die PT plane einen kommunistischen Umsturz. Dabei sind
weder die US-amerikanischen Demokrat*innen noch Brasiliens
Arbeiterpartei auch nur im Entferntesten Kommunist*innen.
Der nordirische Autor Richard Seymour spricht passenderweise
von einem »Antikommunismus ohne Kommunismus.« Dieser

diene vor allem als Abgrenzung: Er definiere, was in einer Gesellschaft akzeptabel ist und was nicht. Alles, was als bedrohlich empfunden wird, kann zu einem einzigen, teuflischen Feind verdichtet werden: Verschiedene Tentakel derselben kommunistischen Krake.

In Brasilien ist auch ein fast tausend Seiten dickes Buch für die Renaissance des Antikommunismus verantwortlich. Es heißt »Orvil«, das portugiesische Wort für Buch (livro) rückwärts geschrieben. Kurz nach dem Ende der Diktatur wurde es von einer Gruppe Militärs geschrieben. Das Buch war eine Antwort auf den Bericht »Brasil: Nunca Mais« (Brasilien: Nie wieder), der die Verbrechen der Militärdiktatur offenlegte. Jahrelang gab es nur geheime Kopien von »Orvil«, erst 2013 erschien es in einem kleinen Verlag. Die Grundthese: Da es den Linken nicht gelungen sei, mit Waffengewalt an die Macht zu kommen, hätten sie ihre Taktik geändert. Heute unterwanderten sie die Institutionen. Und es gibt einen Mann, der die Ideen des Buches verfeinert und populär gemacht hat.

Der Online-Guru und der Präsident

Meist saß Olavo de Carvalho vor einem großen Bücherregal, rauchte Pfeife und redete stundenlang in die Kamera. Wobei man eigentlich sagen muss: er fluchte in die Kamera. Mit seinen zurückgekämmten Haaren, der 70er-Jahre-Brille und dem Flanellhemd wirkte er ein bisschen wie ein alternder Polizist aus einer US-Serie. Doch Carvalho war Astrologe, selbsternannter Philosoph und vor allem so etwas wie der Guru der brasilianischen Rechten. Wer das ideologische Fundament der Regierung verstehen will, kommt um Carvalho nicht herum.

In seiner Jugend war der »Rasputin« der extremen Rechten kurzzeitig Mitglied der Kommunistischen Partei Brasiliens. Relativ schnell bog er jedoch scharf rechts ab. Carvalho studierte Philosophie, beendete das Studium aber nicht. Das hielt ihn nicht davon ab, mehrere Bücher zu schreiben und regelmäßig Kolumnen für die großen Tageszeitungen Brasiliens zu verfassen. Lange Zeit nahm ihn allerdings kaum jemand Ernst. Carvalho? Für viele ein Spinner und intellektueller Witz. Das änderte sich mit dem Aufstieg der sozialen Medien. Allmählich wuchs seine Bekanntheit und Carvalho schaffte es, eine treue Fangemeinde um sich zu scharen. Auch die Entwicklungen im Land spielte ihm in die Hände. Ab 2013 war es plötzlich cool, rechts zu sein. Nichts war für viele schlimmer als politische Korrektheit. Carvalho traf mit seinen Provokationen, dem martialischem Ton und seinem Hang zur Vulgarität einen Nerv. Als Hunderttausende gegen die PT-Regierung auf die Straße gingen, war auf vielen Schildern zu lesen: »Olavo hat Recht.«

Heute ist Olavo de Carvalho vor allem durch seine YouTube-Kurse bekannt, die er in seinem Arbeitszimmer in Virginia aufnahm. Seit 2005 lebte Brasiliens rechter Vordenker in den USA. Im Januar 2022 starb Carvalho, vermutlich an einer Covid-Infektion. Doch seine Thesen werden weiterhin munter verbreitet. Mehr als 20.000 Menschen haben seine Kurse besucht. Behauptete zumindest Carvalho selbst. Diese Zahl lässt sich kaum überprüfen, doch es ist unbestritten: Seine Online-Seminare haben eine ganze Generation brasilianischer Rechter geprägt.

Zu Carvalhos inhaltlichem Repertoire zählt ein bunter Strauß aus wilden Verschwörungsmythen. Einmal erklärte er, Pepsi stelle seinen Süßstoff aus abgetriebenen Föten her. Ein anderes Mal behauptete er, der deutsche Philosoph und Soziologe Theodor W. Adorno habe die Texte der Beatles geschrieben. Den Klimawandel nennt er eine Lüge, und auch, dass die Erde eine Scheibe ist, hält er nicht für abwegig. Seine Hauptthese ist allerdings eine andere: Die Dominanz eines »Kulturmarxismus«, der alle Bereiche der modernen Gesellschaft kontrolliere. Die westlichen Gesellschaften seien von den Linken gekapert worden und mit Hilfe einer »globalistischen Ideologie« würden sie Nationen, Familien und die Kirche zersetzen. Hollywood, China und Facebook steckten alle unter einer Decke. Die große Verschwörung.

Mit diesen kruden Thesen zog er auch die Aufmerksamkeit eines Mannes auf sich: Jair Bolsonaro. Gut sichtbar lag Carvalhos Hauptwerk »Das Minimum, das man wissen muss, um kein Idiot zu sein« bei seiner ersten Rede nach dem Wahlsieg auf dem Schreibtisch. Als Bolsonaro in die USA reiste, traf er Carvalho und verkündete voller Pathos: »Die Revolution, die wir erleben, verdanken wir zu einem großen Teil ihm«. Nach seinem Tod ordnete Brasiliens Präsident eine eintägige Staatstrauer an.

Carvalhos Einfluss auf die Regierung lässt sich nicht leugnen: Mindestens drei Minister wurden auf Anraten Carvalhos ernannt, die Wirkung seiner Thesen auf Bolsonaros Söhne ist groß, viele Regierungsmitglieder bezeichnen sich voller Stolz als Getreue des schrulligen YouTube-Philosophen. Neben den Militärs und den Neoliberalen ist der »ideologische Flügel« aus dem Umfeld Carvalhos die dritte wichtige Säule der Regierung. Und die *olavistas* drücken vielen Debatten ihren Stempel auf.

Was sagt es über ein Land aus, wenn Regierungsvertreter*innen dem Wahn verfallen? Wenn Verschwörungsmythen zur Staatsdoktrin werden? Und dubiose Onlineprediger Minister*innen nominieren können? Es lohnt sich genau hinzuschauen, wie die extreme Rechte in Brasilien versucht, das Land umzugestalten. Neben Bolsonaros Zerstörungskurs, den Debatten im Parlament und der konkreten Arbeit in Ausschüssen ist es auch ein Kampf um die Köpfe. Die Schnittpunkte mit der Neuen Rechten in Europa sind evident. Besonders die Schriften eines Mann sind auch in Brasilien zu einem wichtigen Bezugspunkt geworden: Antonio Gramsci.

Die Rechte beruft sich bei ihrem Kampf gegen eine herbeifanatisierte, kommunistische Machtergreifung somit auf einen marxistischen Theoretiker. Der Italiener Gramsci verfasste im Gefängnis des faschistischen Italiens seine Hegemonietheorie. Neben der Eroberung der Staatsorgane und Produktionsmittel müsse die Linke eine kulturelle und intellektuelle Hegemonie erringen. Ziel dürfe es nicht nur sein, an die Macht zu kommen. Die Gesellschaft müsse verändert werden. Für die europäische Rechte ist Gramsci schon länger eine wichtige Referenz.

Auch der Brasilianer Carvalho pflegte eine regelrechte Gramsci-Obsession. Im Kern war sein gesamtes Projekt der Versuch, seinen Begriff der Hegemonie auf rechts zu drehen und auf die brasilianische Gesellschaft anzuwenden. Das Ziel: eine reaktionäre Dominanz im kulturellen und intellektuellen Bereich.

Bolsonaros Kulturkampf

Ähnlich wie sein geistiger Übervater Carvalho betrachtet Bolsonaro einen angeblich linksdominierten Kulturbereich als einen seiner Hauptfeinde. So war es keine Überraschung, dass er das Kulturministerium kurz nach seinem Amtsantritt abschaffte und zu einem zweitrangigen Sekretariat herabstufte. Zudem besetzte er alle wichtigen Posten mit linientreuen Gefolgsleuten, viele davon Anhänger*innen des Internet-Gurus Carvalho.

Die Abwertung von Kultur ist hoch symbolisch. Nach dem Ende der Militärdiktatur und mehr als 20 Jahren Repression und Zensur war der Kulturbereich entscheidend für die Demokratisierung der brasilianischen Gesellschaft. Bolsonaro will nun die Uhr zurückdrehen. Dafür zettelte er einen Kulturkampf gegen Menschen und Institutionen an, die er als Maulwürfe des Kommunismus verdächtigt. Auch hier gibt Carvalho die Marschrichtung vor: Gebetsmühlenartig verbreitete er den Verschwörungsmythos, die Linke habe an der Waffe verloren und versuche deshalb, ihre Ideologie über die Kultur zu verbreiten. In der Tat verorten sich viele Kulturschaffende eher links. »Doch das Gerede einer geplanten Aktion, um die Macht an sich zu reißen, ist reine Fantasie«, sagt mir der Soziologieprofessor Pedro Fiori Arantes bei unserem Gespräch. Welche Auswirkungen hat das für Kulturschaffende in Brasilien? In vielen Bereichen gebe es längst so etwas eine »informelle Zensur«, sagen mir Betroffene. Ausstellungen wurden wegen angeblich blasphemischer Kunst abgesagt. Performance-Künstler*innen mussten sich den Vorwurf der Pädophilie und Sodomie anhören, weil sie nackt auf die Bühne gingen. Auch die Auseinandersetzungen um die nationale Filmagentur ANCINE stehen exemplarisch für den Kulturkampf, der in Brasilien tobt.

Die Bolsonaro-Regierung kürzte der traditionsreichen Institution nicht nur die Mittel, sondern versetzte sie auch von Rio de Janeiro in die Hauptstadt Brasília. Bolsonaro forderte einen »ideologischen Filter« bei der Erteilung von Geldern und wünschte sich einen Evangelikalen, der »200 Bibelverse aus dem Kopf aufsagen kann«, als Chef der Filmagentur. Außerdem begann die Regierung damit, ihr Veto bei der Förderung von bestimmten Filmen und Theaterstücken einzulegen. Es sind vor allem Werke, die sich mit LGBT, Gender oder Sexualität auseinandersetzen. Hinter vielen Angriffen stehen christliche Fundamentalist*innen. Gerade die evangelikalen Freikirchen mit ihrer ultrakonservativen Agenda nehmen zunehmend Einfluss auf die brasilianische Politik.

Einen weiteren Bereich auf den es die Regierung abgesehen hat, ist die Bildung. Wissenschaftler*innen und Lehrer*innen sehen sich schon länger dem Vorwurf ausgesetzt, sie indoktrinierten ihre Schüler*innen mit linker Ideologie. Die Regierung rief diese dazu auf, ihre vermeintlich »politisch indoktrinierten« Lehrer*innen zu filmen. Und es blieb nicht bei Aufrufen zur Denunziation: Im Mai 2019 erklärte die Regierung, den universitären Fachbereichen für Soziologie und Philosophie die Mittel streichen zu lassen. Bolsonaro erklärte, die Mittel auf Bereiche zu konzentrieren, »die dem Steuerzahler unmittelbare Erträge bringen, wie zum Beispiel Medizin«. Kurz danach kündigten Bolsonaro und der mittlerweile zurückgetretene Bildungsminister an, die Zahlungen für staatliche Universitäten und Forschungsprogramme um 30 Prozent kürzen. Begründet wurde das mit niedrigen Haushaltbudgets. Die geplanten Einsparungen stehen aber unverkennbar in einer Linie mit dem ideologischen Projekt der Regierung. Diese macht regelmäßig Stimmung gegen Geisteswissenschaften und eine angebliche marxistische Hegemonie an staatlichen Universitäten. Auch Carvalho sieht die Wurzel vieler Probleme bei den angeblich linksdominierten Universitäten.

In keinem anderen Land war die Rechte so erfolgreich darin, den Verschwörungsmythos eines allmächtigen Kulturmarxismus in konkrete Politik zu gießen wie in Brasilien. In vielen Punkten scheint die Bolsonaro-Regierung genau das umzusetzen, was Carvalho seit Jahren forderte. Doch dem rechten Vordenker ging das nicht weit genug. Er distanzierte sich von der Regierung und kritisierte Bolsonaro dafür, nicht energisch genug gegen seine Gegner*innen vorzugehen. Oft wurde Carvalho mit Steve Bannon verglichen. Doch im Gegensatz zum Ex-Berater von Donald Trump strebte er nie ein Amt in der Regierung an. Ihm schwebte etwas Größeres vor. »Mein Einfluss auf die Kultur Brasiliens ist unendlich viel größer als alles, was die Regierung tut«, erklärte er einmal. »Ich verändere die Kulturgeschichte Brasiliens. Regierungen verschwinden, die Kultur bleibt.« Viele seiner Jünger haben verstanden, dass sie dafür neue Wege wagen müssen. So versuchen sie zunehmend, Räume einzunehmen, die zuvor von Linken besetzt waren. Im November 2019 erlebe ich vor Ort, wie das aussieht.

Ich besuche eine Veranstaltung von rechtsradikalen Aktivist*innen und Bolsonaro nahen Politiker*innen. Sie findet in der Rechtsfakultät der renommierten Universität von São Paulo (USP) statt. Rund 50 Teilnehmer*innen sind gekommen, einige tragen Bolsonaro-Shirts, andere Fußballtrikots. Bevor die Veranstaltung beginnt, singen die Anwesenden die Nationalhymne. Hand aufs Herz, überbordende Leidenschaft. Dann beginnt ein Student vom »linken Terror« an seiner Universität zu berichten. Er spricht von einer angeblichen marxistischen Hegemonie und davon, dass er als Konservativer nicht ernst genommen werde. Die klassische Opferinszenierung. Auch die anderen Redner*innen beklagen eine Verfolgung durch die Linken, wähnen sich in einem Krieg gegen einen übermächtig scheinenden Gegner, sehen sich als Widerstandskämpfer*innen. Was alle eint: Der Stolz, sich einen »linken Raum« angeeignet zu haben, zumindest für einen Tag. Die USP gilt nicht nur als beste Universität Lateinamerikas, sondern auch als progressiv. Während der Militärdiktatur leisteten viele Studierende und Professor*innen Widerstand. Aber eine linke Hegemonie? Ich selbst studierte für ein Semester an der Universität. Es stimmt, dass dort viele Linke studieren und lehren. Aber der Diskurs einer marxistischen Einheitsmeinung entspringt dem Reich der Verschwörungsmythen.

Neben der strategischen Besetzung von Räumen und dem »Marsch durch die Institutionen« setzen Brasiliens Rechte alles daran, eine Gegenkultur aufzubauen. Es gibt Blogs, Podcasts, eine Handvoll Zeitschriften. Besonders wichtig ist allerdings die Streaming-Plattform Brasil Parallelo. Das »Netflix von rechts« beschäftigt mehr als 200 Mitarbeiter*innen und produziert professionell Videos, die tatsächlich außergewöhnliche Reichweiten erlangen. Dass in einem konservativen Land wie Brasilien viele Thesen der extremen Rechten Widerhall finden, ist nicht überraschend. Dennoch sind sie noch weit davon entfernt, mehrheitsfähig zu sein. Eine rechte Hegemonie ist nicht in Sicht, auch weil sich viele Kulturschaffende gegen die reaktionären Sehnsüchte zur Wehr setzen. Obwohl es Versuche gab, sich in Universitäten und Forschungseinrichtungen breitzumachen, gibt es kaum eine rechtsradikale Intelligenzija. Die Jünger Carvalhos haben außerdem Probleme, ihre Ideen einem breiterem Publikum verständlich zu machen.

Man sollte den von den Rechten initiierten Kulturkampf jedoch nicht unterschätzen. Denn es geht primär darum, kleine Gruppen mit einer Idee anzustecken. Und damit sind sie extrem erfolgreich. Ein Teil der Gesellschaft driftet immer weiter in rechtsradikale Paralleluniversen ab. Und es ist davon auszugehen, dass sich diese Brasilianer*innen weiter radikalisieren. Zudem steckt Brasilien mitten in einer Transformation, die das Gefüge der Gesellschaft nachhaltig verrücken könnte: dem fulminanten Aufstieg der ultrakonservativen Evangelikalen.

DER HEILIGE KRIEG

Bis zur Hüfte steht Jair Bolsonaro in einem hellgrünen Fluss. Er trägt ein weißes Gewand, hat die Hände vor dem Bauch gefaltet. Seine Söhne stehen am Rand, tragen ebenfalls weiße Umhänge. Pastor Everaldo Pereira stellt sich neben Bolsonaro und berührt seine Hände.

PEREIRA: Und Bolsonaro, glaubst du, dass Jesus der Sohn Gottes ist?

BOLSONARO: Ich glaube.

PEREIRA: Glaubst du, dass er am Kreuz gestorben ist?

BOLSONARO: Ja.

PEREIRA: Und dass er auferstanden ist?

BOLSONARO: Ja.

PEREIRA: Er für immer lebendig ist?

BOLSONARO: Ja.

PEREIRA: Er der Retter der Menschheit ist?

BOLSONARO: Ja.

PEREIRA: Durch dein öffentliches Bekenntnis taufe ich dich im Namen des Vaters, des Sohnes und des Heiligen Geistes.

Der Fluss in dem kurzen Video ist der Jordan in Israel, aufgenommen im Mai 2016. Bolsonaro war zu dieser Zeit noch ein einfacher Abgeordneter, doch Präsident wollte er schon damals werden. Eigentlich ist Bolsonaro katholisch, doch er wusste: Ohne die Evangelikalen wird er es nicht nach ganz oben schaffen. Seine Taufe im Heiligen Land war strategischer Natur.

Das größte katholische Land der Welt durchlebt, was einige Wissenschaftler*innen eine »religiöse Revolution« bezeichnen.

Immer mehr Brasilianer*innen wenden sich den ultrakonservativen Pfingstkirchen zu. Während sich im Jahr 1990 noch mehr als 80 Prozent der Bevölkerung als katholisch bezeichneten, waren es im Jahr 2020 nur noch rund 50 Prozent. 32 Prozent der Bevölkerung versteht sich mittlerweile als evangelikal – Tendenz steigend. Wie lässt sich ihr Vormarsch erklären? Und wofür stehen sie?

In der ganzen Welt versuchen christliche Fundamentalist*innen die Politik mitzugestalten. Anti-Abtreibung-Lobbys agieren transnational, in vielen Ländern sind Bibeltreue bis auf die Regierungsebene vorgedrungen. Der Schulterschluss zwischen Rechtsradikalen und Christ*innen ist fast überall gelungen. Doch in kaum einem anderen Land war diese unheilige Allianz so erfolgreich wie in Brasilien. Im Wahlkampf umgarnte Bolsonaro die evangelikalen Kirchen, sein Wahlkampfmotto lautete: »Brasilien über alles. Gott über allen.« Seit seinem Amtsantritt hat das Land eine konservative Revolution erfasst. Die Evangelikalen sind heute eine der wichtigsten Säulen des Präsidenten. Sie haben gezielt den Staat unterwandert und gestalten Politik nach ihren erzkonservativen Grundsätzen mit. Ist Brasilien auf dem Weg zum Gottesstaat?

Mehr als eine Kirche

Sidvaldo Oliveiras zweites Leben begann am 25. April 2003. Damals war er 15 Jahre alt, gerade aus dem Hinterland nach Belém gezogen. Ein verschlossener Jugendlicher sei er gewesen, habe niemandem vertraut, psychische Probleme gehabt. Doch an jenem Apriltag habe er Gott kennengelernt, sei neugeboren worden. »Aber diesmal konnte ich mich an meine Geburt erinnern«, sagte er, während er durch den imposanten Saal seiner Kirche schlenderte. Oliveira ist Mitte dreißig, kleingewachsen, trägt einen ordentlichen Kurzhaarschnitt und ein schickes Seidenhemd. Der schüchterne Junge von damals ist heute Pastor in der größten evangelikalen Kirche Beléms.

Die Millionenstadt, deren Name übersetzt Bethlehem bedeutet, liegt im Mündungsgebiet des Amazonas. Belém ist eigentlich eine katholische Hochburg: An jeder Ecke finden sich Kirchen, Mönche spazieren durch die Straßen, auf T-Shirts und

Plakaten sieht man Heiligenbilder. Eines der größten religiösen Feste Brasiliens, die Straßenprozession Círio de Nazaré, findet einmal im Jahr hier statt. Doch die tiefgreifenden Veränderungen der religiösen Landschaft machen auch vor Belém nicht halt. Wie im Rest des Landes haben auch hier die evangelikalen Kirchen immer mehr Zulauf. Laut Berechnungen könnten sie bereits schon bald die Mehrheit der brasilianischen Bevölkerung stellen. 2032 sagen einige. Noch früher, meinen andere.

Doch was bedeutet evangelikal überhaupt? Der Evangelikalismus ist eine theologische Strömung innerhalb des Protestantismus. In der Regel betreiben die Gemeinden keine kritische Bibelexegese, das heißt: Was in der Bibel steht, ist wörtlich zu verstehen, gilt als gottgegeben und wird nicht hinterfragt. In Brasilien gibt es auch traditionelle protestantische Gemeinden wie die Lutheraner oder Baptisten. Diese haben einen europäischen Ursprung und sind teilweise liberaler. Den größten Zulauf haben allerdings die ultrakonservativen Pfingstkirchen. Viele davon kommen ursprünglich aus den USA. So auch die Assembleia de Deus, die Versammlung Gottes, in der Oliveira als Pastor arbeitet.

Es waren zwei in den USA evangelisierte Schweden, die 1911 in Belém die erste Assembleia-Kirche Brasiliens gründeten. Heute gibt es mehr als 500 in der Stadt, Tausende im ganzen Land. Oliveira hält seine Predigten im imposanten Hauptgebäude, das voller Achtung »Mutterkirche« genannt wird. Jeden Tag gibt es hier mehrere Gottesdienste, der Hauptsaal bietet Platz für 4.000 Gläubige.

Evangelikale Kirchen beherrschen heute gleichermaßen das Straßenbild der Innenstädte, der Armenviertel und der abgelegenen Dörfer. Ähnlich wie in den USA gibt es riesige, hochmoderne Prestigebauten. Doch mittlerweile finden sich an fast jeder Straßenecke auch kleine »Garagentempel«, oft nur mit ein paar Plastikstühlen und einer Verstärkeranlage, einem Mikrophon und Boxen. Da es im Gegensatz zur Katholischen Kirche keine oberste Glaubensbehörde gibt, ist es leicht eine neue Kirche zu gründen. Fast jede*r kann sich Pastor*in nennen. Was man vor allem braucht: Charisma und eine »göttliche Berufung«.

Der Erfolg der Kirchen lässt sich auch damit erklären, dass sie mehr sind als Orte zum Beten. Das Sozialleben vieler Menschen spielt sich komplett in den Gemeinden ab. Man studiert Theaterstücke ein, kocht zusammen, macht einander Mut. Ein streng religiöser Mikrokosmos. Oliveira zeigt mir einen Shop in der ersten Etage der Kirche. Hier gibt es alles, was das Christenherz begehrt: Tassen mit Bibelsprüchen, Heilöle, Jesus-Comics. Während die meisten katholischen Kirchen altmodisch, fast schon weltfremd wirken, haben sich die evangelikalen Kirchen an die Zeit angepasst. Die Gottesdienste werden live ins Internet hochgeladen, in den Kirchen hängen riesige Flachbildschirme, per QR-Code kann man sich für Kurse anmelden und Bibelzitate bequem auf die kircheneigene App senden lassen. Auch die *cultos*, die Gottesdienste, laufen ganz anders ab als die katholischen Messen. Wie das aussieht, sehe ich später in einem klimatisierten Nebenraum. Ein paar Plastikstühle stehen vor einer Bühne, auf der eine Band emotionale Rockmusik spielt. Während Pastor Oliveira predigt, reißen die Gläubigen voller Inbrunst die Arme in die Höhe. Sie tanzen, klatschen, brüllen, werfen sich auf den Boden. Kirche als Erlebnis.

Eine junge Frau geht nach vorne. Sie hat blondgefärbte Haare, trägt eine Brille und ein langes Kleid. Der Beamer strahlt Fotos an eine Leinwand. »Das war ich«, schluchzt sie. Man sieht die Frau auf Partys, am Strand, mit der Bierflasche in der Hand. Schnitt. Vernarbte Arme, Tablettenschachteln, Krankenhaus. Noch ein Schnitt. Jetzt sieht man die Frau im Gottesdienst, mit der Bibel in der Hand, lächelnd. Die Message ist klar: Lass das sündhafte Leben hinter dir und gebe dein Leben in die Hand der Kirche. Solche Erleuchtungsgeschichten werden in fast jedem Gottesdienst vorgeführt.

Auch der Heilige Geist hat eine zentrale Bedeutung in der Lehre und Glaubenspraxis der Evangelikalen. Fast alle Pastor*innen führen Heilungen durch. An diesem Tag sind mehrere Kranke gekommen, sie stehen ganz vorne. Pastor Oliveira redet sich in Trance, geht auf die Menschen zu, fasst ihnen an die Stirn. »Raus«, brüllt er. »Raus«. Und meint damit den bösen Geist der Krankheit. Später sagt er mir, dass er auf diese Weise auch schon Krebskranke geheilt habe. Anders als die katholischen Kirchen versprechen die Evangelikalen ihren Gläubigen direkte Resultate. Der Preis? Die völlige Unterordnung.

Wie koordiniert und diszipliniert die bibeltreuen Christ*innen agieren, sehe ich nach dem Gottesdienst. Mit Pastor Oliveira fahre ich mit in das Randgebiet von Belém. Mehrmals in der Woche sucht er zusammen mit einer Mitarbeiterin ausgewählte Familien zu Hause auf. Freiwillig, wie er betont. Zellen nennen sich solche Gruppen, die ausschwärmen, um das Wort Gottes zu verbreiten und neue Mitglieder zu gewinnen. Die Missionierung ist wichtiger Bestandteil der evangelikalen Praxis, wird als göttlicher Auftrag verstanden. Heute will Oliveira ein Paar in einem abgelegenen Stadtteil besuchen: Die Frau sei schon länger Mitglied der Kirche, ihr Mann zweifele noch an seinem Glauben. Das will Oliveira ändern. In einer kleinen Wohnung wartet die junge Familie bereits auf den Pastor. Am Küchentisch studieren sie die Bibel, reden über Probleme, beten zusammen. Am Ende gibt es Pizza und Cola. Es sei nur noch eine Frage der Zeit, sagt Oliveira später, bis auch der Mann regelmäßig in seinen Gottesdienst komme. Auch dank Menschen wie Oliveira lässt sich der Siegeszug der Evangelikalen kaum noch aufhalten.

Pastor Oliveira ist eigentlich ein offener Mann, macht viele Witze, wirkt modern. Und doch: Alkohol ist für ihn Tabu, Homosexualität bezeichnet er als »sündhaften Akt« und politisch steht er ganz auf der Seite von Bolsonaro. »Er ist der erste Präsident, der die Nähe zu uns gesucht hat«, schwärmt Oliveira. Bei einem Event in Belém stand er mit dem damaligen Kandidaten auf der Bühne. »Es war wundervoll. So etwas gab es vorher nicht.« Bolsonaro ließ im Wahlkampf kaum eine Gelegenheit aus, die Nähe zu den Kirchen zu suchen: Er war umjubelter Stargast bei Gottesdiensten, gab dem evangelikalen Sender Record Exklusivinterviews und wurde von Star-Pastor Silas Malafaia mit seiner dritten Ehefrau vermählt. Die Rechnung ging auf. »Bei der Wahl 2018 haben alle großen evangelikalen Kirchen gemeinsam einen Kandidaten unterstützt – nämlich Bolsonaro. Das gab es zuvor noch nie«, sagt die Investigativ-Journalistin Andrea Dip, die ein Buch über den Einfluss der Kirchen geschrieben hat. 70 Prozent der Evangelikalen stimmten in der Stichwahl für den Rechtsaußenkandidaten. Laut einer Studie der Tageszeitung Folha de São Paulo traf jede*r fünfte Brasilianer*in seine Wahlentscheidung nach der Empfehlung eines Pastors.

Dass der zweifach geschiedene, Knarre schwingende Rüpel Bolsonaro nicht ganz aus der himmelblauen Traumwelt der Bibeltreuen entspringt, scheint zweitrangig. Wichtiger sind klare Vorstellungen, die er mit den Evangelikalen teilt. Ablehnung von Homosexualität, Kampf gegen Abtreibungen, Verteufelung des Feminismus. Damit steht Bolsonaro nicht alleine. »Weltweit haben sich Antifeminismus und konservativer Familismus in den vergangenen Jahrzehnten zu regelrechten Steigbügelhaltern für den Aufstieg von Rechtspopulisten und Autoritären entwickelt«, schreibt die deutsche Soziologin Christa Wichterich. Vom AfD-Mann Björn Höcke bis zur polnischen PiS-Regierung: Die heterosexuelle Familie wird als »Keimzelle gesellschaftlicher Ordnung« glorifiziert und der Feminismus als machtvolle Ideologie konstruiert, der die natürliche, gottgewollt patriarchale Ordnung zersetzen und nationale Identitäten zerstören will.

In Brasilien wurde dieses Narrativ vor allem durch die Etablierung eines Begriffes salonfähig: Genderideologie. Diese würde Kinder und Jugendliche dazu anstiften, ihr Geschlecht zu wechseln, homosexuell zu werden und verfrühte sexuelle Praktiken fördern. Über die sozialen Medien verbreitete sich dieser Verschwörungsmythos rasant und wurde zu einer der wichtigsten Waffen Bolsonaros. Neu ist die Debatte allerdings nicht, sie knüpft an ältere Kampagnen an. Die bekannteste heißt Escola sem Partido, Schule ohne Partei. Seit 2004 versucht ein Zusammenschluss, Sexualkundeunterricht und Genderdebatten aus den Klassenzimmern zu verbannen. Dahinter stehen evangelikale Pastor*innen, rechten Politiker*innen, aber auch katholische Geistliche. Zwar gilt Brasiliens katholische Kirche im lateinamerikanischen Vergleich als eher progressiv, es gibt eine starke Tradition der marxistisch orientierten Befreiungstheologie. Doch auch viele Katholik*innen sind stramm rechts und suchten den Schulterschluss mit Bolsonaro.

Im Wahlkampf 2018 wurde der Verschwörungsmythos der »Genderideologie« vor allem dazu genutzt, um die Arbeiterpartei PT zu attackieren. Wie schon erwähnt, wurde ein Programm zur Bekämpfung von Homophobie an Schulen kurzerhand zu einem Projekt zur »Frühsexualisierung« von Kindern umgedichtet. Und viele Brasilianer*innen glauben bis heute, dass die PT Babyfläschchen in Penisform in Kinderkrippen verteilen würde. Die Debatte um die Themen Geschlecht und Sexualität war ausschlaggebend bei der Wahl 2018. Die Debatte scharte in der konservativen Gesellschaft viele besorgte Brasilianer*innen hinter dem rechtsradikalen Kandidaten Bolsonaro zusammen. Doch noch eine weitere Sache spielte ihm in die Hände.

Das Geschäft mit der Bibel

Wie eine Festung ragt der Salomon-Tempel zwischen den Hochhäusern der Megametropole São Paulo empor. Es scheint, als wolle er sich einen Wettstreit mit den angrenzenden Wolkenkratzern liefern. Alt gegen Neu. Tradition gegen Moderne. Die Megakirche wurde 2014 als originalgetreuer Nachbau des Jerusalemer Tempels von König Salomo feierlich eingeweiht. Der gigantische weiße Klotz ist größer als die Kathedrale von São Paulo: 55 Meter hoch, Platz für 10.000 Gläubige, eigener Hubschrauberlandeplatz. Der Tempel ist allerdings mehr als ein Gotteshaus. Er ist der in Beton gegossene Machtanspruch der brasilianischen Evangelikalen.

Der Salomon-Tempel wurde von der Universalkirche des Königreichs Gottes erbaut, einer der größten brasilianischen Pfingstgemeinden. Ich besuche einen Gottesdienst im riesigen Hauptsaal. Gigantische siebenarmige Leuchter hängen an der Wand, dramatische Musik donnert durch den Saal, Bibelverse stoßen aus Tausenden Kehlen. Beten in Stadionatmosphäre. »Kongress für den Erfolg« heißt der Gottesdienst, der hier jeden Montag stattfindet. Mehrere Menschen treten nach vorne, werden vom Pastor befragt. Eine Frau, die sich als Núbia vorstellt, beginnt zu erzählen: Als sie den Salomon-Tempel das erste Mal betrat, habe sie gerade einmal zwei Münzen in der Tasche gehabt. Dann wurde sie Mitglied der Kirche und Gott habe ihr den Weg gezeigt. Und heute? Ein stabiles Einkommen, ein Haus, ein Auto. Solche Erfolgsgeschichten sind zentral für die Lehre der Evangelikalen. Die meisten Kirchen teilen die Auffassung, dass materieller Erfolg ein Beleg für die Gunst Gottes ist. »Wohlstandstheologie«, nennt sich diese Lehre. »Den katholischen Predigten, die als Belohnung für die Opfer im Diesseits das Paradies im Jenseits versprechen, setzen die Pfingstler einen hedonistischen Materialismus entgegen, der den Erfolg hier und jetzt verspricht«, sagt der Soziologe Saulo de Tarso Cerqueira Baptista von der Universität des Bundesstaats Pará. Im Salomon-Tempel betont der Pastor immer wieder, dass jeder für sich selbst verantwortlich ist. Er predigt den Individualismus. Sagt, dass man belohnt werde, wenn man sich anstrenge und gottgefällig lebe. Die Bibel trifft auf neoliberale Gedanken. Somit gibt es auch in wirtschaftlichen Fragen durchaus Schnittmengen mit Bolsonaros Projekt.

Irgendwann betreten mehrere Männer in schwarzen Anzügen den Saal und stellen sich vor die Bühne. Einige haben Körbe in den Händen, andere Kartenlesegeräte. Die Gläubigen gehen nach vorne, werfen Geldscheine in die Behälter, tippen ihre Geheimzahlen in die EC-Geräte. Auch solche Szenen gibt es in jedem Gottesdienst. Um sich das Wohlwollen Gottes zu sichern, sollten die Gläubigen jeden Monat den *dízimo*, ein Zehntel ihrer Einkünfte, an die Kirche abdrücken. Damit sind die Kirchen auch ein enormer wirtschaftlicher Faktor. Das Geschäft mit der Bibel boomt und viele Kirchen sind heute milliardenschwere Unternehmen. Sie besitzen weitverzweigte Mediennetzwerke, mischen in der Musik- und Filmindustrie mit, spekulieren mit Immobilien. Es gibt sogar eine eigene christliche Modeindustrie. Es ist nicht überraschend, dass viele Pastor*innen im Verdacht stehen, ihr Anhänger*innen schamlos auszubeuten, Gelder zu veruntreuen und sich persönlich zu bereichern.

Während die Pastor*innen der großen Kirchen heute Multimillionär*innen sind, kommen die meisten Gläubigen aus den Randgebieten. Die Heilsversprechen und charismatischen Pastor*innen kommen gerade bei armen Brasilianer*innen gut an. Die Hinwendung vieler Armen zu den Pfingstkirchen hat aber noch einen anderen Grund: Sie sind dort präsent, wo der Staat fehlt. Die meisten armen Bezirke wurden von der katholische Kirche, den Kommunen und auch von linken Parteien im Stich gelassen. Es sind Gebiete, in denen es keine Sportplätze, Bibliotheken oder Grünanlagen gibt. Die von Gewalt, Verelendung und Perspektivlosigkeit geprägt sind. Die Evangelikalen sind oft die einzigen, die zuhören. Die Bewohner*innen ernst nehmen. Ihre Ängste verstehen. Neben dem emotionalen Beistand bieten sie so etwas wie ein Freizeitangebot an. Heute sind viele Gläubige Frauen, oft alleinerziehend, meist schwarz. Das wusste Bolsonaro als er seinen Wahlkampf plante und die Nähe zur Kirchenelite suchte. Der starke Einfluss der Evangelikalen in den armen Stadtteilen erklärt, warum so viele Vorstadtbewohner*innen bis heute den Rechtsradikalen unterstützen.

Sonntags predigen, montags abstimmen

Am Abend des 28. Oktober 2018 tritt Bolsonaro vor seine Haustür. Kurz zuvor waren die Ergebnisse der Stichwahl bekannt geworden. Mehrere Fernsehkameras sind auf ihn gerichtet. Bevor der frisch gewählte Präsident anfängt zu sprechen, nimmt ihn der Baptistenprediger Magno Malta an die Hand. Die beiden Männer schließen die Augen und sprechen ein Gebet.

Dass Politiker*innen in Brasilien den Beistand von oben suchen, ist nicht ungewöhnlich. Doch Bolsonaros Auftritt an der Seite des bekannten Predigers war mehr als ein einfaches Gebet. Es war eine Ansage: In Brasilien weht jetzt ein anderer Wind. Fundamentalistische Kräfte hatten bereits vor Bolsonaros Aufstieg einen festen Platz in der brasilianischen Politik. Es nicht ungewöhnlich, dass sich Pastor*innen in die Parlamente wählen lassen. Sonntags predigen, Montags abstimmen. Im Kongress gibt es einen überparteilichen Zusammenschluss evangelikaler Abgeordneter. Die sogenannte Bibel-Fraktion versucht schon lange, die Politik nach ihren Grundsätzen mitzugestalten. Jeden Mittwochmorgen versammeln sich die »Brüder im Glauben« in einem Saal, um gemeinsam zu beten.

Mit dem Amtsantritt Bolsonaros hat jedoch ein regelrechter Umbau des Staates nach ultrakonservativen Vorstellungen begonnen. Fundamentalistische Gruppen haben gezielt die Regierung infiltriert. So wurden ganze Referate ausgewechselt und Expert*innen durch religiöse Hardliner ersetzt. Praktisch das gesamte Team für Frauengesundheit im Gesundheitsministerium wurde beispielsweise ausgetauscht, viele dieser Personen waren renommierte Expertinnen und arbeiteten dort seit Jahrzehnten. Die Regierung legte auch in anderen Bereichen die Axt an. Sie entzog progressiven Projekten die Mittel. Andere Referate schaffte sie gleich ganz ab, wie die Diversitätsabteilung im Bildungsministerium. Und die Evangelikalen und auch einige ultrakonservative Katholik*innen versuchen alle Ausschüsse zu besetzen, in denen Themen behandelt werden, die für sie von Interesse sind. Abtreibung, LGBT, Drogen. Ebenso versuchen sie Einfluss bei der Vergabe von Radio- und Fernsehlizenzen zu nehmen, die alle fünf Jahre neu zugeteilt werden, damit sie nicht zu Ungunsten von evangelikalen Netzwerken verändert werden.

Evangelikale gibt es auch in der vordersten Riege der Regierung. Vor allem eine Personalie hat es in sich: Bolsonaro machte Damares Alves zur Ministerin für Frauen, Familie und Menschenrechte. Vor ihrer Nominierung predigte die evangelikale Pastorin in vollgepackten Megakirchen, tourte als Abtreibungsgegnerin durch das Land und war Beraterin des Gospel singenden Abgeordneten Magno Malta. Wo es in der Politik genau hingehen soll, erklärte Alves in der ersten Rede nach ihrer Nominierung: Es sei der Moment gekommen, in der die Kirche regiere und indem Jungen wieder blau und Mädchen wieder rosa trügen. Diese Aussagen lösten eine Welle der Empörung aus. Doch dieser Ärger war kalkuliert, es war eine Botschaft an die Pfingstkirchen. Die Ministerin ist so etwas wie ein Bindeglied zwischen der Regierung und den evangelikalen Gemeinden. Und wie keine Zweite treibt sie den ultrakonservativen Umbau Brasiliens voran.

In der Amazonasstadt Belém besuche ich das »Erste Treffen der konservativen Frauen von Pará«, bei dem Ministerin Alves als Stargast angekündigt ist. Rund 200 Frauen haben sich im Veranstaltungsraum eines Kulturzentrums eingefunden. Die meisten sind älter, fast alle weiß, rein äußerlich Teil der Oberschicht. Als Alves auf die Bühne tritt, brandet Jubel auf. Nach einem Gebet und der Nationalhymne legt die Ministerin los: Die Linken und ihre »Genderideologie« würden Mädchen verbieten, sich wie Prinzessinnen zu kleiden. Gute Frauen seien Frauen, die kein Cannabis rauchen, die nicht das Christentum entweihen, indem sie sich keine Kreuze in die Vagina einführen, die nicht fluchen. Bolsonaro sei der Einzige, der je etwas für Frauen getan habe. Und immer wieder sagt Alves: Ihre Religion sei in Gefahr. Wie kommt sie darauf? In Brasilien ist das Christentum omnipräsent, an jeder Straßenecke gibt es Kirchen, Bibelfans sitzen in allen wichtigen Stellen. Nach der Veranstaltung spreche ich Alves darauf an. »Unsere Religion wird angriffen. Sie machen sich über uns lustig, es gibt viele Entscheidungen der Justiz gegen uns. Wir brauchen endlich die Freiheit, unsere Religion auszuüben.« Es ist das typische Opfer-Narrativ der christlichen Rechten. »Sie stellen es so dar, als sei die Religionsfreiheit in Gefahr und benutzen sogar den Begriff Christophobie«, sagt die Anthropologie-Professorin Christina Vital, die seit Jahrzehnten über die evangelikalen Kirchen forscht. Dieser Diskurs habe jedoch nicht in Entferntesten etwas mit der Realität Brasiliens zu tun. Auch Präsident Bolsonaro warnt regelmäßig in seinen Ansprachen vor »Christophobie«. Doch werden Christ*innen in Brasilien tatsächlich verfolgt? Studien zeigen, dass die Behauptung jeglicher Grundlage entbehrt. Religiöse Intoleranz, betonen Expert*innen, gebe es gegen afrobrasilianische Religionen wie Candomblé und Umbanda. Wer meist dahinter stehe: Evangelikale Fundamentalist*innen.

Wenn die christliche Rechte von »Christophobie« spricht, tut sie das meist aus taktischen Gründen: Es dient dazu, die Anhänger*innen durch eine imaginierte Gefahr zusammenzuschweißen, von der Gewalt und Diskriminierung in den Kirchen abzulenken und Feindbilder zu konstruieren. Eine linke Meinungsdiktatur aus Medien, Universitäten und NGOs bedrohe den Glauben, heißt es oft. Deshalb sei eine Gegenreaktion notwendig. Das passt zum Diskurs der Evangelikalen, die sich in einem konstanten Kriegszustand gegen alles Böse wähnen, das der modernen Gesellschaft innewohnt. »Spirituelle Kriegsführung« wird das genannt.

Die Inszenierung als Opfer ist eine Strategie der christlichen Rechten weltweit. Regelmäßig gibt es internationale Konferenzen, wo in rassistischer Manier vor dem Untergang des »christlichen Abendlandes« gewarnt wird und verfolgte Christ*innen für ein ultrareaktionäres Projekt herhalten müssen. Fundamentalistische Kräfte versuchen schon lange aus ihrer Agenda globale Themen zu machen. Heute agieren sie in gut organisierten internationalen Netzwerken, treffen sich bei Veranstaltungen wie beim Prayer Breakfast im Weißen Haus, starten transnationale Kampagnen. Eine christliche-fundamentalistische Internationale. Auch Brasiliens Evangelikale mischen fleißig in diesen Bündnissen mit. Ministerin Alves trifft sich regelmäßig mit christlich-fundamentalistischen Kräften aus dem Ausland, auch andere Regierungsmitglieder haben direkte Kontakte zu internationalen Hassprediger*innen. Expert*innen vermuten sogar: Mit dem Aufstieg Bolsonaros und der Abwahl von US-Präsident Donald Trump könnte Brasilien eine führende Rolle in dieser transnationalen, christlichen Allianz zukommen. Der Kampf gegen eine Sache verbindet reaktionäre Kräfte von Washington über Moskau bis Brasília.

Hexenjagd

Mitte August 2020 hält in der brasilianischen Küstenmetropole Recife ein Auto vor einer Klinik. Im Kofferraum kauert ein zehnjähriges Mädchen. Als das Kind aussteigt, klammert es sich an einen Teddybären. Das Mädchen war über 1.000 Kilometer in den Nordosten des Landes gereist, um einen Schwangerschaftsabbruch durchführen zu lassen. Jahrelang war es von ihrem Onkel vergewaltigt worden. Ein Gericht hatte den Abbruch genehmigt. Vor allem über das, was vor der Klinik geschah, sollte noch lange diskutiert werden. Videos in sozialen Medien zeigen Männer und Frauen, die Menschen in weißen Kitteln als »Mörder« beschimpfen. Pastor*innen, die in voller Inbrunst beten. Und einen wütenden Mob, der versucht die Klinik zu stürmen. Rechtsradikale Politiker*innen, katholische Gruppen und evangelikale Pastor*innen hatten versucht, den Schwangerschaftsabbruch zu verhindern. Wenn sich die Anhänger der verschiedenen Kirchen für eine Sache zusammenschließen, sind sie eine beachtliche politische Kraft.

Brasilien hat extrem strenge Abtreibungsgesetze. Ein Schwangerschaftsabbruch darf nur vorgenommen werden, wenn das Leben der Mutter gefährdet ist, der Fötus nicht lebensfähig ist, oder nach einer Vergewaltigung. Doch das geht den fundamentalistischen Christ*innen nicht weit genug. Sie versuchen, die strengen Gesetze noch weiter zu verschärfen. Mit der umtriebigen Ministerin Alves haben sie eine prominente Verbündete an ihrer Seite. Alves betont immer wieder ihr wichtigstes Ziel: Ein Brasilien ohne Abtreibungen. Dafür scheint ihr jedes Mittel Recht. Zu dem Fall der Zehnjährigen gehört nämlich auch, dass sich ein Krankenhaus in ihrem Heimatbundesstaat Espírito Santo geweigert hatte, die Abtreibung durchzuführen. Mitarbeiter*innen von Alves' Familienministerium waren in die Kleinstadt gereist und sollen Druck auf die Ärzt*innen ausgeübt haben. Und es war die Ministerin selbst, die überhaupt erst den Startschuss für die Proteste abgab, als sie auf Facebook die Entscheidung der Justiz kritisierte, die Abtreibung zuzulassen. Der Fall der Zehnjährigen wurde so etwas wie ein Einfallstor für weitere Rückschritte.

Kurz nach der Episode brachte die Regierung eine Verordnung auf den Weg, die Mädchen und Frauen den Zugang zu Abtreibungen zusätzlich erschweren soll. Ärzt*innen sollen verpflichtet werden, bei Vergewaltigungen Beweise für eine Straftat an die Polizei weiterzuleiten. Außerdem sollen sie den Opfern ausführliche Fragen über das Verbrechen stellen, um herauszufinden, ob die Frauen die Wahrheit sagen. Besonders in der Kritik: Frauen sollen gezwungen werden, sich Ultraschallbilder des Embryos anzusehen. »All dies könnte Frauen davon abhalten, einen Schwangerschaftsabbruch durchzuführen«, sagt die linke Parlamentsabgeordnete Sâmia Bomfim, die aufgrund von Drohungen wegen ihrer feministischen Positionen unter Polizeischutz steht. Abtreibungen sind ein heißes Eisen in Brasilien. Umfragen zeigen, dass 75 Prozent der brasilianischen Bevölkerung sie kategorisch ablehnt. Aufgrund der politischen Sprengkraft umgehen auch viele Linke das Thema, für die Rechte ist es ein willkommenes Feld, um zu punkten. Die Debatte um Abtreibungen ist allerdings nur ein Bereich, in dem reaktionäre Positionen Einzug gehalten haben.

Auftrag von oben

Brasiliens Karneval ist weltbekannt und heißgeliebt. Doch vielen Evangelikalen ist die landesweite Megaparty ein Dorn im Auge. Eine Woche »Sodom und Gomorrha« auf Brasiliens Straßen? Unvereinbar mit den strengen Moralvorstellungen der Jesus-Fans. Bolsonaro treue Politiker*innen forderten daher, den Karneval abzuschaffen. Der Schuss ging im feierfreudigen Brasilien nach hinten los. Dennoch: Alleine schon die Forderung sagt viel über den aktuellen Diskurs aus. Ebenso skurril wirkte es, als im September 2019 Beamte der Stadtverwaltung kistenweise Comics auf der Buchmesse in Rio de Janeiro beschlagnahmten. Der evangelikale Ex-Bürgermeister Marcelo Crivella, ein Verbündeter von Präsident Bolsonaro, hatte die Aktion in Auftrag gegeben. Sein Problem mit den Comics: Auf dem Cover waren zwei küssende Männer abgebildet.

Christliche Fundamentalist*innen versuchen, in alle Bereiche durchzudringen: Politik, Kultur, Justiz, Medien und Bildung. Welche verheerenden Konsequenzen das haben kann, zeigte auch eine Initiative aus der Feder von Ministerin Alves. Sie startete eine Kampagne zur sexuellen Abstinenz unter Jugendlichen. Alves Idee: Statt über Sex und Verhütungsmittel aufzuklären, sollen Teenager*innen einfach keinen Sex mehr haben. Expert*innen schlugen Alarm und warnten vor dramatische Folgen einer Enthaltsamkeitspolitik. Alves nannte als Ziel ihrer Kampagne, die Zahl minderjähriger Mütter und HIV-Infektionen zu senken. Was laut Expert*innen tatsächlich dahintersteht: Voreheliche Sex aus religiösen Motiven zu verhindern.

Was sagt es über ein Land aus, wenn Politiker*innen Glaubensgrundsätze zur obersten Maxime erklären? Wenn sie politische Entscheidungen immer häufiger auf Grundlage religiöser Dogmen treffen? Wenn die Bibel über der Verfassung steht? Noch ist Brasilien kein Gottesstaat – und es ist unwahrscheinlich, dass es soweit kommen wird. Fest steht aber: Die Trennlinie zwischen Staat und Kirche verschwindet zunehmend. Der Journalist und Religionsexperte Gilberto Nascimento meint: »Es gibt Gruppen, die möchten, dass wir in einer Theokratie leben.«

Dass die Kirche verstärkt Einzug in die Politik erhält, hängt auch mit einem Wandel in der Praxis der Evangelikalen zusammen. Früher stand für sie die Vorbereitung auf die Wiederkehr des Messias im Fokus. Politik wurde als »zu weltlich« betrachtet. Heute nehmen sie direkten Einfluss auf Politiker*innen und treten auch zunehmend selbst als »Weltveränderer« auf. Mit Bolsonaro haben sie erstmals einen engen Verbündeten auf dem wichtigsten Stuhl des Landes sitzen. Für einige gilt Bolsonaro, der passenderweise den Mittelnamen »Messias« trägt, als Geschenk von ganz oben, als ein Mann mit einem heiligen Auftrag. Dass Bolsonaro im Wahlkampf die Messerattacke überlebte, war für viele ein Zeichen Gottes.

Während sich einige Kräfte der brasilianischen Gesellschaft relativ schnell von Bolsonaro distanzierten, stehen die großen Kirchen treu hinter ihm. Dabei gibt es durchaus Differenzen. Viele Kirchen lehnen etwa Bolsonaros Versuche ab, die Waffengesetze zu liberalisieren. Die Allianz von Bolsonaro mit den Pfingstkirchen ist strategischer Natur. »Die Unterstützung gibt es nicht umsonst«, sagt die Investigativ-Journalistin Andrea Dip. »Der Preis, den Bolsonaro zu zahlen hat, ist hoch.« Neben einer Politik, die mit ihren erzkonservativen Moralvorstellungen im Einklang steht, erwarten sie weitreichende Privilegien. Und die Regierung liefert. Steuerbefreiungen, Vorteile für ihre Mediennetzwerke, ein milliardenschwerer Schuldenerlass. Auch Bolsonaros Corona-Politik lässt sich zum Teil mit dem Druck der Kirchen erklären. Wissenschaftsfeindlichkeit und Verschwörungsmythen gehören zur DNA vieler Gemeinden. Edir Macedo, Gründer der Universalkirche des Königreichs Gottes, sagte etwa, Corona sei eine »Strategie Satans und der Medien«, um die Menschen in Panik zu versetzen. Andere Pastor*innen erklärten, der Glaube sei die beste Medizin gegen das Virus. Wieder andere benutzen die Krise, um teure Heilöle an ihre Gläubigen zu verkaufen. Als der Ausnahmezustand verhängt und Kirchen geschlossen wurden, gingen viele Gemeinden auf die Barrikaden und zogen offensiv gegen die Maßnahmen ins Feld. Unterstützung bekamen sie dabei von Bolsonaro. Der Präsident bat um einen landesweiten Fastentag, um das Virus mit der Macht des Glaubens zu bekämpfen. Und er brachte ein Dekret auf den Weg, das Kirchen als »notwendige Dienstleistungen« einstufte, um so ihre zeitweise Schließung während der Pandemie zu verhindern. Das Dekret wurde nach kurzer Zeit von der Justiz kassiert, doch die Message kam an.

Noch steht die Justiz dem rechtsradikalen und fundamentalistischen Staatsumbau immer wieder im Weg. Regelmäßig blockiert der Oberste Gerichtshof Gesetzesinitiativen der Regierung und fällt Entscheidungen zu Gunsten der liberalen Gesellschaft. Kriminalisierung von Homofeindlichkeit, Ehe für alle, Rechte für trans-Personen. Doch die Evangelikalen haben den Kampf aufgenommen. Es gibt eine mächtige, von Ministerin Alves gegründete Denkfabrik evangelikaler Jurist*innen. Gemeinden rufen ihre jungen Mitglieder dazu auf, Jura zu studieren. Und Bolsonaro nominierte, wie er versprochen hatte, einen »schrecklich evangelikalen« zum Verfassungsrichter. Für die christliche Rechte ist der Umbau des Justizsystem eine der letzten Hürden. Stück für Stück versuchen sie, die Fundamente des säkularen Staates auszuhebeln. Sollte ihnen das gelingen, droht Brasilien eine gefährliche Transformation, die das Land noch lange nach Bolsonaro prägen wird.

Brunas Kampf

Praktisch ihr gesamte Jugend verbrachte Bruna Lopes in der Kirche. Nach der Schule ging sie direkt in die Gemeinde, spielte dort in der Kirchenband, studierte stundenlang Bibelverse, leitete eine Jugendgruppe. Auch Zuhause spielte Religion eine große Rolle. Lopes Eltern sind evangelikale Pastor*innen. Die junge Frau stammt aus der nordöstlichen Metropole São Luís. Und eigentlich heißt sie anders. Ihre Geschichte, sagt sie, sei die Geschichte vieler. Deshalb will sie sie erzählen.

Irgendwann wurde Lopes klar, dass sie lesbisch ist. Homosexuell und Kirchenmitglied? Kaum vorstellbar in den strengen Gemeinden. Lange Zeit unterdrückte sie deshalb ihre sexuelle Orientierung. Doch irgendwann hielt sie es nicht mehr aus. Als sie sich outete, ging die Tortur erst richtig los. Fast hätte der Hass sie umgebracht.

Brasilien hat eigentlich progressive Gesetze was LGBTI anbelangt. Die Ehe für alle wurde bereits 2011 eingeführt, in den großen Städten halten gleichgeschlechtliche Paare völlig selbstverständlich Händchen, die Dragqueen Pabllo Vittar ist eine der bekanntesten Popstars und in São Paulo findet die größte Pride-Parade der Welt statt. Brasilien ist ein Land, in dem sich queere Menschen ihren Platz erkämpft haben. Es ist aber auch ein Land, das trauriger Spitzenreiter homo- und transfeindlicher Morde ist. Und indem religiöse Grundsätze an vielen Orten die Gesellschaft strukturieren. Und ein Outing bedeutet für viele Brasilianer*innen daher immer noch ein Bruch mit der Familie.

So war es auch bei Lopes. Als sie ihrer Mutter erzählte, dass sie lesbisch ist, reagierte diese schockiert. Sie versuchte ihr einzureden, dass ihre sexuelle Orientierung eine Sünde sei. Der Teufel in ihr stecke. Und sie begann, ihre Tochter zu kontrollieren, zwang sie rund um die Uhr zu beten, sackte ihr Handy ein, gab ihr das Buch eines vermeintlich geheilten Ex-Schwulen zu lesen. Auch in der Gemeinde traf Lopes auf die gleichen Vorurteile und flog aus der Band.

Für die meisten evangelikalen Gemeinden ist Homosexualität ein großes Tabu. Einige führen sogenannte Dämonenaustreibungen durch. Offiziell sind die Konversationstherapien in Brasilien verboten. Doch auch in Lopes' Gemeinde gab es solche Kurse. Als »Hilfsgruppen« getarnt, sollen die Jugendlichen dort ihre vermeintlichen Kindheitstraumata verarbeiten. Viele Evangelikale glauben, dass Homosexualität durch Missbrauch in der Kindheit entsteht. Die Botschaft vieler Pastor*innen: Durch eine strenge Hinwendung zu Gott kannst du geheilt werden. Auch Lopes ging zu solchen Kursen, hielt es dort jedoch nicht lange aus. Die ständige Diskriminierung macht sie bald krank. Angststörungen, schwere Depressionen, Suizidgedanken. Sie habe kurz davor gestanden, ihr Leben zu beenden.

Diskriminierung und Gewalt gegen LGBT sind Alltag in Brasilien. »Schwuchtel« ist immer noch ein weitverbreitetes Schimpfwort, die Kultur vielerorts sexistisch. Auch Regierungsvertreter*innen heizen die Vorurteile an. Die Regierung machte ganze Referate platt, die sich für sexuelle Diversität einsetzen und strich Kampagnen zur Prävention von HIV die Mittel. Präsident Bolsonaro ist fast schon berüchtigt für seine homo- und transfeindlichen Ausfälle. Einmal erklärte er, lieber einen toten als einen schwulen Sohn haben zu wollen. Ein anderes Mal ließ er verlautbaren, dass man Kinder bei den ersten Anzeichen von Homosexualität schlagen müsse. Und Worte führen folglich zu Taten: Viele Brasilianer*innen fühlen sich nun autorisiert, ihren Hass auf LGBTI ganz offen auszuleben und Gewalt anzuwenden. Auch Lopes hat das auf der Straße zu spüren bekommen. »Bolsonaro hat viele Mini-Bolsonaros produziert«, meint sie. Heute traue sie sich nicht mehr in der Öffentlichkeit mit ihrer Partnerin Händchen zu halten.

Wohin der Hass führen kann, zeigte sich an Weihnachten 2019. Netflix stellte den satirischen Film »A Primeira Tentação de Cristo« (Die erste Versuchung Christi) auf seine Plattform. In dem Film wird Jesus als schwul dargestellt und Politiker*innen sowie Geistliche im Stil der britischen Comedy-Truppe Monty Python verspottet. Ein Skandal im religiösen Brasilien. Fundamentalistische Christ*innen machten augenblicklich Stimmung gegen die Parodie und starteten eine Petition. Kurzzeitig wurde der Film zensiert, nachdem ein Richter dem Antrag einer katholischen Vereinigung stattgegeben hatte. Höhepunkte der Hetze: Ausgerechnet am 24. Dezember attackierte ein Mitglied der faschistischen Integralisten-Bewegung die Produktionsfirma der Sendung in Rio de Janeiro mit Molotowcocktails. Die Debatte steht symptomatisch für die Zerrissenheit der brasilianischen Gesellschaft. Es sind grundverschiedene Vorstellungen, die aufeinanderprallen: Ein modernes, liberales und diverses Brasilien. Und ein Brasilien des religiösen Dogmatismus, der Vorurteile und des Hasses.

Trotz aller Umstände schaffte es Bruna Lopes, ihr Medizinstudium in São Luís abzuschließen. Mit Hilfe ihrer Partnerin fand sie schließlich einen Ausweg. Sie sagte sich von den Eltern los, verließ die Stadt. Heute ist Lopes Mitte 20, mit ihrer Partnerin verheiratet und arbeitet als Ärztin im Hinterland des Bundesstaates Goiás. Gläubig sei sie immer noch, manchmal vermisse sie das Gemeindeleben. Über die sozialen Medien hält sie Kontakt zu anderen queeren Christ*innen und inklusiven Kirchen. In den großen Städten gibt es mittlerweile evangelikale Gemeinden für LGBTI. Die evangelikale Welt ist vielfältig und es gibt eine Szene abseits der Scharlatan-Pastor*innen und Bolsonaro preisenden Hassprediger*innen. Doch die progressiven Kräfte sind in der Minderheit. Was bedeutet das im Umgang mit den Kirchen? Eine pauschale Religionskritik, wie man sie aus Europa kennt, läuft im tiefreligiösen Brasilien ins Leere. Daher muss eine Strategie gefunden werden, den religiösen Fanatismus zu bekämpfen, ohne Gläubige pauschal zu verurteilen und wegzustoßen. Denn die Vergangenheit hat gezeigt: Wenn man die Menschen alleine lässt, sind sie besonders anfällig für die Versuchung des Fundamentalismus.

FEIND UND HELFER

Ein Mann steht in einem Fernsehstudio. Er trägt einen knallblauen Anzug, gestikuliert wild herum. Auf einem Bildschirm hinter ihm sieht man die Motorhaube eines Polizeiautos. Darauf liegen eine Pistole und ein paar Patronen. Der Mann erzählt, was wenige Stunden zuvor passiert sein soll: Ein Polizeieinsatz, irgendwo am Stadtrand der Amazonas-Metropole Manaus. Als sich die Polizisten einem Verdächtigen näherten, soll dieser direkt geschossen haben. Zum Glück, brüllt der Mann, sei die Polizei gut vorbereitet gewesen. Und dann schreit er: »Er ist gestorben!«. Er breitet seine Arme aus, ein breites Grinsen auf den den Lippen, fröhliche Musik beginnt zu spielen: »Er ist gestorben, er ist gestorben«. Mehrere Menschen treten ins Bild. Ein Redakteur, ein Tontechniker, weitere Crew-Mitglieder. Einer ist als Samurai verkleidet, ein anderer trägt eine Eselsmaske. Sie tanzen im Kreis und singen: »Er ist gestorben, er ist gestorben. Sein Problem, besser er als ich.«

Jeden Tag laufen solche Programme im brasilianischen Fernsehen. Der Mann in dem blauen Anzug ist Sikeira Junior, einer der bekanntesten Moderatoren des Landes. Seine Sendung heißt Alerta Nacional, Nationale Warnung. Die Bilder dieser Sendungen sind fast immer die gleichen. Exklusive Aufnahmen von brutalen Einsätzen bei Kriminalfällen: trauernde Angehörige, in Handschellen vorgeführte Verhaftete. Die Kamerateams sind oft live bei Verfolgungsjagden, Schießereien und Polizeieinsätzen dabei.

In der Sendung von Sikeira Junior, einem engen Freund von Präsident Bolsonaro, gibt es eine besonders menschenverachtende Rubrik. Sie heißt »Steuernummer gestrichen«. Diese Nummer wird gestrichen, wenn jemand stirbt. Der Moderator applaudiert, jubelt, lacht, tanzt und singt, wenn Polizist*innen einen angeblichen Verbrecher töten. Oft sind es regelrechte Hinrichtungen, selbstverständlich ohne Urteil. Der Philosoph Silvio Almeida nennt das »einen Zivilisationsbruch zur besten Sendezeit«. Dennoch: Die Polizeisendungen gehören zu den erfolgreichsten TV-Shows in Brasilien, die Moderatoren sind bekannt wie Popstars, unter den Videos im Netz feiern Internetbenutzer*innen die Einsätze. Die Sendungen sind Ausdruck einer sensationsheischenden Medienlandschaft. Aber sie sagen auch viel über die brasilianische Gesellschaft aus. Eine Gesellschaft, in der 60 Prozent der Aussage zustimmen, dass ein guter Verbrecher ein toter Verbrecher sei.

In Brasilien geht es extrem gewalttätig zu, wobei man eigentlich sagen muss: in bestimmten Teile des Landes. In vielen Favelas, den städtischen Armenvierteln, herrschen kriegsähnliche Zustände. Drogengangs liefern sich heftige Gefechte, manchmal untereinander, oft mit der Polizei. Diese geht unbarmherzig vor, zieht mit einer reinen Kriegslogik in die Einsätze. Jeden Tag gibt es *tiroteios*, Schießereien. Mittlerweile gibt es sogar Apps, die vor Schusswechseln warnen. Nicht selten sind es Unschuldige, die im Kugelhagel sterben. Alleine in Rio de Janeiro wurden im Jahr 2020 zehn Kinder durch Querschläger getötet. Die *balas perdidas*, die verirrten Kugeln, sind zu einem Symbol für das Chaos geworden. Darüber, wie die Situation zu deuten ist, gibt es unterschiedliche Ansichten. »Krieg gegen die Drogen«, sagen die einen. »Genozid an der armen, schwarzen Bevölkerung« die anderen.

Doch woher kommt die Gewalt? Eine Antwort auf diese Frage führt zu jungen Männern, die mit Sturmgewehren an Straßenecken stehen. Zu Polizisten, die losziehen, um »Feinde« zu vernichten und sich in paramilitärischen Banden organisieren. Und zu einer Regierung, die die Gewalt immer weiter anheizt.

Leben zwischen Kugeln

Derick Fonseca war gerade auf dem Weg zur Arbeit, als die Schüsse losgingen. Bum, bum, bum. »Hierhinter habe ich mich versteckt.« Er geht auf einen ausrangierten Wagen zu, die Rückwand ist völlig durchlöchert. Dann wieder Schüsse. Bum, bum, bum. Fonesca brüllte: »Ich bin Lehrer! Ich bin Lehrer!« Erst als er seinen Rucksack mit den Büchern ausleerte, hörten die Polizisten auf zu schießen. Das war im Mai 2019.

Fonseca, Anfang dreißig, schlaksige Statur, geflochtene Haare, kommt aus einer Favela in São Gonçalo. Die Stadt liegt rund 30 Kilometer von Rio de Janeiro entfernt. Doch gefühlt ist sie noch viel weiter von den Postkartenmotiven der Zuckerhutmetropole weg. Taxifahrer*innen machen einen großen Bogen um Fonsecas Heimat. Sozialprojekte wie in vielen Favelas Rio de Janeiros gibt es nicht. Ein ausländischer Journalist sei noch nie hier gewesen, sagt mir Fonseca. Die Stadt gilt als eine der gefährlichsten Gegenden Brasiliens. Und in kaum einer anderen Stadt sterben so viele Menschen durch Polizeikugeln.

Unter dem Vorwand, die Drogenkriminalität zu bekämpfen, haben sich viele arme Viertel in Schlachtfelder verwandelt. Wenn die Polizei anrückt, dann oft um zu töten. Im Polizeijargon heißt es: Einen Feind vernichten. In den Favelas sind das junge Männer, oft noch Kinder, die mit Flip Flops und Fußballtrikots gekleidet an Checkpoints stehen, fette Gewehre umgeschnallt haben und kleine Tütchen mit weißem Pulver verkaufen. In diesem Krieg, der eigentlich kein Krieg ist, stirbt eine ganze Generation. Das Profil der meisten Opfer: arm, jung und schwarz. Im Jahr 2020 tötete die brasilianische Polizei mehr als 5.600 Menschen – so viele wie nirgendwo sonst auf der Welt. Die Opfer sind den Zeitungen meist nur eine Randnotiz wert. Ein toter *favelado?* Löst in Brasilien keine größere Bestürzung aus. Das Land hat sich an das große Sterben in den Favelas längst gewöhnt, die Mittel- und Oberschicht interessiert sich nicht für das Leid am Stadtrand.

Fonseca fängt nervös zu lachen an, wenn er über die Momente spricht, die ihm bis heute den Schlaf rauben. Seine Mutter und sein Bruder wurden von der Polizei getötet. »Selbstverteidigung«, erklärten die Polizisten hinterher. Die Fälle wurden schnell zu den Akten gelegt. So wie fast immer in Brasilien. Eine Anklage oder gar eine Verurteilung von Polizist*innen sind fast unmöglich. Tatorte werden verfälscht, Beweise manipuliert, Zeugen unter Druck gesetzt. Die Polizei, die eigentlich Verbrechen bekämpfen soll, begeht selbst schwerste Straftaten. Sie schikaniert, sie foltert, sie tötet. Eine Mörderbande im Auftrag des Staates?

Ich bin mit einem Mann verabredet, der das anders sieht. Ubiratan Ângelo war Kommandant der Militärpolizei und leitete sie in einigen der berüchtigtsten Viertel Rio de Janeiros. Das Café Kirsche ist ein modernes Lokal direkt am Hafen. Anzugträger sitzen vor Laptops, eine breite Fensterfront gibt Ausblick auf das imposante Gebäude des Stadtrats. Ângelo kommt herein, ein Mann mit legerem Hemd, angegrautem Bart und Moderatorenlächeln, begrüßt eine Frau mit Küsschen auf beide Wangen. Er ist ein bekannter Mann in Rio de Janeiro. Nach seiner Laufbahn bei der Polizei arbeitete er für die brasilianische UN-Mission in Haiti. Heute ist er Sicherheitsberater, Politiker und so etwas wie das nette Gesicht der Militärpolizei. Während Ângelo spricht, gestikuliert er hektisch mit den Händen, kritzelt Einsatzpläne auf eine Serviette, blickt über den Rand seiner Brille, wenn es ernst wird. Auf kritische Nachfragen reagiert er freundlich, seine Ausführungen schmückt er mit Anekdoten. Ângelo weiß, wie er Menschen um den Finger wickeln kann.

»Die sozialen Bewegungen schauen nur auf den Hammer«, sagt Ângelo und hält seine geballte Faust in die Luft. »Aber sie sehen nicht die Hand, die den Hammer hält.« Der Hammer stehe für die Polizei, die Hand für die Politik. Nach Ansicht Ângelos machen es sich viele mit ihrer Kritik zu einfach. Ja, die Polizei sei gewalttätig. Und natürlich machten Polizist*innen Fehler. »Aber sie sind nicht grundlegend böse.« Die Polizei sei Ausdruck der Gesellschaft, meint Ângelo. Und in dieser laufe eben einiges falsch.

Um den derzeitigen Zustand zu verstehen, muss man zurückblicken. Die Militärpolizei wurde zur Kolonialzeit als Schutztruppe für die Gouverneure gegründet. Die Versklavten waren ihren Herren zahlenmäßig weitaus überlegen. Die Angst vor Aufständen war groß, Revolten sollten im Keim erstickt werden. Zur Zeit der Militärdiktatur wurde in den Zellen der Polizei systematisch gefoltert. Bis heute unterliegt die Polizei den Landesregierungen. Und bis heute ist die Ausbildung militärisch, das System hierarchisch, Brutalität Teil ihrer Logik.

Im Jahr 2007 gelang dem Investigativjournalisten Raphael Gomide eine spektakuläre Recherche. Der Reporter der Tageszeitung Folha de São Paulo gab sich als Polizeianwärter aus und absolvierte für einen Monat die Ausbildung in Rio de Janeiro. In seinem Buch »O Infiltrado« beschreibt er den Alltag in der Kaserne. Drill, militärische Härte, Korpsgeist. Gomide schreibt über Kadetten, für die es völlig normal ist zu töten. Viele glauben, die Justiz tue nicht genug gegen Kriminelle. Deshalb wollen die Sache in eigene Hand nehmen. Ihre mörderische Selbstjustiz verstehen sie als etwas Gutes, einen Beitrag für die Gesellschaft. Gomide schreibt auch über Ausbilder*innen, die erklären, wie man Tatorte verfälscht. Die Fehltritte von Kolleg*innen decken und Rachemorde als völlig selbstverständlich betrachten. Doch Gomide zeichnet ein differenziertes Bild. Viele Polizist*innen litten selbst extrem unter der Gewalt. In ihren Stadtteilen müssten sie verheimlichen, wo sie arbeiten. Bei einem Überfall kann eine Polizeimarke ein Todesurteil bedeuten. Der Druck ist hoch, die Bezahlung mies. Das begünstigt die Korruption. Die meisten einfachen Militärpolizist*innen müssen nachts noch irgendwo Schichten als Sicherheitsleute drücken, um irgendwie über die Runden zu kommen.

Ein Streifenwagen düst mit Blaulicht und Sirene am Café Kirche vorbei. »Viele Linke betrachten diese Jungs als Feinde«, sagt Ângelo und schaut dem Wagen hinterher. »Dabei müssten sie sich annähern, um wirklich Dinge in der Gesellschaft zu verändern.« Er meint: Seine ehemaligen Kolleg*innen sind ebenfalls Opfer. Insbesondere in Rio de Janeiro seien Extremsituationen Alltag. In den Favelas stünden Polizist*innen schwer bewaffneten Gangs gegenüber, die Ausrüstung der Polizei sei mangelhaft. Und es stimmt: Viele Polizist*innen leiden unter Depressionen, die Selbstmordrate ist fünfmal so hoch wie im Durchschnitt des Landes, etliche sind alkoholkrank. Und viele Polizist*innen stammen selbst aus einfachen Verhältnissen. So auch Ângelo.

Der pensionierte Polizist wuchs in einer armen, schwarzen Familie in einer Favela auf. Als Kind verkaufte Ângelo Bonbons am Straßenrand, mit 18 trat er in die Polizei ein. »Um Dinge zu verbessern«, wie er betont. Nebenbei studierte er, lernte Fremdsprachen, und schaffte es schließlich bis in Führungspositionen. Heute seien viele Polizist*innen Afrobrasilianer*innen. »Ein Genozid von Schwarzen an Schwarzen? Das ergibt doch keinen Sinn.« Auch er habe Vorurteile aufgrund seiner Hautfarbe erlebt. Aber die Vorurteile wegen seiner Uniform seien noch viel größer gewesen. Und dann sagt Ângelo: »Wenn die Polizei tötet, ist der Aufschrei groß. Wenn Dealer töten, wird geschwiegen.«

Das sehen Menschenrechtsorganisationen anders. Nur selten lösen Fälle von Polizeigewalt größere Debatten aus. Das Land, sagen Expert*innen und Aktivist*innen gleichermaßen, habe sich an den Tod armer, schwarzer Jugendlicher gewöhnt. Für die feine Gesellschaft gelten Polizist*innen als Helden. Sie werden auf rechten Demonstrationen beklatscht, im Parlament mit Orden behängt.

»Lass uns jetzt hochlaufen«, sagt Derick Fonseca und marschiert eine steile Gasse seiner Favela hinauf. An einer Straßenecke lümmeln ein paar Jugendliche herum, vielleicht 15 Jahre alt. Joints im Mund, Headset auf dem Kopf, Pistolen im Hosenbund. »Pack jetzt die Kamera weg«, sagt mir Fonseca und streckt den Jungs den Daumen entgegen. »Alles klar?« Ein kurzes Nicken der Jungendlichen, und es geht weiter hinauf. Auch Fonseca saß vor einigen Jahren noch an dieser Straßenecke. Drei Jahre lang war er ein *traficante,* ein Drogendealer. »Ich habe das gemacht, weil ich keine Alternative gesehen habe.« Für Fonseca ist klar: Der Drogenhandel ist eine Folge der sozialen Ungleichheit. Ihn mit Gewalt bekämpfen? »Unmöglich!«

Einmal, erinnert er sich, griffen ihn Polizisten in seiner Favela auf. Für mehrere Stunden folterten sie ihn mit einer Plastiktüte über dem Kopf, drohten, ihn an verfeindete Dealer auszuliefern. Für ein Jahr kam er in Haft. Seine Zelle war für 18 Häftlinge ausgelegt, mit 130 Männern teilte er sich diese »Hölle«. »In der ersten Woche musste ich mein T-Shirt an die Gitterstäbe binden und im Stehen schlafen.« Nach der Haft habe er mit Hilfe eines Stipendiums anfangen können zu studieren, er lernte Linke aus der Mittelschicht kennen, begann sich irgendwann selbst, als Aktivist gegen Polizeigewalt zu engagieren. »Ich habe Glück gehabt«, meint Fonseca und blickt von der Terrasse seines kleinen Hauses auf das Backsteinpanorama der Favela herunter. Mit dem organisierten Verbrechen habe er heute nichts

mehr zu tun. Aber den »Jungs dort unten an der Straßenecke«
vertraue er immer noch mehr als der Polizei.

Der Präsident mit der Knarre

Brasilien durchlebt seit langem eine schwere Krise der öffentlichen Sicherheit, eine regelrechte Epidemie der Gewalt. Als die
PT an die Macht kam, stellte sie einige mutige Initiativen vor.
2003 wurde unter Präsident Lula ein Entwaffnungsgesetz verabschiedet, das den Erwerb und Besitz von Schusswaffen massiv einschränkte. Und Lula wollte noch mehr: ein Umdenken
einleiten. Für ihn war klar, dass mit Maschinengewehren fuch-
telnde Kids nur das Gesicht der Gewalt seien, deren Ursache
woanders läge, nämlich in der himmelschreienden sozialen Ungleichheit. Ein landesweites System der öffentlichen Sicherheit
sollte her, Lula wollte das Thema Kriminalität fortan auf Bundesebene lösen – denn Sicherheitspolitik ist in Brasilien traditionell Sache der Bundesländer. Doch Lula und seine Nachfolgerin Dilma Rousseff ließen viele ihrer Pläne schon bald fallen.
Laut Expert*innen wäre der Druck von Polizeikräften zu groß
gewesen, hätten sie die ehrgeizigen Initiativen wirklich umgesetzt. Um das Thema öffentliche Sicherheit auf Bundesebene
zu behandeln, wäre eine mühsame Verfassungsänderung nötig gewesen. Die Gefahr: Jegliche Probleme wären fortan der
Regierung zugeschoben worden. Der politische Schaden wäre
für Lula und Rousseff zu groß gewesen und so wurde das Projekt aufgegeben. Außerdem ließ sich Lula, vor allem aber seine Nachfolgerin Rousseff von der öffentlichen Meinung stark
beeinflussen. »Die Regierung war ständig in Sorge, von einer
überwiegend konservativen Wählerschaft als nachlässig in Sa-
chen Verbrechensbekämpfung wahrgenommen zu werden«,
schreiben die Journalist*innen Cecília Olliveira und Andrew
Fishman.

Das Thema öffentliche Sicherheit wurde von der gesamten
Linken lange Zeit zu stiefmütterlich behandelt. Demilitarisie-
rung der Polizei? Entkriminalisierung von Drogen? Abschaffung von Gefängnissen? Damit ließen sich in einer konservativen Gesellschaft wie Brasilien keine Wahlen gewinnen, hört
man viele Linke hinter vorgehaltener Hand sagen. So wurde

das Thema lange totgeschwiegen. Und Bolsonaro hatte leichtes Spiel.

2017, ein Jahr vor der Wahl, wurden in Brasilien mehr als 63.000 Menschen ermordet. Das waren so viele wie nirgendwo sonst auf der Welt. Der *law and order*-Politiker Bolsonaro wusste, die Verängstigung vieler Brasilianer*innen geschickt auszunutzen. Bereits im Wahlkampf forderte er, alle »Banditen abzuknallen«. Er stellte sich demonstrativ hinter Polizist*innen und versprach vollmundig, die Gewalt ein für allemal zu beenden. Mit seinen Forderungen, die Bevölkerung zu bewaffnen oder die Todesstrafe wieder einzuführen, konnte er bei einer verängstigten Bevölkerung punkten.

Und nach seinem Amtsantritt ging die Mordrate im Land tatsächlich zurück. Bei vielen Brasilianer*innen setzte sich die Überzeugung fest: Endlich greift einer durch! Der harte Hund Bolsonaro regelt die Sache! Expert*innen erklären die sinkende Mordrate mit einer ganzen Reihe anderer Gründe: 2017 beendeten die zwei größten kriminellen Organisationen Brasiliens ihre über zwei Jahrzehnte während Allianz. Die Folge: Im ganzen Land eskalierten die Bandenkriege und die Mordrate schnellte auf Rekordwerte. Im Laufe der Jahre steckten die Gruppen ihre Territorien ab und die Mordrate sank wieder. Auch Initiativen einzelner Bundesstaaten im Zusammenspiel mit der Zivilgesellschaft hätten zur sinkenden Mordrate beigetragen, sagen Expert*innen. Dennoch glauben viele Brasilianer*innen heute, dass Bolsonaro die Sache geregelt habe.

Alle Städte Brasiliens sind von Gewalt betroffen, doch Rio de Janeiro ist besonders. Das hängt zum einen mit seiner Geschichte zusammen: In der Stadt am Zuckerhut bildeten sich schon früh die ersten kriminellen Organisationen. Heute gibt es drei große kriminelle Gruppen und die paramilitärischen Milizenbanden, die sich untereinander bis aufs Blut bekämpfen. Auch die Geographie der Stadt hat einen gewissen Anteil an der chaotischen Situation: Die meisten Favelas befinden sich auf Hügeln, oft in der unmittelbaren Nähe zu den Vierteln der Reichen. Aufgrund dieser Lage sind die Territorien besonders hart umkämpft, es kommt häufig zu stundenlangen Schusswechseln. Und die Polizei in Rio de Janeiro ist besonders gewalttätig. Doch auch in anderen Städten ist Polizeigewalt trauriger Alltag. Willkürliche Übergriffe, Folter, Hinrichtungen. Die Devise vieler Polizist*innen: Erst schießen, dann fragen.

Mit Bolsonaro regiert nun ein Verbündeter. Ein Mann, der seine politische Karriere als Interessenvertreter für Polizist*innen und Militärs begann. So ist es nicht verwunderlich, dass er auch als Präsident die Nähe zu dieser Klientel sucht. Seit langem kämpft er für ein Gesetz, das im Dienst tötenden Polizist*innen Straffreiheit gewährt. Immer wieder verteidigte er Polizist*innen, die wegen Übergriffen in die Kritik geraten waren. Er ließ sich grinsend in Polizeiwachen blicken und schoss Selfies mit schwerbewaffneten Spezialeinheiten. Dieser Bolsonaro, hört man viele Polizist*innen sagen, ist einer von uns. Sicherheitskräfte zählen zu treusten Anhänger*innen des Rechtsradikalen. Und der Präsident kann sich auf eine weitere Gruppe verlassen: die einflussreiche Waffenlobby.

Bolsonaro lässt kaum eine Gelegenheit aus, um mit fetten Knarren herumzufuchteln und seine Hände zu Waffen zu formen. Unmittelbar nach Amtsantritt brachte er mehrere Dekrete auf den Weg, um die strengen Waffengesetze zu liberalisieren. Zwar machte ihm der Oberste Gerichtshof bei vielen Initiativen einen Strich durch die Rechnung. Doch Bolsonaro konnte durchaus einige Erfolge feiern. Per Dekret ordnete Bolsonaro an, dass einfache Bürger*innen bis zu sechs Waffen erwerben können, Jäger*innen und Sportschützer*innen können sogar bis zu 60 Waffen horten. Die wenig überraschende Konsequenz: In Brasilien sind immer mehr Waffen im Umlauf. Laut Bolsonaro sei der bewaffnete Bürger »die erste Verteidigungslinie eines Landes«. Das brasilianische Volk könne nur frei sein, wenn es bewaffnet sei. Die Idee ist simpel: Gewalt mit mehr Gewalt bekämpfen. Ein Irrglauben sei das, sagen fast alle Expert*innen. Studien zeigen, dass lockerere Waffengesetze genau zum Gegenteil führen: zu mehr Morden, mehr Unfällen, mehr Suiziden. Und wer unter Bolsonaros Aufrüstungspolitik besonders leiden wird, ist wieder einmal die arme schwarze Bevölkerung in den Favelas. Was vielen zudem Sorgen bereitet: Bolsonaro könne versuchen, Stück für Stück seine radikalisierte Basis hochzurüsten. Selbst Konservative, wie der ehemalige Verteidigungsminister Raul Jungmann, warnen vor Bolsonaros Waffenpolitik. Im schlimmsten Fall drohe sogar ein Bürgerkrieg.

Die neuen Herren von Rio

Es gibt eine Karte von Rio de Janeiro, die die Territorien bewaffneter Gruppen zeigt. Im Westen und nördlichen Stadtrand sind viele Bereiche blau eingefärbt. In diesen Gebieten haben die sogenannten Milizen das Sagen. Es existieren unterschiedliche Definitionen für diese Gruppen. Paramilitärische Banden, sagen die einen. Tropische Mafia, die anderen. Klar ist: Die Milizen setzen sich aus ehemaligen und aktiven Polizisten, Soldaten, Feuerwehrleuten und Gefängniswärtern zusammen. Zwar können auch Zivilisten beitreten, doch die Kontrolle haben ausgebildete Sicherheitskräfte.

Die Ursprünge dieser neuen Herren der Favelas liegen einmal mehr in den 1970er Jahren. Kleinunternehmer*innen gründeten damals Todesschwadronen, um »die Straßen zu säubern« und »unerwünschte Elemente« zu exekutieren. Sie waren mit dem illegalen Glücksspiel verbunden und hielten enge Kontakte zu den Schergen der rechten Militärdiktatur. Die Todesschwadronen als neue Ordnungsmacht wurden vielerorts mit offenen Armen empfangen. Denn sie verkündeten, ein für allemal mit den Kriminellen aufzuräumen. Die Presse jubelte, der Staat gewährte ihnen praktisch Straffreiheit.

Laut einer Studie der Organisation Fogo Cruzado, die bewaffnete Gewalt in der Metropole dokumentiert, herrschen die Milizen – in gewisser Weise als Nachfolger der Todesschwadronen – heute über 57 Prozent der armen Stadtteile. Mehr als zwei Millionen Bewohner*innen leben in den von ihnen kontrollierten Gebieten. Da viele Milizionäre aus den Spezialkräften der Polizei kommen, sind sie nicht nur gut ausgebildet, sondern auch hochgerüstet. Ihre Feuerkraft reicht aus, um sogar Hubschrauber abzuschießen. »Die neuen Tyrannen der armen Stadtteile tragen Uniformen statt Surfhose, Flip-Flops und T-Shirts«, schreibt der Journalist Bruno Paes Manso in seinem Buch »A república das milícias« (Die Republik der Milizen). Damit beschreibt er, dass die Milizen heute viel professioneller agieren als die Drogengangs. Was beide verbindet: Sie beherrschen ganze Stadtviertel.

Während in vielen Favelas bis an die Zähne bewaffnete Drogen-
händler vor *checkpoints* herumlungern, sieht man in den Gebieten der Milizen viel seltener Waffen. Sie agieren eher im Hintergrund, doch sie kontrollieren fast alles in den vom Staat völlig
vernachlässigten Territorien. Sie handeln mit Gasflaschen, die
die Bewohner*innen zum Kochen brauchen. Sie kassieren bei
Kleinbusunternehmen mit, mischen im Glücksspiel mit, verkaufen Internetanschlüsse und kontrollieren Immobilien. Anfänglich entstanden die Milizen als Gegengewicht zu den Drogengangs. Doch mittlerweile sind die vermeintlichen Hüter von
Recht und Ordnung selbst in den Drogenhandel verstrickt. Außerdem führen sie Auftragsmorde durch und kassieren Schutzgeld. Die Popcornverkäuferin, der Motorradtaxifahrer, die Kin-
dergärtnerin, alle müssen zahlen. Wer sich weigert, begibt sich
in Gefahr. Immer wieder verschwinden Menschen, häufig werden Massengräber entdeckt. Doch die Zahl der Verschwunde-
nen wird in der Kriminalitätsstatistik nicht erfasst.

Mehrmals bin ich in Gebieten der Milizen unterwegs. Doch
über die »parallele Macht« will niemand sprechen, schon gar
nicht öffentlich. Viel zu gefährlich! Es herrscht ein Gesetz des
Schweigens und so gibt es nur wenige Informationen aus dem
Innenleben ihrer Territorien.

Dass die Milizen immer mächtiger werden, hat auch mit einem verkommenen Sicherheitssystem zu tun. Die Grenzen
zwischen Militärpolizei und Milizen sind fließend. Oft ebnen
Polizeioperationen den Banden den Weg, um in der Art einer
feindlichen Armee, ganze Stadtviertel einzunehmen. Manchmal ziehen Polizist*innen sogar zusammen mit den Milizionä-
ren los, um Gebiete zu erobern. Für die Bewohner*innen dieser
Gegenden ist das eine paradoxe Situation: Auf der einen Seite müssen sie Schutzgeld zahlen und sich den strengen Regeln
der Milizen unterwerfen. Auf der anderen Seite gibt es weniger
Schießereien und Polizeioperationen, wenn sie sich erst einmal
in ihrem Viertel eingenistet haben. Doch das ist eine trügeri-
sche Sicherheit.

Schon immer pflegten die Milizen enge Verbindungen nach
ganz oben. Etliche Bosse sitzen in Parlamenten, Politiker*innen
stehen auf den Gehaltslisten der Banden. »Die Milizen sind kei-

ne parallele Macht. Sie sind der Staat«, sagt mir der Soziologe José Claudio Alves, der selbst am armen Stadtrand Rio de Janeiros aufwuchs und seit Jahrzehnten über die Gruppen forscht. Besonders eine Familie suchte immer wieder die Nähe zu den Banden: die Bolsonaros.

Ihren Anfang nahm diese besondere Beziehung 2002, als Präsidentenspross Flávio in den Stadtrat einzog. 2004 ließ er den damaligen Polizeihauptmann der Eliteeinheit BOPE, Adriano da Nóbrega, mit dem höchsten Orden des Bundesstaats auszeichnen, obwohl dieser schon wegen Mordes angeklagt war. Später wurde Nóbrega als Milizenboss, Auftragskiller und Gründer der Todesschwadron »Büro des Verbrechens« bekannt. Das hielt Flávio Bolsonaro nicht davon ab, im Jahr 2016 die Ehefrau und Mutter Nóbregas in seinem Abgeordnetenbüro anzustellen. Die beiden sollen auch in Veruntreuungen des Bolsonaro-Clans verwickelt gewesen sein. Außerdem wurde aufgedeckt, dass Flávio Bolsonaro in illegale, durch Milizen kontrollierte Immobilienprojekte im Westen der Stadt verstrickt war.

Nach Ermittlungen der Staatsanwaltschaft setzte sich der Auftragskiller Nóbrega im Jahr 2020 ab. Doch Polizist*innen spürten den flüchtigen Gangster im Bundesstaat Bahia auf und töteten ihn. Später gaben sie zu Protokoll, Nóbrega sei bei einem Schusswechsel ums Leben gekommen. Fotos von der Autopsie legen jedoch nahe, dass er aus nächster Nähe erschossen und zuvor gefoltert worden war. Musste er sterben, weil er zu viel wusste?

Im bolsonaristischen Weltbild befindet sich Brasilien in einem »urbanen Kriegszustand«. Gut gegen böse. Kriminelle Drogengangs gegen rechtsschaffende Milizionäre. Folter und Mord seien notwendige Mittel, um einen inneren Feind zu besiegen. Dieses Denken gibt es nicht erst seit Bolsonaro, doch der Präsident hat die Gewalt institutionalisiert. »Wo die Miliz bezahlt wird, gibt es keine Gewalt«, sagte er einmal und verteidigte auch bei anderen Gelegenheiten die Banden. 2018 holte er in den Gebieten der Milizen bis zu 80 Prozent der Stimmen. »Bolsonaro und seine Familie sind die ideologischen Vertreter einer Milizenkultur, die in Rio stark geworden ist und nun auch Einzug in die Präsidentschaft Brasiliens erhalten hat«, schreibt der Journalist Bruno Paes Manso. Doch sind die Milizen der bewaffnete Arm der Regierung, wie einige behaupten? Die meisten Milizionäre sind stramm konservativ, einige offen faschistisch, in letzter Zeit suchten viele Bosse auch die Nähe zu den reaktionären Freikirchen. Doch in erster Linie sind sie eins: Geschäftsleute. Die Profitgier steht über allem. Und obwohl sich in einigen Städten ähnliche Tendenzen beobachten lassen, sind die Milizen bisher noch kein bundesweites Problem. Sie haben viel mit der Geschichte und Spezifik Rio de Janeiros zu tun.

Die Milizen legen die verfehlte Sicherheitspolitik der zweitgrößten Stadt Brasiliens offen. Unter ihrer Ägide hat der »Drogenkrieg« eine neue Dynamik erhalten. Denn durch ihren Aufstieg haben die Drogengangs wiederum aufgerüstet. Es kommt zu stundenlangen Schusswechseln, Rachemorden und bestialischen Verbrechen. Ein Spirale der Gewalt. Die Situation scheint außer Kontrolle. Das Problem: Auf den Staat kann man sich nicht verlassen. Ermittlungen versanden, da viele Polizist*innen und Politiker*innen selbst Teil dieser Strukturen sind und kräftig mitverdienen. Waffen, Drogen, Macht, das große Geschäft. Einige aufrechte Beamt*innen können gegen ein verdorbenes System nur wenig ausrichten. Die Probleme sind strukturell. Ambitionierte Reformen und neue Ansätze in der Sicherheitspolitik scheiterten. Das macht es gefährlich für Menschen, die für Veränderungen kämpfen. Ein Mordfall erschütterte die Welt.

Tod einer Hoffnungsträgerin

Fernanda Chaves sitzt auf der Rückbank des Wagens, schreibt eine Nachricht. Plötzlich knallt es, Glasscherben fliegen umher. Eine Schießerei, denkt sie. Nicht ungewöhnlich in Rio de Janeiro. Dann ist es plötzlich ganz still. Chaves klettert aus dem Auto. Auf der Vorderbank regt sich nichts mehr. Erst später wird Chaves verstehen, dass sie einen Anschlag überlebt hat. Dass ihre Chefin und Freundin ermordet wurde. Dass sie Zeugin eines politischen Verbrechens war, das das Land lange in Atem halten sollte.

Am 14. März 2018 moderiert die linke Stadträtin Marielle Franco eine Debatte zwischen schwarzen Frauen in einem Kulturzentrum. Chaves ist damals Francos Mitarbeiterin und ebenfalls vor Ort. Gegen neun Uhr verlassen die beiden Frauen den Veranstaltungsort im Zentrum Rio de Janeiros. Sie steigen in ein Auto, das vor dem Gebäude wartet. Hinter dem Steuer sitzt Anderson Gomes, der Fahrer der Politikerin. Als sie losfahren, merken sie nicht, dass ihnen ein Wagen folgt. Wie aus dem Nichts wird auf der Joaquim Paralhes Straße das Feuer auf sie eröffnet. Trotz getönter Scheiben wissen die Mörder genau, wo Marielle Franco sitzt. Drei Schüsse treffen sie in den Kopf, einer in den Hals. Sie stirbt direkt vor Ort. Auch Francos Fahrer ist sofort tot, Chaves überlebt unverletzt. Die Mordkommission spricht später von einer Hinrichtung.

Es vergehe nicht ein Tag, sagt Fernanda Chaves fast vier Jahre später, an dem sie nicht an den 14. März zurückdenke. Ich treffe die blonde Frau mit dem breiten Rio-Dialekt in einem linken Café in der Hauptstadt Brasília. Chaves ist sehr genau bei ihren Schilderungen, erzählt jedes Detail, will nichts auslassen. Aber man merkt auch, wie schwer es ihr fällt, über ihr Trauma zu sprechen. Lange habe sie sich schuldig gefühlt. Hätte sie an jenem Abend aufmerksamer sein können? Wie kann es sein, dass sie nicht einen Kratzer davontrug? Warum überlebte sie und Marielle nicht? Die sozialistische Politikerin war nicht nur ihre Chefin, sondern auch eine gute Freundin und die Patentante ihrer Tochter.

Kurz nach dem Anschlag klingelte es bei Chaves. Als sie die Tür aufmachte, blickte sie in das Gesicht von Ex-Präsidentin Dilma Rousseff. »Ihr war die Tragweite des Anschlags unmittelbar bewusst. Sie sagte, dass es sich um eine politische Tat handele und das ich das Land verlassen müsse.« Und das tat Chaves. Mit Hilfe eines Schutzprogramms ging sie nach Spanien. Nach einigen Monaten konnte sie wieder nach Brasilien. In ihre Heimatstadt Rio de Janeiro kehrt sie nur noch selten zurück.

Nach dem Anschlag fanden in der ganzen Welt Proteste statt. Bei Konzerten, Veranstaltungen und Partys wurde Marielle Franco gedacht. Eine der wichtigsten Sambaschulen der Stadt widmete ihren Karnevals-Auftritt der linken Politikerin. Das Konterfei von Franco und die Botschaft »Marielle lebt« schmücken bis heute viele Wände, T-Shirts und Profilfotos in sozialen Medien. Franco war eine linke Hoffnungsträgerin, Stimme einer neuen Generation. Ihre Karriere begann als Mitarbeiterin des bekannten linken Menschenrechtlers und PSOL-Politikers Marcelo Freixo, der die damalige Studentin unter seine Fittiche nahm. 2016 wurde sie mit den fünftmeisten Stimmen in den Stadtrat von Rio de Janeiro gewählt. Ihre Wahl spiegelte das wachsende Aufbegehren historisch ausgeschlossener Gruppen in der brasilianischen Politik wider: Franco stammte aus dem Favela-Komplex Maré im Norden der Stadt, sie war schwarz, sie war lesbisch. Als Politikerin brachte die Feministin Gesetzesentwürfe ein, um den Zugang zu Schwangerschaftsabbrüchen zu erleichtern. Sie kämpfte für Menschenrechte, gegen Rassismus. Und Franco war eine scharfe Kritikerin von Polizeigewalt, kritisierte auch die Milizen. Doch eine akute Bedrohung habe es nicht gegeben, meint ihre ehemalige Mitarbeiterin Chaves. Warum wurde sie hingerichtet?

Schnell kam der Verdacht auf, dass Milizen hinter dem Anschlag stecken könnten. Die präzise Vorbereitung, die defekten Sicherheitskameras am Tatort, die Wahl der Waffen: Alles deutete auf einen Job von Profis hin. Eine ballistische Untersuchung ergab, dass die verwendete Munition aus dem Bestand der Bundespolizei stammte. Ermittlungen zeigten zudem, dass Franco mit einer Maschinenpistole des deutschen Waffenherstellers Heckler & Koch ermordet worden war. Vor allem Spezialeinheiten der Polizei benutzen diese Waffe.

Im Zusammenhang mit dem Mord an Marielle Franco taucht immer wieder der Name eines Mannes auf: Marcelo Freixo. Als der Menschenrechtsaktivist 2007 in den Stadtrat einzog, verlangte er an seinem ersten Tag eine Parlamentarische Untersuchungskommission zu den Milizen. Ein mutiger Schritt des jungen Politikers. Die Reaktion der anderen Parlamentarier*innen: Sie lachten ihn aus. Doch dann entführten Milizionäre eine Gruppe Journalist*innen und folterten sie stundenlang. Der Druck wurde größer und so kam der Untersuchungsausschuss letztendlich zu Stande. Nach dem Abschlussbericht wurden Hunderte Milizionäre verhaftet, Verstrickungen in die Politik offengelegt, das Thema war plötzlich in aller Munde. Doch Marcelo Freixo wurde zur Persona non grata in seiner eigenen Stadt. Aufgrund von konkreten Anschlagplänen musste er kurzfristig in Europa untertauchen. Bis heute hat er zehn Sicherheitsleute, wird rund um die Uhr bewacht. Die Aktivistin Franco war damals seine Mitarbeiterin. War der Mord an seiner politischen Ziehtochter eine späte Rache an Marcelo Freixo?

Im März 2019 verhaftet die Polizei zwei Männer unter konkretem Tatverdacht: den pensionierten Polizisten Ronnie Lessa und den Ex-Polizisten Élcio Vieira de Queiroz. Lessa soll Mitglied einer Milizengruppe im Westen Rio de Janeiros gewesen sein, hatte Kontakte zu den Auftragsmördern des »Büros des Verbrechens«. Beide Männer waren Vollprofis, Größen der Unterwelt. Doch handelten sie auf eigene Faust? Musste Franco sterben, weil sie ihre Geschäfte bedrohte? Oder wurden sie beauftragt? Wenn ja, wer waren die Drahtzieher? Auch mehrere Jahre nach dem Attentat gibt es viele offene Fragen. Das liegt auch daran, dass die Ermittlungen nur schleppend vorankommen. Die Ermittler*innen folgten erst einer falschen Fährte, die wohl absichtlich gelegt worden war. Beweisstücke verschwanden, Mitarbeiter*innen wurden ausgetauscht, Beziehungen zwischen Ermittler*innen und Verdächtigen bekannt. Die Untersuchungen zeigen eindrucksvoll auf, wie eng institutionelle Akteur*innen und das organisierte Verbrechen in Rio de Janeiro zusammenhängen.

Eine Spur lieferte die Auswertung von Lessas Aktivitäten im Internet. Er hatte gegoogelt: Marcelo Freixo, Freixos Tochter, einen anderen sozialistischen Politiker, linke Treffpunkte. Irgendwann kam er zu Marielle Franco. Und blieb bei ihr. Er fand heraus, wo sie arbeitete, studierte ihren Terminkalender, nahm ihre Routinen genau unter die Lupe.

Linke sitzen oft in Ausschüssen für Menschenrechte, arbeiten eng mit NGOs und sozialen Bewegungen zusammen. Wo sich Menschen wie Franco und Freixo einmischen, gibt es immer wieder Probleme für Milizen und Polizei. Chaves glaubt, dass der Mord an ihrer Chefin ein gezielter Angriff auf ein politisches Lager und eine Nachricht war: Legt euch bloß nicht weiter mit uns an! Franco war dafür das perfekte Opfer: links, schwarz, lesbisch.

Zwar ereignete sich der Anschlag vor Bolsonaros Präsidentschaft. Doch der damalige Abgeordnete hielt es nicht für nötig, sich zu äußern. Kein Mitgefühl, kein Beileid, nichts. Besonders pikant für Bolsonaro: Der mutmaßliche Mörder Lessa wohnte in der gleichen Luxus-Wohnanlage wie der heutige Präsident. Sein Komplize ließ sich mit Bolsonaro fotografieren. Zufall? Vielleicht. Für viele repräsentiert der Rechtsaußenpolitiker jedoch den politischen Gegenentwurf zum Erbe Marielle Francos. Diese entwickelte sich posthum von einer regional bekannten Landespolitikerin zu einer im ganzen Land verehrten Märtyrerin. Nach ihrer Ermordung ließen sich zahlreiche schwarze Frauen als Kandidat*innen aufstellen, um das Vermächtnis Francos aufrechtzuerhalten. Jetzt erst recht! Doch ihr Tod ist auch ein Symbol für die gescheiterte Sicherheitspolitik auf Kosten der armen, schwarzen Bevölkerung.

Einem Tag vor ihrer Ermordung kommentierte Marielle Franco den Fall des Favelabewohners Matheus Melo. Der 23-Jährige war in der Favela Jacarezinho erschossen worden. »Ein weiterer Mord an einem jungen Mann, der auf das Konto der Militärpolizei gehen könnte«, schrieb Franco auf Twitter. »Matheus Melo hatte gerade die Kirche verlassen. Wie viele müssen noch sterben, damit dieser Krieg endet?«

DIE ALTEN WUNDEN

Am 20. November 2020 hat sich eine Schar von Journalist*innen um Brasiliens Vizepräsident Hamilton Mourão versammelt. Mourão schüttelt kurz den Kopf, dann beginnt er in mehrere Mikrophone zu sprechen.

»Bedauernswert« sei der Vorfall gewesen. »Wirklich bedauernswert.«

Und dann sagt Mourão: »Es gibt keinen Rassismus in Brasilien.«

Ein Reporter hakt nach: »Es gibt keinen Rassismus?«

Mourão: »Ich sage das in aller Ruhe: Es gibt hier keinen Rassismus.«

Anlass für das Interview war ein Vorfall, der sich wenige Stunden zuvor in der südbrasilianischen Stadt Porto Alegre abspielte. Mit voller Wucht schlagen zwei Männer immer wieder auf den Kopf eines schwarzen Mannes. Auch als er schon am Boden liegt, prügeln sie weiter auf ihn ein. »Estou morrendo«, keucht der Mann, »Ich sterbe«. Einer der Männer kniet sich auf seinen Hals. Wenige Minuten später ist João Alberto Silveira Freitas, von allen nur João Beto genannt, tot. Ein Handyvideo zeigt den fünfminütigen Todeskampf. Die beiden weißen Täter waren Sicherheitsmänner der französischen Supermarktkette Carrefour und nach einem Streit zwischen João Beto und einer Kassiererin gerufen worden. Der 40-Jährige war mit seiner Frau im Supermarkt, um für das Abendessen einzukaufen.

Bedauernswerter Vorfall? Tragischer Einzelfall? Weit gefehlt. Solche Situationen sind Alltag in Brasilien. Nur selten erregen sie allerdings größere Aufmerksamkeit. Was war diesmal anders? Es gab ein Video. Und wenige Monate vorher war in der US-amerikanischen Stadt Minneapolis der Schwarze Georg Floyd von Polizisten ermordet worden. Black Lives Matter war auch in Brasilien in aller Munde. Außerdem fand die Attacke ausgerechnet am 20. November, dem »Tag des Schwarzen Bewusstseins« statt.

Der Fall von Porto Alegre löste eine Welle antirassistischer Proteste aus. Demonstrant*innen zogen auf die Straßen, in einigen Städten gingen Carrefour-Supermärkte in Flammen auf. Und eine hitzige Debatte entbrannte: Warum werden Schwarze so häufig Opfer von Gewalt? Wie viel Afrobrasilianer*innen müssen noch getötet werden, damit sich endlich etwas ändert? Wie rassistisch ist Brasilien?

Von der Sklavenhütte in die Favela

Am 22. April des Jahres 1500 legten an der Küste des heutigen Bundesstaates Bahia 12 Schiffe an. Auf den Segeln prangten rote Kreuze auf weißem Grund, an Bord waren rund 1.500 Männer. Es waren vor allem Soldaten, aber auch aus Handwerker, Priester und Händler. Angeführt wurde die Expedition von einem Portugiesen namens Pedro Álvares Cabral. Eigentlich waren er und seine Männer auf dem Weg nach Indien, wo sie die lukrativen Gewürz-Märkte für das portugiesische Königshaus erschließen sollten. Doch starke Winde trieben die Flotte weit in den Westen ab. So landete Cabral durch Zufall im heutigen Brasilien und nahm das Land für die portugiesische Krone in Besitz.

Häufig wird die Kolonialisierung Brasiliens als »Entdeckung« bezeichnet. Dabei hatten seit Tausenden Jahren Menschen in dem Gebiet gelebt. Bei ihrer Eroberung gingen die Kolonisatoren brutal gegen die indigene Bevölkerung vor: Sie raubten, sie vergewaltigten, sie mordeten. Indigene wurden gezwungen, auf den Zuckerrohrplantagen zu schuften. Viele begangen Suizid oder starben an eingeschleppten Krankheiten. Deshalb begannen die Kolonialherren schon bald damit, Millionen afrikanische Sklav*innen aus ihren Heimatländern zu entführen und nach Brasilien zu verschleppen. Mehr als 350 Jahre währte dieses mörderische System. Erst 1888 schaffte Brasilien die

Sklaverei ab, als letztes Land der Welt. Die Diskriminierung der schwarzen Bevölkerung ging fortan auf anderen Wegen weiter.

Nach der Unabhängigkeit von Portugal im Jahr 1822 öffnete Brasilien seine Grenzen und lockte Millionen Migrant*innen an. Es waren vor allem arme Landarbeiter*innen mit dem Traum von einem besseren Leben, die den Atlantik überquerten. Die brasilianischen Eliten erhofften sich einen wirtschaftliche Aufschwung durch den Zuzug der Migrant*innen. Außerdem sollten Siedler*innen die Grenzen im Süden des Landes stabilisieren, da es immer wieder zu Konflikten mit den Nachbarstaaten Argentinien, Paraguay und Uruguay gekommen war. Nicht zuletzt verfolgten die portugiesischstämmigen Eliten auch ein rassistisches Projekt: Durch den Zuzug vornehmlich europäischer Migrant*innen planten sie, die Gesellschaft »aufzuweißen«. Nach und nach werde Brasilien immer weißer, glaubte man damals.

Bis zum Beginn des Zweiten Weltkriegs kamen rund 4,5 Millionen Migrant*innen nach Brasilien, vor allem aus Italien, Deutschland und Spanien. Vom brasilianischen Staat bekamen sie Landtitel zugesprochen und häufig sogar die Kosten für die Überfahrt bezahlt. Es waren großzügige Starthilfen für das neue Leben in Südamerika. Und die schwarze Bevölkerung? Nachdem sie jahrhundertelang Sklavenarbeit verrichten musste, brutal ausgebeutet wurde und die weiße Elite reich gemacht hatte, wurden sie nach der Abschaffung der Sklaverei völlig im Stich gelassen wurden. Privilegien oder Finanzhilfen wie für die europäischen Migrant*innen gab es nicht, ebenso wenig Reparationen für die verübten Grausamkeiten. So blieben die meisten ehemaligen Sklav*innen und ihre Nachfahr*innen völlig mittellos. »Für die schwarze Bevölkerung gab es keine Mechanismen der Inklusion. Von den Sklavenhütten gingen wir in die Favelas«, schreibt die Philosophin Djamila Ribeiro in ihrem Buch »Quem tem medo do feminismo negro?« Der gegenwärtige Rassismus und die strukturelle Ungleichheit ist nicht ohne das schwere Erbe des Kolonialismus zu verstehen.

In den 1930er Jahren begann eine Gruppe Intellektueller um den Soziologen Gilberto Freyre, einen nationalen Mythos der jungen Republik zu konstruieren: Die ethnische Durchmischung der brasilianischen Gesellschaft sahen sie als Beweis für ein vermeintlich harmonisches Zusammenleben der Ethnien. »Rassendemokratie« nannten sie dieses Konzept. Was sie jedoch geflissentlich ignorierten: Die Durchmischung war vor allem durch die Vergewaltigung schwarzer und indigener Frauen durch weiße Männer verursacht worden. Dennoch hielt sich lange die Vorstellung, Brasilien sei ein buntes Paradies. Alle hätten die gleichen Chancen, hieß es, unabhängig von Ethnie oder Herkunft. So beschrieb es auch der österreichische Schriftsteller Stefan Zweig in seinem 1941 veröffentlichten Buch »Brasilien – Ein Land der Zukunft«. »Während in unserer alten Welt mehr als je der Irrwitz vorherrscht, Menschen ›rassisch rein‹ aufzüchten zu wollen wie Rennpferde oder Hunde, beruht die brasilianische Nation seit Jahrhunderten einzig auf dem Prinzip der freien und ungehemmten Durchmischung, der völligen Gleichstellung von Schwarz und Weiß und Braun und Gelb.« Zweig war als Jude vor den Nazis ins Exil geflohen und bereiste mitten im Zweiten Weltkrieg Brasilien. Vor dem Hintergrund der Nazi-Barbarei in Europa mögen Zweigs Eindrücke nachvollziehbar sein. Und in der Tat unterschied sich Brasilien von anderen Staaten. Nach dem Ende der Sklaverei gab es keine staatlich organisierte »Rassentrennung«. Während in Südafrika und den USA Schwarze und Weiße aus unterschiedlichen Wasserspendern trinken und in Bussen getrennt voneinander sitzen mussten, existierte in Brasilien keine formelle Ungleichbehandlung. Doch schwarze Aktivist*innen prangern seit jeher einen tiefsitzenden Rassismus an. Buntes Paradies? Von wegen! Die Schriftstellerin Djamila Ribeiro kommt zu dem Urteil: »Der Hass gegen die schwarze Bevölkerung existiert seit das erste Schiffe mit Sklaven in Brasilien anlegte.«

Wie die Diskriminierung konkret aussieht, zeigt auch ein Blick auf die Zahlen. 51 Prozent der Brasilianer*innen bezeichnet sich selbst als schwarz oder *pardo*, also braun beziehungsweise gemischt. Nach Nigeria hat Brasilien die größte schwarze Bevölkerung der Welt. Fakt ist aber auch: 75 Prozent der von der Polizei Getöteten, 64 Prozent der Gefängnisinsass*innen, 75 Prozent der Ärmsten sind schwarz. Alle 23 Minuten wird ein junger schwarzer Mann getötet. Schwarze haben eine geringere Lebenserwartung, schlechtere Bildungschancen, verdienen weniger. In den gut bewachten Vierteln der Mittel- und Oberschicht, auch *asphalto* genannt, leben fast nur Weiße. In den Peripherien, den gigantischen urbanen Backsteinwäldern, wohnen überwiegend Schwarze. Armut hat in Brasilien eine Farbe, und die ist schwarz. In kaum einem Land sind Rassismus und soziale Ungleichheit so eng miteinander verknüpft.

In Brasilien strukturiert der Rassismus jeden Bereich der Gesellschaft und eine koloniale Mentalität hat sich tief in die nationale Seele eingebrannt. Was das konkret bedeutet? Es bedeutet, dass es im 21. Jahrhundert immer noch völlig normal ist, als Weiße*r durch die Vordertür zu kommen, während Hausangestellte – meist schwarz und völlig unterbezahlt – die Hintertür benutzen müssen. Es bedeutet, dass wenn in einer Stellenausschreibung ein »gutes Erscheinungsbild« verlangt wird, häufig nur weiße Bewerber*innen gefragt sind. Es bedeutet, dass die schwarze Bevölkerung die Mehrheit stellt, aber in vielen Bereichen der Gesellschaft völlig unterrepräsentiert ist. In den Parlamenten, in der Wirtschaft, in den Redaktionen. Und es bedeutet, dass die Schönheitsnorm immer noch weiß ist, schwarze Kultur abgewertet wird und Afrobrasilianer*innen in der Unterhaltungsindustrie auf bestimmte Rollen reduziert werden. Fußballspieler, Sambatänzerin, Verbrecher.

Ich spreche mit Silvio Almeida. Er ist Jurist, Professor an der Mackenzie-Universität in São Paulo und einer der bekanntesten Analyst*innen des Landes. »Je weißer, also je phänotypisch europäischer deine Haut ist, desto mehr soziale Anerkennung wirst du erfahren«, meint er. »Es gibt riesige Ungleichheiten zwischen Weißen und Schwarzen, die jedoch oft verdeckt werden.« Die Elite habe es genau verstanden, den Hintergrund für soziale Ungleichheit zu verschleiern, nämlich den strukturellen Rassismus. »Das ist eine sehr ausgeklügelte Strategie, um Schwarze zu unterdrücken.«

In einer von Rassismus gezeichneten Gesellschaft wird schwarze Geschichte und Kultur häufig nur am Rand behandelt. Es gibt nur wenige schwarze Held*innen, Afrobrasilianer*innen werden meist als Täter oder passive Opfer dargestellt. Dabei leisten schwarze Brasilianer*innen seit jeher Widerstand. Nirgendwo ist dieser Kampf so sichtbar wie in den Quilombos.

Siedlungen des Widerstandes

»Die Narben«, sagt Anacleta Pires und stockt kurz. Dann klopft sie sanft auf ihren Arm. »Die Narben werden von Generation zu Generation weitergeben. Doch der Schmerz treibt uns an.« Wir sitzen im Hof ihres Hauses. Hühner gackern umher, Katzen dösen im Schatten. Pires, Mitte 50, kurze Locken, rotes Kleid, ist Aktivistin und Bewohnerin der Quilombo Santa Rosa dos Pretos. Es ist eine von zahlreichen selbstverwalteten Siedlungen schwarzer Brasilianer*innen im nordöstlichen Bundesstaat Maranhão. Pires ist eine lebhafte Frau, eine begnadete Erzählerin und so etwas wie eine Chronistin der Quilombo-Bewegung. Weit holt sie aus, wenn sie über dieses häufig vergessene Kapitel der brasilianischen Geschichte spricht.

Während der Kolonialzeit wurde Quilombos als Territorien gegründet, in denen sich geflohene Sklav*innen niederließen und ihre Kultur bewahren konnten. Legendär ist der Widerstand von Zumbi dos Palmares. Der Sohn afrikanischer Sklav*innen führte die Quilombo Palmares im Nordosten Brasiliens an. Mehrfach wehrte er Angriffe der Kolonialarmee ab, bis er im Jahr 1695 hingerichtet wurde. Bis heute gibt es Quilombos in ganz Brasilien. Bis heute sind sie ein Synonym für den schwarzen Widerstand. Und bis heute müssen sie sich gegen Angriffe von Großgrundbesitzern und der Regierung zur Wehr setzen.

Die Quilombo Santa Rosa dos Pretos liegt rund zwei Busstunden von der Landeshauptstadt São Luís entfernt, direkt an der Bundesstraße. Am Straßenrand stehen einige bunt bemalte Häuser, hinter kleinen Obstständen sitzen ältere Frauen, im Schatten eines Baumes flechten sich ein paar Mädchen die Haare. Genau vor dem Kilometerschild 88 steht ein knallblaues Haus. Es ist Pires' Zuhause.

Seit 350 Jahren lebt ihre Familie in der Region. Ihre Vorfahren kamen aus Guinea-Bissau im Westen von Afrika. Wie Millionen anderer Afrikaner*innen wurden sie ins koloniale Brasilien verschleppt. Hunderttausende starben bereits bei der Überfahrt, Millionen mussten fernab der Heimat Sklavenarbeit verrichten. Mehr noch: Die portugiesischen Kolonialherren verboten ihnen, ihre Sprachen zu sprechen, unterdrückten ihre Kultur, versuchten jede Verbindung nach Afrika zu zerstören. Heute wissen viele Afrobrasilianer*innen nur wenig über ihre Wurzeln. Das war in Pires' Familie anders.

Ihr Vater setzte sich als Aktivist für seine Quilombo ein, hielt viele Traditionen am Leben und gab sein Wissen an die Kinder weiter. Das unfassbare Leid ihrer Vorfahren, sagt Pires, treibe sie heute an. Vor einigen Jahren begab sich die Mutter von vier Kindern selbst auf eine Spurensuche. Im Jahr 2010 reiste sie im Zuge eines Universitätsprojekts nach Afrika. Sieben Tage Kap Verde, sieben Tage Guinea-Bissau. Dorthin, wo ihre Vorfahren einst lebten. Mit der Reise habe sich für sie eine Lücke geschlossen. Ein Traum sei in Erfüllung gegangen. Ihren afrikanischen Nachnamen trägt sie heute voller Stolz. »Ich würde sofort nach Afrika ziehen«, sagt sie. »Wenn ich alle aus der Quilombo mitnehmen könnte.«

Das Trauma sitzt bei vielen schwarzen Brasilianer*innen tief. Auch weil Rassismus im 21. Jahrhundert immer noch Alltag ist. Einmal, erzählt Pires, sei sie mit ihrem Sohn im Krankenhaus gewesen. Am Empfang habe eine Frau gestanden. Als Pires sich ihr nähert, fragte sie, ob sie ihren Namen schreiben könne. Hätte sie das eine weiße Frau auch gefragt? »In Brasilien will niemand Rassist sein. Aber wir merken es an ihren Blicken und Gesten.«

Quilombos sind eine Gegenbewegung. Gegen den strukturellen Rassismus. Gegen die Politik der »Aufweißung«. Gegen die Zwangsassimilierung. »Wir wollen nicht gleich behandelt werden«, meint Pires. »Sie sollen endlich unsere Differenzen akzeptieren.« Und es sind Orte, an denen ihre Kultur und das afrikanische Erbe gelebt werden können. Ohne Angst, ohne Scham. In der Quilombo Santa Rosa dos Pretos gibt es regelmäßig Feste, Musikveranstaltungen, religiöse Zeremonien. »Bereits mit dem Essen geben wir unsere Geschichte weiter«, erklärt Pires, als sie später Fisch, Gemüse und Maniokmehl serviert.

Pires' Quilombo besteht aus 20 Gemeinden, rund 1.000 Familien wohnen dort. »Im Einklang mit der Natur«, wie Pires betont. Die meisten Familien leben von der Landwirtschaft. Doch ihre Existenz ist bedroht. Mit dem Bau der Straße gingen die Probleme los. Immer mehr Großprojekte kamen in die Region. Stromleitungen wurden errichtet, eine Bahntrasse läuft quer durch das Gebiet. Häufig gibt es Konflikte mit Großgrundbesitzer*innen und Landräuber*innen. Ein Teil der Quilombo ist zwar offiziell als Schutzgebiet anerkannt. Doch es handelt sich nur um einen Bruchteil des beanspruchten Gebietes. So geht es vielen Quilombos. Heute besitzen nur neun Prozent der Quilombo-Gemeinden in Brasilien eine formelle Anerkennung. Außerdem, sagt Pires, gebe es viele Rechte »nur auf dem Papier.« Und die Bolsonaro-Regierung macht vielen Quilombos zu schaffen.

Der rechtsradikale Präsident macht regelmäßig Stimmung gegen die selbstverwalteten Siedlungen. Landbesitzer*innen, forderte er einmal, sollten von ihren Waffen Gebrauch machen, wenn Quilombo-Bewohner*innen in ihre Gebiete eindringen. Ein anderes Mal sagte er nach dem Besuch einer Siedlung: »Sie tun nichts. Ich glaube, sie taugen noch nicht einmal zur Fortpflanzung.« Unter seiner Regierung wurden so wenige Landtitel vergeben wie nie zuvor. Gerade in Maranhão, dem Bundesstaat mit den meisten Quilombos, bangen viele Gemeinden um ihre Zukunft. Auch Pires meint: Seit Bolsonaros Amtsantritt habe sich das Klima spürbar verändert. Das hängt auch mit dem wachsenden Einfluss der Evangelikalen zusammen.

Wir laufen zu einer kleinen Kirche und treffen Severina Silva. Die 67-Jährige trägt ein Hemd mit Blumenmuster, große Kreolen und klebt gerade Pailletten an einen glitzernden Kopfschmuck. »Für ein Fest im nächsten Jahr«, erklärt sie. Silva ist eine Mãe-de-Santo. So werden in afrobrasilianischen Religionen die spirituellen Anführerinnen genannt. Die afrikanischen Sklaven brachten nicht nur ihre Kultur nach Brasilien, sondern auch ihren Glauben und die *orixás,* ihre Götter. Die am meisten praktizierten afrobrasilianischen Religionen heißen Candomblé und Umbanda. Weil die Sklaven während der Kolonialzeit ihre Religionen nicht frei ausüben durften, nutzten sie häufig katholische Symbole. Auch im kleinen Gebetsraum der Quilombo Santa Rosa dos Pretos stehen vor einem Altar zahlreiche Heiligenfiguren. Von der Decke hängen bunte Tücher, an den Wänden befinden sich gezeichnete Bilder von schwarzen Göttern. Die Religionen afrikanischen Ursprungs sind christlichen Fundamentalist*innen schon lange ein Dorn im Auge. Evangelikale Pastor*innen verdammen sie als Hexerei, immer wieder gibt es Angriffe auf *terreiros*, die Gebetsstätten. In ihrer Quilombo sei zum Glück noch nichts passiert, sagt Silva. »Aber wir müssen aufpassen.«

Bevor ich zurück nach São Luís fahre, will mir Pires noch etwas zeigen. Vor dem Gebäude der Schule bleiben wir stehen. Vor zwei Jahren, erzählt die Aktivistin, sei eine neue Direktorin eingestellt worden. Eine Evangelikale, streng konservativ. Damals sei die Schule in den Farben Afrikas bemalt gewesen. Rot, gelb, grün. Doch die Direktorin ließ das Gebäude übermalen. Auch Zeichnungen von afrikanischen Gottheiten und Widerstandskämpfer*innen ließ sie entfernen. »Teufelszeug« nannte sie das. So denken viele evangelikale Christ*innen. Doch damit brachte sie die Gemeinde gegen sich auf. Und am Ende setzten sich die Bewohner*innen durch. Heute ist das Gebäude wieder in den Farben Afrikas bemalt, an den Wänden sieht man kunstvolle Graffitis. Die Konterfeis von schwarzen Held*innen, eine Karte von Afrika, politische Slogans. Pires ist stolz auf ihre Gemeinde. »Trotz allem, wir lassen uns nicht unterkriegen.«

Aufstand der »guten Bürger«

Fortschritte mussten in Brasilien schon immer mühsam erkämpft werden. Anfang der 1990er Jahre war ein Aufbruch zu spüren. Das Land hatte die Militärdiktatur beendet, die Demokratie kehrte allmählich zurück. Auch der Kampf gegen Rassismus und Ausgrenzung sollte neue Wege einschlagen. Mit der Schaffung einer neuen Verfassung im Jahr 1988 ergaben sich Möglichkeiten, auch auf rechtlichem Weg gegen die Diskriminierung vorzugehen. Es entstanden staatliche Organisationen zur Bekämpfung von Rassismus, Antidiskriminierungsklauseln wurden niedergeschrieben. Doch an der konkreten Situation änderte sich wenig. Immer noch starben massenhaft Schwarze durch Polizeikugeln, immer noch waren Schwarze überdurchschnittlich von Armut betroffen.

Um Dinge wirklich zu verändern, musste man an die Fundamente der Ungleichheit heran. Doch wo fängt man an? Für viele Brasilianer*innen lasse sich ein tiefgreifender Wandel nur über eine Reform des Bildungssystems erreichen. Denn dieses zementiert wie kaum irgendwo sonst auf der Welt die bestehenden Ungleichheiten. Während die Mittel- und Oberschicht ihre Kinder in teure Privatschulen schickt, sind die meisten armen und schwarzen Kinder auf die öffentlichen Schulen angewiesen. Diese sind meistens aber so schlecht, dass es danach fast unmöglich ist, einen Platz an einer begehrten Universität zu ergattern. Konkret heißt das: Wer arm ist, hat kaum eine Chance aufzusteigen.

Die Schwarzenbewegung nahm bei ihrem Kampf früh das Bildungssystem in den Fokus. Während der Amtszeit der PT wurden Quotenregelungen für arme, schwarze und indigene Studierende eingeführt. Ein riesiger Erfolg. Von historischer Schuldbegleichung sprachen einige sogar. Außerdem wurden überall im Land Bundesuniversitäten gegründet. Auch ich studierte an solch einer Universität. Unser Campus lag in einer armen Gegend am äußersten Stadtrand von São Paulo. Viele Gebäude waren baufällig, bei Stau dauerte die Fahrt aus dem Zentrum mehr als drei Stunden, häufig fielen Seminare aus. Dennoch: Für meine Kommiliton*innen war die Universität ein Segen. Viele kamen aus armen Familien, eine teure Privatuniversität hätten sie sich niemals leisten können. Auch dank der Bundesuniversitäten und der Quotenregelungen sind heute viele Afrobrasilianer*innen an Hochschulen immatrikuliert. Eine junge Generation hat sich hart ihren Platz erkämpft. In sozialen Medien wird schwarze Kultur gefeiert, es gibt immer mehr schwarze Vorbilder. Viele junge Afrobrasilianer*innen tragen heute ganz selbstverständlich ihre Haare offen, besuchen Kurse für schwarze Geschichte, sind stolz auf ihre Herkunft. Doch dieses neue Selbstbewusstsein stößt auf heftigen Widerstand.

Erste Reflexe waren auch während der Amtszeiten der PT zu verspüren. Dass Arme und Schwarze sozial aufstiegen und mit ihren Kindern um die Plätze an den staatlichen Universitäten konkurrierten, löste in Teilen der Mittel- und Oberschicht Ängste bis hin zu offenem Hass aus. »Gute Bürger« nennen sich diese Menschen selbst. Meist wohlhabend, stramm konservativ, fast immer weiß. »Diese Leute wollen keinen Schwarzen in der Universität oder am Flughafen begegnen, und sie stören sich daran, wenn Schwarze die gleichen Produkte wie sie konsumieren«, sagte mir damals Douglas Belchoir, linker Politiker und Aktivist der Schwarzenbewegung Uneafro. Bolsonaro verstand es, ihre Gefühle anzuheizen. Bisweilen mit offenem Rassismus.

Einmal wurde er in einer TV-Show gefragt: »Wie würden Sie reagieren, wenn sich einer Ihrer Söhne in eine schwarze Frau verliebt?« Bolsonaro antwortete: »Da besteht kein Risiko, denn meine Söhne wurden gut erzogen.« Nachdem Tod von João Beto in Porto Alegre erklärte er, die Idee eines »Rassenkonflikts« sei aus dem Ausland nach Brasilien gebracht worden sei. Unterschiedliche Hautfarben kenne er nicht, sondern nur die Farben gelb und grün der brasilianischen Fahne. Und er beschimpfte die antirassistischen Protestierenden als »Müll«. Auch Nazi-Analogien sind keine Seltenheit in seiner Regierung. In einem Regierungs-Video zur Corona-Pandemie wurde mit dem Slogan »Arbeit macht frei« geworben. Andere Regierungsvertreter*innen verglichen Corona-Maßnahmen mit Konzentrationslagern. Kultursekretär Roberto Alvim zitierte in einem Video den Nazi-Propagandaminister Joseph Goebbels während im Hintergrund eine Oper von Hitlers Lieblingsmusiker Wagner lief. Erst nach heftiger Kritik wurde er entlassen. Immer wieder macht Bolsonaro zudem zweideutige Andeutungen, für die er von Rassist*innen und Neonazis gefeiert wird. Es sind oft chiffrierte Aussagen, die es erlauben, versteckte Bedeutungen einzubetten, die nur die eigene Anhängerschaft versteht. *Dog whistling,* Hundepfeifen-Politik, nennt man das.

Dennoch ist das Phänomen Bolsonaro komplexer. Er zeigt sich gerne mit seinem schwarzen Berater, dem ultrarechten Politiker Hélio Lopes. Er erzählt stolz davon, wie er während seiner Zeit im Militär einem schwarzen Kollegen das Leben rettete. Und es wäre falsch, alle Bolsonaro-Anhänger*innen als weiße Rassist*innen abzustempeln. Auch viele Schwarze aus den Vorstädten unterstützen den rechtsradikalen Präsidenten. Das hat vor allem mit dem Einfluss der evangelikalen Kirchen zu tun. Für den Philosophen Silvio Almeida bleibt Bolsonaro dennoch ein Rassist. Denn Rassismus brauche Raum, um sich reproduzieren zu können. »Und diesen Raum schafft die Regierung.«

Seit seinem Amtsantritt versucht Bolsonaro, die Quotenregelungen abzuschaffen, von denen vor allem Schwarze profitieren. Zusammen mit seinem ultraliberalen Wirtschaftsminister Paulo Guedes setzt er auf eine neoliberale Kahlschlagpolitik. Noch einmal Silvio Almeida: »Eine Austeritätspolitik, die soziale Rechte und Schutzsysteme für Arbeiter zerstört, hat verheerende Auswirkungen in einem Land, in dem die meisten Schwarzen arm sind.« Besonders emblematisch für den Umgang der Regierung mit Rassismus ist der Fall Sérgio Camargo. Bolsonaro machte den rechtsradikalen Journalisten zum Chef der Fundação Palmares. Die Stiftung wurde gegründet, um afrobrasilianische Kultur zu fördern. Unter Camargo, selbst schwarz, startete allerdings eine regelrechte Hexenjagd auf unliebsame Gegner*innen. Der fanatische Antikommunist teilt heftig gegen Aktivist*innen aus, pöbelt gegen Idole der Schwarzenbewegung und bestritt sogar, dass es in Brasilien jemals Sklaverei gegeben habe. Mit Camargo an der Spitze konterkariert die Stiftung nicht nur ihre ursprünglichen Ziele, sondern hat sich auch zu einem Flaggschiff des bolsonaristischen Kulturkampfes entwickelt. Und so bleiben Rassismus, Gewalt und soziale Ungleichheit die alten Wunden der brasilianischen Gesellschaft. An einem Ort lässt sich das wie unter einem Brennglas erkennen.

Schule des Verbrechens

Nervös trippelt Marcelo von einem Bein aufs andere. Es ist der Bewegungsmangel, der ihm in den Knochen steckt. Marcelo ist Anfang 20, kurzgewachsen, hat kindliche Gesichtszüge. Und eigentlich heißt er anders. Auf dem rechten Arm hat er ein Clowntattoo, auf dem linken ein brennendes Herz. Die Form eines Diamanten ist in seine kurzen Haare einrasiert. Der typische Favela-Look. Nur seine Bekleidung passt nicht ganz in das Bild des coolen Jungen aus der Vorstadt: beige Hose, schlichtes weißes Shirt. Das ist die Einheitskleidung hier. Marcelo sitzt im Gefängnis.

Zwei Stunden zuvor, irgendwo am Rand einer brasilianischen Großstadt. Um die Sicherheit meiner Quellen zu garantieren, darf ich keine konkreten Orte nennen. Es nieselt, dichte graue Wolken kleben am Morgenhimmel. Schon von weitem sehe ich den weißen Klotz. Mit seinen hohen Wachtürmen und kahlen Mauern erinnert das Gefängnis an eine mittelalterliche Burg: abweisend, kalt, aber auch irgendwie majestätisch. Vor dem Eingang warten Frauen in knallbunten Trainingsanzügen. Reisetasche in der einen, ein Kind an der anderen Hand. Es ist Besuchstag, der Andrang groß. Doch was in den brasilianischen Haftanstalten passiert, soll nicht nach außen dringen. Journalist*innen warten jahrelang auf eine Besuchserlaubnis – meist erfolglos. Wie ich es genau geschafft habe, Eintritt zu erhalten, darf ich nicht sagen. Was ich sagen kann: Ich bin als deutscher Missionar angemeldet. Vorsorglich habe ich mir eine Kette mit Kreuz um den Hals gehängt, trage eine Bibel unter dem Arm.

Ähnlich wie in den USA begann der brasilianische Staat in den neunziger Jahren damit, immer mehr Menschen ins Gefängnis zu werfen. Zwischen 1990 und 2014 hat sich die Gefängnisbevölkerung um das Siebenfache erhöht. Heute sitzen in Brasilien mehr als 750.000 Menschen im Knast – Tendenz steigend. Nur in den USA und China sind es mehr. Mit der Politik der Masseninhaftierung versprach man sich, dem immer mehr aus dem Ruder laufenden »Krieg gegen die Drogen« Herr zu werden. Doch das Gegenteil trat ein.

Endlich eingelassen, muss ich viele Stahltüren passieren. Es geht vorbei an grimmig dreinschauenden Wachmännern, vierschrötig wie eine Telefonzelle. Ich blicke in Gewehrläufe. Vieles wirkt abschreckend, willkürlich. Später wird mir gesagt, dass die vielen Kontrollen beabsichtigt seien, um Besucher einzuschüchtern. Ich erreiche den »Käfig«, die Schwelle zwischen Freiheit und Gefangenschaft. Vor den schweren Gitterstäben haben die Wärter das Sagen, dahinter die Gefangenen. Wie fast überall in Brasilien sind auch in dieser Anstalt die Häftlinge sich selbst überlassen. Die Wärter betreten die Blöcke so gut wie gar nicht.

Krachend fällt hinter mir die Gittertür ins Schloss. Auf der anderen Seite schließt mir ein Mittvierziger in Gefängniskluft auf. »Herzlich Willkommen!« Ein schwerer Händedruck, eine Umarmung und ich stehe auf einem von Tageslicht durchfluteten Fußballplatz. Kurz wird das Spiel gestoppt. Hunderte Männer blicken herüber. Dann geht das Spiel weiter und flinke Füße dribbeln wieder blitzschnell über den Steinboden, während hinter den Fußballtoren Wäsche zum Trocknen aufgehängt ist. Zweimal am Tag öffnen und schließen sich die Türen der Zellen automatisch. In der Regel können die Häftlinge insgesamt vier Stunden auf dem Hof oder in den Gängen verbringen. Vier Stunden lang einen Hauch von Bewegungsfreiheit und Würde genießen.

Als ich eine Zelle betrete, schlägt mir der beißende Geruch von Urin, Schweiß und Rauch entgegen. Obwohl es an diesem Tag draußen eher kühl ist, lässt sich die dumpfe Hitze kaum ertragen. An den Wänden: Heiligenbilder, Wappen von Fußballteams, kunstvolle wie weniger ästhetische Zeichnungen. Ein kleiner Fernsehapparat hängt über dem Eingang – Modell 1980er Jahre. »Bruna, ich liebe dich«, hat jemand an eine Wand gekritzelt. In dieser Zelle ist eigentlich nur Platz für acht Gefangene, tatsächlich schlafen hier annähernd 50 Menschen. In acht Betten, in selbstgebastelten Hängematten, die von der Decke hängen, oder einfach auf dem »Strand«, wie der Zellenboden genannt wird, liegen.

Mit Marcelo drehe ich eine Runde durch den Hof. »Wir können uns kaum bewegen«, sagt er mir. Als sich später die Zellentür schließt, sehe ich, was er meint: Körper an Körper, dichtgedrängt. Es ist kaum ein Quadratmeter Platz für jeden Häftling. Wie eine einzige dichte Masse aus nacktem Fleisch sitzen und liegen sie da. Fast alle Haftanstalten sind hoffnungslos überfüllt. Die Folge: In vielen Vollzugsanstalten sind heute fünfmal mehr Gefangene interniert, als es die Kapazität zulässt.

Schnell bin ich umringt von einer Gruppe Gefangener. Ich blicke in 30 Augenpaare. Wenn man Gesichter von Armut und Verzweiflung beschreiben müsste, sähen sie wohl so aus. Fehlende Zähne, viele Narben, desolate Brillengestelle. Ernste und traurige Blicke. Die meisten sind schwarz. Fast alle stammen aus der Randzone der Metropole. Auch Marcelo kommt von dort, wo die wenigsten eine Abwasserversorgung kennen, Schusswechsel alltäglich sind und viele junge Männer eher ein Gefängnis als ein Klassenzimmer von innen gesehen haben.

Die meisten brasilianischen Gefangenen sitzen wegen Drogendelikten ein. 40 Prozent sind Untersuchungshäftlinge, das heißt: Sie warten Monate, einige sogar Jahre, hinter Gittern auf ihren Prozess. Ein Skandal, wie Menschenrechtsgruppen zurecht meinen. Doch für die Situation der Gefangenen interessiert sich kaum jemand – auch die meisten Linken nicht.

Während der Amtszeiten der PT konnten einige ehrgeizige Maßnahmen durchgesetzt werden. 2006, als Lula regierte, wurde ein Anti-Drogen-Gesetz verabschiedet. Drogenkonsument*innen sollten nicht länger wie Dealer bestraft werden, der Drogenbesitz für den persönlichen Gebrauch wurde entkriminalisiert. Keine schlechte Idee. Doch das Gesetz legte keine Mengenangabe fest und die Strafen für vermeintliche Dealer wurde stark erhöht. Somit wurden viele arme Schwarze mit einem Joint in der Tasche wegen Drogenhandel verurteilt, die Zahl der Inhaftierten schnellte in die Höhe. Das eigentlich Ziel des Gesetzes war ins Gegenteil verkehrt worden.

Die Masseninhaftierung ist neben der Gewalt von Sicherheitskräften ein Zahnrad im Räderwerk des »Krieges gegen die Drogen«. Gerichtsprozesse gegen Kleindealer dauern oft nur Minuten, nicht selten ohne Pflichtverteidiger*innen, häufig nur mit Polizist*innen auf der Zeugenbank. Eine winzige Menge Drogen kann ausreichen, um hinter Gitter zu landen – wenn man arm ist. Ein kaputtes System? Nein, meinen Menschenrechtsaktivist*innen, das ist so gewollt. Es handele sich um Krieg gegen die Armen. Gefängnisse seien ein effektives Mittel, um die Bevölkerung zu kontrollieren. Effektiv gegen das organisierte Verbrechen sind sie jedenfalls nicht: Wird ein Dealer eingesperrt, steht am nächsten Tag ein neuer an der Straßenecke.

Ich frage Marcelo, was ihn am meisten belaste. »Das Essen ist schlecht, oft sogar verdorben.« Und die gesundheitliche Fürsorge? »Wenn man zur Krankenstation geht, kommt man kränker zurück.« Das Gefängnishospital, das außerhalb der Blöcke mit den Gefangenen liegt, darf ich nicht besuchen. Wegen eines Tuberkulose-Falls, wird mir erklärt. Wasser zum Waschen gibt es häufig nur zwei oder drei Stunden am Tag. Viele Häftlinge müssten dringend behandelt werden. Man sieht Wunden und Entzündungen, es wird gehustet und gestöhnt, es gibt Fälle von Krätze. Die Reihe der Beschwerden ist lang.

Die unmenschlichen Bedingungen in den Gefängnissen sind der Nährboden für kriminelle Gangs. Denn sie haben seltene Güter zu bieten: Schutz, Zuneigung, Gemeinschaft. Die Gangs sorgen in den Gefängnissen für Ordnung, sie sind das Rückgrat der Selbstverwaltung der Gefangenen. Durch sie werden Reinigungsdienste eingeteilt, Zellen belegt, Post und Essen verteilt. Als Aufsicht funktionieren sie notfalls auch, können Gewalt verhindern. Oft haben die Gefangenen keine andere Wahl, als sich anzuschließen. Viele verlassen die Haftanstalten krimineller als vorher. »Schulen des Verbrechens« werden sie deshalb genannt.

Marcelo sitzt seit zwei Jahren ein. Seine kleine Tochter hat er noch nie gesehen. Was er verbrochen habe? Darüber spricht man hier nicht. Was er sagen kann: »Ich will so schnell wie möglich zurück zu meiner Familie.« Und dann? Seiner Mutter helfen, irgendetwas lernen, Hauptsache nie wieder zurück in diese Hölle.

SHOWDOWN IM REGENWALD

Es wackelt und vibriert, ein unangenehmes Dröhnen bohrt sich in meine Ohren. Als ich aus dem Fenster schaue, blicke ich auf einen dunkelgrünen Teppich. Vor einer Stunde bin ich in São Paulo ins Flugzeug gestiegen. Mein Ziel ist Manaus, die 2-Millionenmetropole mitten im Regenwald. Aus der Luft wirkt Amazonien respekteinflössend, unwirklich, scheinbar unberührt. Doch dann sind die kahlen Stellen im endlosen Weit des Dschungels deutlich zu erkennen. Felder und Weiden, ein Flickenteppich der Zerstörung. Von oben sieht die Landschaft ein bisschen aus wie ein halbausgefülltes Puzzle. Es sind Spuren, die von einer Region im Umbruch zeugen.

Amazonien ist ein Lebensraum der Superlative. Hier wächst der weltweit größte tropische Regenwald mit einer riesigen Artenvielfalt an Tieren und Pflanzen, von denen viele noch nicht einmal entdeckt sind. Über neun Länder erstreckt sich der gigantische Wald, wobei der größte Teil zu Brasilien gehört. Und dort fließt der längste und wasserreichste Fluss der Welt: Der Amazonas. Das komplexe Ökosystem der Region hat Auswirkungen auf den ganzen Planeten. Die meisten Forscher*innen sind sich sicher: Ein Verlust des Regenwaldes hätte dramatische Konsequenzen für das weltweite Klima.

Zwar sind weite Teile des Dschungels unzugänglich, doch alleine im brasilianischen Teil Amazoniens wohnen mehr als 20 Millionen Menschen. An den Flussufern, tief im Urwald, aber auch in pulsierenden Millionenstädten wie Manaus und Belém. Indigene leben seit Tausenden Jahren in der Region. Einige haben sich in freiwilliger Isolation tief im Urwald zurückgezogen und leben ausschließlich davon, was der Wald ihnen bietet. Andere haben nur wenig mit dem Klischee des halbnackten, Blasrohr schießenden Ureinwohners zu tun. Sie benutzen Handys, trinken Cola, kleiden sich wie die Weißen. Die brasilianische Verfassung spricht der indigenen Bevölkerung das Recht auf Land und Autonomie zu. Ebenso gibt es strenge Gesetze für den Umweltschutz. Doch was nützen die besten Gesetze, wenn sie schlicht nicht umgesetzt werden?

Die große Invasion Amazoniens hat längst begonnen: Bagger rollen durch den Wald, Goldsucher dringen tief in indigene Gebiete vor, die Besitzer*innen von Rinderfarmen rauben Land. Das hat auch mit Präsident Bolsonaro zu tun. Der Rechtsradikale verkündete, »keinen weiteren Zentimeter« für indigene Gebiete auszuweisen zu lassen und fordert Brasilianer*innen gerade zu auf, sich Land illegal anzueignen. Er leugnet die steigende Abholzung, nährt Zweifel am Klimawandel, spricht von einer »Umweltpsychose«. Doch nicht nur rhetorisch hat er im wahrsten Sinne des Wortes die Axt angelegt. Seine Regierung entmachtete Umweltschutzbehörden und nominierte Agrarlobbyist*innen in das ultrarechte Gruselkabinett. Bolsonaros Mannschaft hat zum verschärften Angriff auf den Regenwald geblasen – mit verheerenden Konsequenzen für die Natur und indigene Bevölkerung.

Als im Jahre 2019 riesige Flächen des Regenwalds lichterloh brannten, schaute die Welt für kurze Zeit gebannt auf Brasilien. Der Hashtag #PrayforAmazon trendete in den sozialen Medien, Prominente posteten rührselige Statements. Der Amazonas-Regenwald, hieß es, sei ein Allgemeingut, das es zu schützen gelte. Doch stimmt das? Kann die Weltgemeinschaft Ansprüche auf brasilianisches Territorium stellen? Fragen der Souveränität sind in der ehemaligen Kolonie Brasilien ein wunder Punkt. Bolsonaro weiß das und spielt es geschickt aus.

Fest steht: Die Entwicklungen in Amazonien sind von weltweitem Interesse und der Regenwald ist heute so etwas die Frontlinie im Kampf gegen den Klimawandel. Etliche internationale NGOs haben sich seinen Erhalt auf die Fahnen geschrieben, die Klimagerechtigkeitsbewegung thematisiert immer häufiger seine Rolle für das Weltklima und selbst die deutsche Ex-Bundeskanzlerin Angela Merkel stritt sich öffentlich mit Bolsonaro wegen seiner Umweltpolitik. Trotz der internationalen Aufmerksamkeit sind Indigene, Umweltschützer*innen und einige mutige Beamt*innen vor Ort häufig machtlos. Eine unheilige Allianz aus Politik, Agrobusiness und lokalen Eliten treibt den Raubbau unbarmherzig voran. Dahinter stehen knallharte Wirtschaftsinteressen. Denn die Zerstörung des Regenwaldes ist ein großes Geschäft, von dem auch etliche Unternehmen außerhalb Brasiliens profitieren. Lässt sich die Katastrophe noch aufhalten? Ist der größte Wald der Welt noch zu retten?

Ein Drama in 500 Jahren

Nur wenige Naturwunder faszinieren so sehr wie der Amazonas-Regenwald. Das liegt auch daran, dass die Region häufig als unberührtes Paradies dargestellt wird. Dabei war Amazonien nie ein »Land ohne Menschen«. Als im Jahr 1542 ein spanischer Zweimaster zum ersten Mal auf dem Amazonas gen Westen schipperte, lebten rund acht Millionen Menschen in der Region. Es waren Indigene, die hauptsächlich Landwirtschaft betrieben und sich den natürlichen Kreislauf der steigenden und fallenden Flüsse zunutze machten. Die Kolonisatoren betrachteten sie als Untermenschen, Aufstände schlugen sie brutal nieder. Millionen Indigene wurden versklavt, vergewaltigt und ermordet. Ganze Völker starben durch eingeschleppte Krankheiten. Das Schicksal der indigenen Bevölkerung ist eines der dunkelsten Kapitel der brasilianischen Geschichte.

Erst Anfang des 20. Jahrhunderts setzte ein zaghaftes Umdenken ein. Auf Initiative des Militärs und Humanisten Cândido Rondon wurde 1910 die Serviço de Proteção ao Índio (Dienst zum Schutz des Índios) gegründet. Ziel war es, Indigene zu schützen und ihnen zu helfen, sich in die Gesellschaft zu »integrieren«. Die Absichten waren redlich, doch es gelang nicht, die indigene Bevölkerung dauerhaft zu schützen.

Während der Militärdiktatur sollte Amazonien in den Fokus des Staates rücken. General und Präsident Emílio Médici gab in den 1970er Jahren die Marschrichtung vor: Amazonien sei ein »Land ohne Männer für Männer ohne Land«. Die vermeintlich unendlichen Weiten trügen ein riesiges Potenzial für die wirtschaftliche Entwicklung des gesamtes Land. Die für die Erschließung notwendige Arbeitskraft fand man im hungergeplagten Nordosten. Bald sollten sich Hunderttausende auf dem Weg in die Region machen. Für die Junta begann damit eine neue Zeitrechnung. »Wir müssen die amazonische Uhr starten«, schrieb Präsident Médici im Jahr 1971. Ein Jahr zuvor war der Grundstein einer 4.000 Kilometer langen Straße quer durch den Regenwald gelegt worden: Die *transamazônica*. Die Straße sollte eine »Schlagader des Fortschritts« werden. Und tatsächlich zog es durch ihren Bau Hunderttausende in die Region. Doch der erhoffte große wirtschaftliche Aufschwung blieb aus. Bald gingen viele Migrant*innen zurück in ihre Heimat. Die Militärführung setzte dennoch weiter auf Großprojekte, ließ Staudämme, Straßen und Städte bauen. Das »Indigenenproblem«, wie es damals hieß, sollte ein für allemal gelöst werden. Wieder einmal standen Brasiliens Ureinwohner*innen einer als »Fortschritt« deklarierten Erschließungspolitik im Weg.

Ich will einen Mann treffen, der damals dabei war und seit mehr als 60 Jahren für die Rechte von Indigenen kämpft. Mit dem Sammeltaxi fahre ich von der Amazonas-Metropole Manaus in den Norden. Nach zwei Stunden Fahrt hält der Wagen in Presidente Figueiredo, einer verschlafenen Kleinstadt mitten im Dschungel. Vor einem großem Haus mit bewachsenem Innenhof begrüßt mich ein älterer Mann mit Schnurrbart, türkisem Shirt und Basketballshorts. Es ist Egdyio Schwade. Theologe, Philosoph und Aktivist.

Aufgewachsen ist der 88-Jährige in Rio Grande do Sul, ganz im Süden von Brasilien. Sein Nachname deutet auf die deutsche Abstammung. »Mütterlicherseits aus dem Saarland, väterlicherseits aus Oberschlesien.« 1963 kam er zum ersten Mal nach Amazonien. Von da an ließ ihn die Region nicht mehr los, der Kampf für Brasiliens Indigene wurde zu seiner Lebensaufgabe.

Als junger Mann arbeitete Schwade in einem Internat. Was er dort zu sehen bekam, sollte ihn und seine Arbeit prägen. Unter der Ägide von weißen Geistlichen wurden indigene Kinder zum Christentum bekehrt. Sie trieben ihnen ihre Kultur aus, verboten ihre Sprachen, es gab Fälle von sexualisierter Gewalt. Mit einer Gruppe Mitstreiter*innen wollte Schwade alles anders machen, und das bedeutete: Die »Indoktrination« beenden und Indigene dabei unterstützen, gegen den Verlust ihrer Kultur und ihres Landes zu kämpfen. Das gefiel nicht allen in der Kirche, die jungen Theolog*innen eckten an. Doch sie ließen sich nicht aufhalten. Sie schlossen Internate und machten daraus indigene Kulturzentren. Wer mit den Indigenen arbeiten wollte, musste fortan bei ihnen leben. Sich ihnen anpassen, nicht umgekehrt. Im Jahr 1972 gründeten Schwade und seine Mitstreiter*innen den Indigenenmissionsrat CIMI, bis heute eine der wichtigsten Indigenen-Organisationen der Landes. Bald wurden die Schergen der Militärdiktatur auf die Aktivist*innen aufmerksam. Es gab Morddrohungen und Übergriffe. Schwade durfte die indigenen Gebiete nicht mehr betreten. Für die Indigenen war die Zeit der Diktatur voller dunkler Jahre. »Die Politik der Militärdiktatur war: Entweder ihr passt euch an oder ihr werdet ermordet«, erzählt Schwade. Bei dem Bau von Straßen und Großprojekten wurden mehr als 8.000 Indigene getötet, Zehntausende vertrieben. »Genozid«, nennt Schwade das. Bis heute kämpft er für eine Aufarbeitung der Verbrechen. Denn nur selten wird das Schicksal der Indigenen thematisiert. Sie sind die vergessenen Opfer der Diktatur.

Nach der Rückkehr zur Demokratie waren die Hoffnungen groß. Die progressive Verfassung von 1988 erklärte Amazonien zum nationalen Erbe, brach mit der Assimilierungspolitik der Diktatur und sprach den Indigenen das Recht auf Land und Selbstbestimmung zu. Die Demarkation, also die Ausweisung von geschützten, indigenen Gebieten, war eine wichtige Errungenschaft. In diesen Gebieten können die Indigenen in Autonomie leben, kommerzielle Aktivitäten wie Bergbau sind dort ausdrücklich verboten. Es waren große Fortschritte – zumindest auf dem Papier. Denn in der Praxis warten die Menschen vieler Gebiete bis heute auf die Einlösung ihrer Rechte.

Während der Amtszeit der PT nahm die Entwaldung der Amazonasregion schrittweise ab. Dies machten auch neue Techniken wie die Satellitenüberwachung möglich, mit der man illegale Rodungen schnell erkennen konnte. Doch die Erwartungen, Brasilien würde einen neuen Kurs einschlagen und endlich seine historische Schuld gegenüber der indigenen Bevölkerung begleichen, wurden bitter enttäuscht. Auch Präsident Lula und vor allem seine Nachfolgerin Rousseff brachen nicht mit der Wachstumslogik. Im Gegenteil: Die Regierung suchte die Nähe zum Agrobusiness und ließ umstrittene Großprojekte wie den Megastaudamm Belo Monte bauen, durch den Tausende Menschen vertrieben wurden. Die Autorin Eliane Brum schreibt: »Nur die PT konnte Belo Monte umsetzen, weil niemand glaubte, dass sie Belo Monte umsetzen würde.« Auch der alte Theologe Schwade, selbst Mitglied der PT, ist enttäuscht: »Die linken Regierungen konnten ihre eigenen Ansprüche nicht erfüllen.«

Nachdem die indigene Bevölkerung in den 1950er Jahren auf gerade einmal 70.000 geschrumpft war, leben heute wieder 900.000 Indigene in Brasilien. Ihrer Resilienz und den Weiten des Waldes haben sie es zu verdanken, dass sie in den letzten Jahrhunderten ihrer Auslöschung trotzen konnten. Heute fordern viele Indigene selbstbewusst ihre Rechte ein. Zu Tausenden marschieren sie durch die Städte, vernetzen sich im Internet, sitzen in Parlamenten und Ausschüssen. Was sich laut Schwade nicht verändert habe, sei die Ignoranz der Gesellschaft. »Brasilien verschließt weiterhin die Augen davor, was in den letzten 500 Jahren in diesem Land passiert ist.« Mit der Wahl des ultrarechten Hardliners Bolsonaro hat für die indigene Bevölkerung wieder einmal eine neue Zeitrechnung begonnen.

Die Axt im Regenwald

»Amazonien gehört uns«, poltert Präsident Bolsonaro immer dann, wenn im Ausland Kritik an seinem Kurs laut wird. Seine nationalistische Rhetorik bedeutet auch ein Neuauflage von Diskursen der Militärdiktatur. Für Bolsonaros Projekt ist Amazonien von zentraler Bedeutung. Um jeden Preis will er die Region »entwickeln«, und das bedeutet: Wirtschaftlich ausbeuten. Dafür scheint ihm jedes Mittel Recht.

Brasilien ist ein Agrarland. Es ist der zweitgrößte Sojaproduzent der Welt und der wichtigste Exporteur von Rindfleisch. Während 2020 das Bruttoinlandprodukt Brasiliens um 4,1 Prozent sank, verbuchte das Agrobusiness als einziger Wirtschaftsbereich ein Wachstum. Die Zahlen dürften im Jahr 2021 noch übertroffen worden sein. Sojabarone und Rinderkönige nehmen auch politisch starken Einfluss. Eine dem Agrobusiness nahestehende Interessenvertretung im Kongress wird auf fast die Hälfte aller Abgeordneten geschätzt. Bolsonaro kann sich auf ihre Unterstützung verlassen: Der Verein weißer Großgrundbesitzer*innen gehörte zu den Hauptfinanciers von Bolsonaros Wahlkampf im Jahr 2018. Die Rechercheplattform The Intercept Brasil fand heraus, dass sie auch offen antidemokratische Demonstrationen zur Unterstützung des Präsidenten großzügig finanzierten. Flankiert wird diese Allianz von der Politik des Wirtschaftsministers Paulo Guedes. Der an der berüchtigten Chicago School ausgebildete Investmentbanker arbeitete bereits für die Militärdiktatur in Chile und trimmt das Land unter Bolsonaro auf einen neoliberalen Kurs. Zwar gibt es zwischen dem Freihandelsapologeten Guedes und dem Nationalisten Bolsonaro unterschiedliche Ansichten in Bezug auf die Ausbeutung Amazoniens. Doch für beide scheint die Devise klar zu sein: Wirtschaft zuerst. Für die Natur sind das keine guten Nachrichten.

Dieser Logik folgend stellte Bolsonaro sein Kabinett zusammen: Landwirtschaftsministerin wurde Teresa Cristina, eine Agrarlobbyistin mit dem Spitznamen »Königin der Pestizide«. Zum Staatssekretär für Landfragen wurde Luiz Antônio Nabhan Garcia ernannt, der als Mitglied einer Milizengruppe an Auftragsmorden auf dem Land verwickelt sein soll. Doch besonders eine Personalie hatte es in sich: Bolsonaro machte Ricardo Salles zum Umweltminister. Der Jurist ließ als Umweltsekretär von São Paulo Pläne zugunsten von Minenbetreibern fälschen und forderte im Wahlkampf, auf Landlose zu schießen, wenn sie sich Land aneignen. Als Minister erlangte seine Aussage traurige Berühmtheit, den medialen Fokus auf die Corona-Pandemie zu nutzen, um Umweltschutzvorschriften zu lockern. Salles musste zurücktreten, nachdem aufgedeckt worden war, dass er mit der Holzmafia zusammengearbeitet hatte. Doch an der Linie der Regierung änderte sein Abgang nichts.

Der Regenwald ist für Bolsonaro und Co. vor allem eins: Eine Ressource, die es auszubeuten gilt. Allerdings blockieren der Kongress und der Oberste Gerichtshof regelmäßig die Gesetzesprojekte der Regierung – auch, weil Zweifel an der langfristigen Wirtschaftlichkeit bestehen. Daher schöpft Bolsonaro andere Mittel aus, um sein Kahlschlagprojekt voranzutreiben. So hat die Regierung Umweltbehörden wie die Ibama oder die Indigenenbehörden Funai entmachtet. Sie kürzte ihnen die sowieso schon spärlichen Mittel, setzte linientreue Funktionär*innen in Führungspositionen ein und feuerte Mitarbeiter*innen mit technischer oder umweltpolitischer Expertise. Einige wenige Beamt*innen setzen zwar weiterhin die Gesetze durch, auch gegen die Interessen der Regierung. Doch in vielen geschützten Gebieten sind die Behörden nun völlig unterbesetzt. Die Konsequenz: Es gibt immer weniger Kontrollen, immer weniger Bußgelder. Holzfäller*innen und Landräuber*innen verstehen das als Freifahrtschein. »Es wäre eigentlich die Aufgabe der Regierung, die illegale Abholzung zu bekämpfen«, sagt Pedro Luiz Côrtes, Geologie-Professor an der Universität von São Paulo. »Dadurch, dass sie das nicht tut, gibt sie diesen Gruppen zu verstehen: Ihr habt nichts zu befürchten.« Es herrscht ein Klima der Straflosigkeit.

Doch warum wird der Regenwald eigentlich abgeholzt? Entgegen der gängigen Annahme geht es nur selten primär um das Holz. Das große Geschäft heißt Land. In Amazonien gibt es kein wichtigeres Gut. Nichts ist so hart umkämpft. Und nichts ist so ungleich verteilt.

Der Prozess der Landnahme ist fast immer der gleiche: Landräuber, *grileiros* genannt, eignen sich illegal Gebiete im Regenwald an. Das bedeutet, sie roden zuerst die Bäume. Wenn es schnell gehen soll, brennen sie die Flächen immer wieder einfach ab. Danach stellen sie ein paar Kühe auf das Land. Mit hohen Gewinnen zu Beginn, rechnen die wenigsten. Spekuliert wird darauf, dass sie das besetzte Land irgendwann behalten können. Es ist ein Geschäft mit Blick in die Zukunft. Und ein Desaster für die Umwelt.

Mit Bolsonaro haben die *grileiros* einen Verbündeten an ihrer Seite. Die Hoffnung: Der Präsident wird das schon regeln. Und das tut er. Bolsonaro unterzeichnete Dekrete, die illegal angeeignetes Land legalisieren sollen. Die Regierung entwickelte dafür sogar eine App. So ist es nicht verwunderlich, dass seit seinem Amtsantritt die Abholzung massiv zugenommen hat und immer mehr Landräuber*innen in die Region strömen. Deutlichster Ausdruck der Zerstörung sind die Waldbrände, die jedes Jahr in der Trockenphase in der Region wüten. Die meisten Feuer gehen auf Brandrodungen zurück. In den Flammen verbrennen nicht nur ganze Landstriche, sondern auch Millionen Tiere. Viele Wissenschaftler*innen gehen davon aus: Für die Zukunft des Planeten ist die Vernichtung der Arten ein genauso großes Problem wie der Klimawandel.

Die Prozesse, die unter »Kapitän Kettensäge« Bolsonaro an Fahrt aufgenommen haben, werden die Region nachhaltig verändern und sich nur schwer zurückdrehen lassen. Wie auch? Wenn der Wald erst einmal abgeholzt oder niedergebrannt ist, gibt es kaum noch ein Zurück. Hunderttausende Landräuber*innen, Goldgräber*innen und Viehzüchter*innen belagern die Region, ihre Interessenvertreter*innen sitzen an vielen wichtigen Schaltstellen, Behörden werden zerschlagen. Die steigende Entwaldung bedroht die Lebensräume indigener Völker und die Biodiversität der Region. Die Entwicklungen in Amazonien sollten eine Warnung für die ganze Welt sein.

Schon jetzt stößt der Regenwald mehr CO_2 aus, als er aufnimmt. Und er steuert auf einen Kipppunkt zu, ab dem Veränderungen nicht mehr reversibel sind und das Klima der gesamten Welt ins Trudeln bringen könnten. Das glaubt auch Carlos Nobre, der wohl bekannteste Klimaforscher Brasiliens. Ein solches Umkippen könne nur vermieden werden, wenn nicht mehr als 20 Prozent des Regenwaldes zerstört werden. 17 Prozent der Fläche seien bereits entwaldet. Die Rodungen sind für rund 11 Prozent der globalen CO_2-Emissionen verantwortlich. Damit ist auch klar: Das Klimaziel, die Erderwärmung auf 1,5 Grad zu beschränken, kann nur erreicht werden, wenn die Abholzung der tropischen Wälder drastisch verringert wird.

Doch diejenigen, die sich in Brasilien dem Zerstörungskurs entgegenstellen, stehen im Fadenkreuz der Regierung. Das sind zum einen die Umweltschützer*innen. Bolsonaro nennt sie »Öko-Schiiten« und verbreitet Verschwörungsmythen: Sie fälschten Zahlen, seien von »fremden Mächten aus dem Ausland« gesteuert und nur hinter den Geldern von ausländischen

NGOs her. Wenn Bolsonaro Zahlen nicht passen, zum Beispiel über die galoppierende Abholzung, kanzelt er sie als Lügen von NGOs ab. Zum anderen sind für ihn die Indigenen schuld. Auch wenn die Bezeichnung der »letzten Hüter des Waldes« oft von einer romantisierenden Verklärung zeugt, leben viele Indigene im Einklang mit der Natur. Sie schützen den Wald, halten Bergbauprojekte aus ihren Reservate, setzen auf Nachhaltigkeit. Das macht sie für die Regierung zu Entwicklungshemmnissen. Ganz offen sagt Bolsonaro: »Wo es indigene Schutzgebiete gibt, gibt es Reichtum darunter.« Es war eines seiner wichtigsten Wahlkampfversprechen, indigene Reservate für die wirtschaftliche Ausbeutung zu öffnen. Bolsonaro polterte, der Indio dürfe nicht länger wie ein »prähistorischer Mensch« behandelt werden, und verglich Indigene mit eingesperrten Tieren. Solche Aussagen zeugen vom totalitären und rassistischen Denken des Präsidenten. Seine Worte knüpfen aber auch an die Politik der Militärdiktatur an. Wie schon die Junta-Generäle will auch Bolsonaro die Indigenen »integrieren« – notfalls auch mit Zwang. Für Brasiliens Ureinwohner*innen droht ein Rückfall in überwunden geglaubte Zeiten.

Wie diese neuaufgelegte Assimilierungspolitik konkret aussehen könnte, zeigte sich, als die Regierung einen evangelikalen Pastor und Missionar zum Verantwortlichen für den Schutz der isoliert lebenden indigenen Gemeinden machte. In Brasilien gibt es mehr als 100 Stämme, die in selbstgewählter Isolation leben. Die seit 1987 umgesetzte Nicht-Kontakt-Politik respektiert ihre Selbstverwaltung und sagt ihnen geschützte Gebiete zu. Diesen Menschen einen evangelikalen Missionar zu überstellen, passt zur allgemeinen Strategie der Regierung. Schlüsselpositionen besetzt sie mit ideologisch linientreuen Funktionär*innen, oft haben diese einen christlich-fundamentalistischen Hintergrund. Bei vielen Indigenen erweckte die Nominierung traumatische Erinnerung an die jahrhundertelange Praxis der Zwangsbekehrungen. Es war aber auch der Versuch, über Umwege weiter in geschützte Gebiete vorzudringen. Zwar wurde die Personalie nach heftigen Protesten zurückgezogen, doch der Kurs der Regierung wurde umso mehr deutlich. Und sie steht damit nicht alleine: Viele Brasilianer*innen denken, dass die Indigenen zu viel Land besitzen. Sie nichts zur Entwicklung des Landes beitrügen. Keine Sonderrechte verdienten.

Noch hat Brasilien im Vergleich zu anderen Ländern der Region progressive Gesetze zum Schutz der indigenen Bevölkerung. Doch die Regierung und ihre Verbündeten setzen alles daran, diese auszuhebeln, Schutzräume zu verkleinern und somit letztlich auch Stück für Stück die Verfassung aufzuweichen. Die Folge dieser Politik sind erbitterte Landkonflikte: An allen Ecken und Enden des Regenwaldes prallen nicht nur Menschen, sondern auch unterschiedliche Pläne für die Region aufeinander. In einer Stadt eskaliert die Situation besonders häufig.

Goldrausch am Tapajós

Auf der Promenade von Itaituba steht ein Mann. Er trägt einen Hut, hält einen Trog in den Händen, seine Haltung ist leicht gebeugt. Es ist ein Goldgräber. Itaituba, eine Stadt mit 100.000 Einwohner*innen am minzfarbenen Tapajós-Fluss, hat ihren wichtigsten Bewohner*innen ein Denkmal gebaut. In der Region gibt es Hunderte *garimpos*, illegale Goldminen. Glücksritter aus dem ganzen Land zieht es auf der Suche nach den glänzenden Körnern hierher.

Leicht benebelt von der Hitze sitze ich am Tapajós-Fluss, als vor mir ein Auto anhält, zweimal kurz hupt. Ich blicke herüber und sehe hinter der Scheibe das bemalte Gesicht einer Frau. Sie winkt mich heran. Es ist Alessandra Korap Munduruku, indigene Aktivistin, eine der bekanntesten Figuren des Regenwaldes. »Ich will hier nicht aussteigen«, sagt Korap, als ich auf der Rückbank Platz genommen habe. »Alle kennen mich hier, es kann gefährlich werden.« Korap, Jahrgang 1985, gehört zum Volk der Munduruku. Sie kämpft gegen Bergbau, organisiert Proteste, reist als Aktivistin um die Welt. Deshalb wird sie bedroht.

Wir fahren aus der Stadt heraus. Nach rund 20 Minuten kommt der Wagen vor einem Holztor zum stehen. »Herzlich Willkommen in Praia do Índio«, sagt Korap. Strand des Indigenen heißt ihr Dorf. Warum es so heißt, sehe ich als wir die Gemeinde durchqueren. Das Dorf liegt malerisch am Tapajós-Fluss. Die Sonne glitzert auf dem Wasser, ein paar kleine Holzboote schaukeln friedlich vor dem Strand. Korap wuchs in dieser Gegend auf. Früher, sagt die zweifache Mutter, sei hier nur Wald gewesen. Doch mit dem Goldrausch wuchs die Stadt und grenzt heute direkt an das Dorf.

Aktivistin sei sie sozusagen seit ihrer Geburt. Doch lange Zeit traute sich Korap nicht, öffentlich zu sprechen. »Auf den Versammlungen im Dorf gab es keinen Platz für uns Frauen. Gesprochen haben immer nur die Männer.« Als immer mehr Goldgräber in ihre Heimat einfielen, ergriff die kleine Frau das Wort. Heute kämpfen viele Frauen an vorderster Stelle mit.

Am Eingang ihrer Gemeinde fallen mir mehrere an einem Pfahl festgeschraubte Kameras auf. »Sicherheitsmaßnahmen«, sagt Korap. Seit langem erhält sie Morddrohungen, ein Kopfgelder sei auf sie ausgesetzt gewesen. »Sie fahren in Autos mit getönten Scheiben an unserem Dorf vorbei, machen Fotos und verfolgen sogar Menschen, die mich unterstützen.« Einmal griff Korap eine Bergbaufirma verbal direkt an, ein Video der Rede ging viral. Kurz danach wurde bei ihr eingebrochen, das Haus verwüstet. Dokumente, eine Speicherkarte und ein Handy fehlten, andere Wertgegenstände nicht. »Das war eine Warnung«, ist sich Korap sicher. »Ihr einziger Weg ist es, Personen wie mich zu eliminieren.« Für kurze Zeit musste sie untertauchen. Immer noch wechselt sie regelmäßig die SIM-Karte ihres Handys aus, teilt ihren Standort nie genau mit. So wie Korap geht es vielen Aktivist*innen in Amazonien. Wer für den Erhalt des Regenwaldes kämpft, lebt gefährlich. Dass Korap zur Vollzeitaktivistin avancierte, hat verschiedene Gründe. Staudämme zerstören die Natur, Holzfäller dringen gewaltsam in indigene Gebiete vor, doch vor allem die *garimpeiros,* die Goldsucher, machen den Gemeinden rund um Itaituba zu schaffen.

Ich will mit *garimpeiros* sprechen. Will sehen, wie sie arbeiten. Verstehen, warum sie diese Arbeit machen. Die meisten Goldsucher sind skeptisch gegenüber den Journalist*innen, scheuen die Öffentlichkeit. Einige sind schwer bewaffnet und schrecken nicht vor Gewalt zurück. Außerdem: Die meisten Goldminen liegen mitten im Dschungel und sind nur mit dem Privatflugzeug zu erreichen. Ein aussichtsloses Unterfangen?

In Itaituba lerne ich Damião Elias Bastos da Silva kennen. Der 56-Jährige wird von allen nur der »alte Kleine« genannt. Er ist ein bekannter Mann in der Stadt. Seit 37 Jahren ist »die Straße« sein Zuhause. Als Fahrer, als Lieferant, aber auch als so etwas wie ein Vermittler. Silva arbeitet sowohl für die Indigenen als auch für die *garimpeiros*.

Im Morgengrauen geht es mit Silvas Toyota aus Itaituba heraus. Kurz hinter der Stadtgrenze endet die asphaltierte Straße. Das hält Silva nicht davon ab, mit 80 Stundenkilometern über die Buckelpiste zu brettern. »Rinderrippe nennen wir solche Straßen«, sagt er und lacht. Auf dem Weg sieht man, wie die ganze Region einmal aussehen könnte. Gerodete Flächen, Rinderweiden, Sojasilos. Wo einmal Wald stand, dominiert jetzt die Agrarwirtschaft. Nach rund 50 Kilometern erreichen wir ein Naturschutzgebiet. Schlagartig verändert sich die Landschaft. Dichter Regenwald, scheinbar unberührte Natur, Amazonien wie im Reisekatalog.

Bei Kilometer 74 biegen wir ab. Porto Borroré nennt sich ein trostloser Ort direkt am Tapajos-Fluss. Männer in Arbeitskleidung dösen unter einem Baum im Schatten, ein Mann schweißt an einem Boot. Am kleinen Hafen stellt mir Silva einen schweigsamen Mann mit Knollennase namens Arthur vor. Nicht weit von hier, sagt er, sei gerade ein Goldsucherschiff unterwegs. Nicht nur tief im Urwald, sondern auch auf den Flüssen wird Gold geschürft.

Mit einem Holzboot düsen wir den giftgrünen Tapajós herunter. Geschickt manövriert Arthur das Boot durch die Strömung des Flusses. Nach einer Stunde Fahrt sehe ich ein seltsames Gefährt, irgendetwas zwischen Hausboot und gigantischem Rasenmäher, das vor dem Ufer im Wasser treibt. Wir fahren heran und legen an. Ein hagerer Mann begrüßt uns. José Raimundo Nascimento ist 59 Jahre alt, doch er sieht deutlich älter aus. Er trägt einen Schnurrbart, an der rechten Hand fehlt ihm ein Finger. Zu fünft seien sie hier, sagt Nascimento. »Alles Familie«. Wir gehen eine Treppe hoch. Seine Tochter kocht in der Küche, der Sohn überwacht die Anlage. Es riecht nach Benzin, der Krach ist ohrenbetäubend.

»Schreibe ruhig meinen Namen auf«, sagt Nascimento, der wegen des Lärms brüllen muss. Ich bin erstaunt. Ob er keine Angst habe? Schließlich ist das, was sie hier machen illegal. »Wir machen nichts Falsches. Ich habe keine Geheimnisse.« Zwanzig Stunden arbeiten sie hier. Jeden Tag. Über Schläuche wird der Schlamm vom Flussboden aufgesaugt. Das Sediment wird dann in eine Art künstlichen Wasserfall geleitet, wo dicke Matten die schwereren Steine zurückhalten und die Goldpartikel auffangen. Es ist ein hochtechnisierter Prozess, der nur wenig mit dem Klischee des einsamen Goldsuchers zu tun hat.

Nascimento ist ganz in der Nähe aufgewachsen. Goldgräber wurde er aus der Not heraus. »Von irgendwas müssen wir ja leben.« Der Lohn ist zwar besser als woanders, aber immer noch gering. Die Arbeit ist hart, oft gibt es Unfälle. Angst machen Nascimento aber vor allem »die Umweltschutzleute«. Er schnappt sich sein Handy und zeigt mir ein Video. Man sieht ein brennendes Schiff, das im Wasser treibt. Laut Nascimento wurde es von der Umweltbehörde Ibama angezündet. »Sie kommen und zerstören alles.« Nascimento hatte bisher noch keine Probleme. Und es ist davon auszugehen, dass das so bleibt. Denn solche Aktionen werden immer seltener, auch weil die Kontrollbehörden kaum noch Mittel zur Verfügung haben. Und mit Bolsonaro regiert ein Freund.

Für ihn sind die *garimpeiros* hartarbeitende Männer, die Respekt verdienen. Regelmäßig besucht er ihre Gebiete, verspricht die Goldminen zu legalisieren, erzählt stolz, dass sein Vater selbst Goldsucher war. Es ist kein Wunder, dass der illegale Bergbau seit seinem Amtsantritt förmlich explodiert ist. Immer mehr Glücksritter machen sich auf in die Region. Dabei dringen sie in die entlegensten Ecken Amazoniens vor, oft auch in indigene Territorien und Naturschutzgebiete. Im Urwald hinterlassen sie gerodete, unfruchtbare Kraterlandschaften. Und mit den Goldminen kommen weitere Probleme. Drogen, Gewalt, Prostitution und zuletzt auch das Corona-Virus. Mittlerweile sollen auch kriminelle Organisationen in dem lukrativen Geschäfte mitmischen. Regelmäßig gibt es gewaltsame Konflikte mit Indigenen. Ich spreche Nascimento darauf an. »Einige Indigene seien dafür, andere dagegen«, sagt er pragmatisch. Ganz in der Nähe gibt es ein indigenes Dorf, mit ihnen habe es noch nie Probleme gegeben. Und es stimmt: Einige Indigene befürworten den Bergbau in ihren Gebieten. Oft sind es sogar Indigene selbst, die hinter Angriffen auf indigene Gemeinden stehen. »Sie werden bezahlt, um Angriffe durchzuführen«, sagt Verena Glass von der Bewegung Xingu Vivo. »Doch dahinter stehen sehr reiche, weiße Unternehmer, die die Region wirtschaftlich ausbeuten wollen.« Ein weiteres Problem: Um den Goldstaub zu binden, setzen Männer wie Nascimento Quecksilber ein. Die Reste landen im Fluss und vergiften die Fische, die von den Indigenen gegessen werden. Das hochtoxische Schwermetall kann zu lebenslangen Nervenschäden führen. Forscher*innen konnten es selbst in weit entfernten Gemeinden nachweisen. Tausende Indigene werden so schleichend vergiftet.

Der Goldrausch in Brasilien hängt auch mit der steigenden Nachfrage auf dem Weltmarkt zusammen. Die Industrie boomt. Laut einer Studie des Escolhas-Instituts exportierte Brasilien alleine im Jahr 2020 Gold im Wert von mehr als vier Milliarden Euro. Während sich die Weltgemeinschaft zunehmend für den Ursprung von brasilianischen Agrarprodukten interessiert und sogar Boykotte in Betracht gezogen werden, steht das schmutzige Gold in der Debatte um Brasiliens Umweltpolitik nur selten im Fokus.

Ich besuche einen der zahlreichen Goldläden in Itaituba. Ein junger Mann gießt gerade flüssiges Gold in eine Form, als ich eintrete. Ich frage, woher das Gold herkomme? »Aus den garimpos.« Häufig wird das illegal geförderte Gold in solchen Läden mit gefälschten Herkunftszertifikaten versehen und weiter verschickt. Kontrollen gibt es kaum, auch weil fast alle in der Region zusammenarbeiten. Der Bürgermeister von Itaituba ist einer der bekanntesten Minenbesitzer der Region. Journalist*innen versuchen noch nicht einmal, objektiv zu berichten. Kaum jemand wagt, das Gewerbe öffentlich zu kritisieren. Von Itaituba werden die Barren nach São Paulo oder Rio de Janeiro transportiert und an Banken oder Juweliergeschäfte weiterverkauft. Letztlich landet das Blutgold auch in exklusiven Läden in New York, Moskau, Paris und London, und von dort an den Fingern der Reichen und Schönen.

In seinem Büro unweit der Rua do Ouro, der Goldstraße, treffe ich José Antunes. Er ist 77, hat nach hinten gekämmte Haare, trägt ein schickes Hemd. Der typische Unternehmer-Look.

Vor mehr als 30 Jahren kam er aus dem Süden Brasiliens nach Itaituba. »Wegen der Möglichkeiten hier«. Heute arbeitet er als Rechtsanwalt, besitzt eine große Goldmine im Regenwald und ist Präsident der Mote, eine Assoziation der Minenbesitzer. Dort unterstützen sie sich gegenseitig, diskutieren Probleme, üben politischen Druck aus.

Der Großteil der Goldsucher in der Region arbeitet illegal. »Heute ist es schwer, eine Goldmine zu legalisieren«, beklagt sich Antunes. Die Umweltbehörde habe viele Vorschriften, man müsse zahlreiche Dokumente vorweisen. Das will Antunes ändern. Dadurch würde das derzeitige Chaos beendet werden. Das würde letztlich auch der Natur zu Gute kommen. Außerdem: Die Minen hätten nur einen minimalen Anteil an der Umweltzerstörung. Und die Kritik der Indigenen? In der Region, sagt Antunes, gebe es eigentlich keine richtigen Indios. Es gäbe nur ein paar Gruppen, die hinter dem Geld der NGOs her seien. Solche Aussagen hört man häufig, auch von Vertreter*innen der Bolsonaro-Regierung. Dahinter steckt eine einfache Logik: Wenn es keine Indigenen gibt, können sie auch keine Ansprüche stellen.

Das Gold, meint Antunes am Ende des Gespräches, habe Itaituba reich gemacht. Alle profitierten davon. Stimmt das? In der Tat wirkt Itaituba wohlhabender als viele andere Städte im Norden Brasiliens. In den Abendstunden, wenn es etwas kühler wird, flanieren Familien über die Promenade, es gibt Hüpfburgen für die Kinder, ein Autoverkäufer präsentiert blankgeputzte Modelle, vor den Restaurants wird Livemusik gespielt. Die Hintermänner der Gold-Geschäfte sitzen in den Städten, wohnen in schicken Villen am Flussufer, haben Bagger, Boote und Kleinflugzeuge. Die meisten Goldsucher sind jedoch Männer wie Antunes. Sie haben keine Perspektive, schuften unter lebensbedrohlichen Bedingungen, oft für einen Hungerlohn. Amazonien ist im wahrsten Sinne des Wortes eine Goldgrube – doch den fetten Reibach machen nur einige wenige.

Drehkreuz der Zerstörung

Ich bin noch einmal mit der indigenen Aktivistin Alessandra Korap Munduruku unterwegs. Mit dem Boot fahren wir an Itaituba vorbei. Wir kreuzen eine kleine Yacht, auf der sich zwei

Männer in der Sonne räkeln. Korap duckt sich auf den Boden des Bootes und zieht sich die Kappe ins Gesicht. »Das sind Goldverkäufer. Es ist besser, wenn sie mich nicht sehen.«

Dann kommt in Sicht, was mir Korap zeigen will. Mehrere kranartige Arme ragen vom Ufer in den Fluss. Es sind Verladeterminals. Über Fließbänder werden hier Agrarprodukte wie Soja, Mais und Rindfleisch auf Schiffe verladen und dann weiterverschifft. Für den Bau der Anlage seien mehrere Familien umgesiedelt worden, schimpft Korap. Fischer dürfen in der Gegend nicht mehr arbeiten. Außerdem: Für den Transport brauche es viel Energie. Deshalb werden immer mehr Wasserkraftwerke in der Region gebaut, die die Natur weiter zerstören. Da die Nachfrage immer größer werde, müssen die Wasserwege für große Schiffe ausgebaut werden. Das schaffe wiederum Anreize für den Bergbau. Ein Teufelskreis für indigene Gemeinden und die Umwelt.

Bisher werden die Rohstoffe noch mit dem Lastwagen über die Bundesstraße 163 angeliefert. »Soja-Highway« wird sie auch genannt. Bald soll hier alles noch schneller gehen. Denn es ist ein Projekt geplant, das die Region noch weiter verändern könnte: Eine Eisenbahnlinie, die Ferrogrão, die Eiserne Bohne. Diese soll Itaituba mit den Sojahochburgen im Süden verbinden und die Güter kostengünstiger und schneller zu den Häfen am Atlantik transportieren. Wohin die Produkte gehen? »Nach China und zu euch«, sagt Korap. »Ihr habt genau so Schuld an der Zerstörung Amazoniens.« Mit geplanten 2,5 Milliarden Euro ist die Ferrogrão das teuerste Infrastrukturprojekt der Bolsonaro-Regierung. Der Privatsektor soll die Bahnstrecke finanzieren. Die Deutsche Bank soll laut einem Bericht der Gesellschaft für bedrohte Völker Schweiz Kredite in Höhe von rund 1,8 Milliarden Euro an den Agrarkonzern Cargill vergeben haben, der sich am Bau der Bahntrasse beteiligen will. Auch andere ausländische Player sind involviert. Die Zerstörung Amazoniens funktioniert nur durch ein komplexes Zusammenspiel aus internationalen Akteur*innen.

Es fehlen noch einige Papiere und Genehmigungen. Aber Korap glaubt nicht, dass das Megaprojekt noch gestoppt werden kann. Über 1.000 Kilometer soll die Ferrogrão eine Schneise mitten durch den Regenwald schlagen. 53 indigene Völker wären davon betroffen, auch die Munduruku. Eigentlich bedürfte es der Zustimmung der Indigenen für den Bau. Ob die eingeholt wird? Nein, sagt Korap. Die Indigenen werden schlicht nicht konsultiert. Teilweise wird es auch so dargestellt, als würden in den betroffenen Gebieten gar keine Indigene leben. Es ist eine klassische Strategie: Der einfachste Weg, die Interessen der Indigenen zu umgehen, ist es sie unsichtbar zu machen. Die Debatte um die Ferrogrão ist auch Teil eines größeren gesellschaftlichen Disputs. Umwelt gegen Ökonomie. Nachhaltigkeit gegen Entwicklung. Menschenrechte gegen Profite. Es ist jedoch kein symmetrischer Konflikt. Meist haben die Befürworter*innen des Erschließungsmodells die Nase vorn. Wie es aussieht, wenn diese »Erschließung« abgeschlossen ist, sieht man in einem Bundesstaat wie Mato Grosso do Sul.

Im Sojaland

Ein verbeulter Topf ist das Einzige, was Claudiene Gomes nach dem letzten Angriff geblieben ist. Die Eindringlinge kamen am Morgen. Schüsse, Schreie, Tränengas. Mit einem Traktor rissen sie die Hütten ein, zertrampelten Gebetsstätten, raubten Wertsachen. Schließlich brannten sie das Camp nieder. Gomes hat blondgefärbte Haare, trägt einen Federschmuck auf dem Kopf, ihr Blick wirkt leer. Sie ist Indigene des Guarani-Stammes und lebt in Mato Grosso do Sul. Der Bundesstaat liegt an der Grenze zu Paraguay, beheimatet fünfmal so viele Rinder wie Menschen, ist eine wichtige Transitroute für den Drogenschmuggel. Und hier tobt ein brutaler Landkonflikt: Indigene gegen weiße Soja-Farmer.

Vor den Toren der Provinzhauptstadt Dourados liegt die Gemeinde Nhu Vera, übersetzt »Heilige Erde«. Schwere Laster rattern auf der angrenzenden Landstraße vorbei, die Häuser von Dourados sind gerade noch so am Horizont zu sehen. Claudiene Gomes' Zuhause ist eine behelfsmäßig zusammengezimmerte Holzbaracke mit einer übergeworfenen Plastikplane. »Jeden Tag bedrohen und beschimpfen sie uns«, sagt Gomes und zeigt auf ein umzäuntes Gelände. Hinter einem Feld, vielleicht 200 Meter entfernt, stehen ein Haus, zwei Wassertanks, davor ein Jeep.

Tag und Nacht wachen dort die Männer eines Sojafarmers. Private Sicherheitsdienste, sagen die einen. Bezahlte Milizen, die anderen.

Was diese Männer getan haben, zeigen verwackelte Handyvideos. Man sieht darauf blutende Wunden und schreiende Indigene. Mit scharfer Munition sei auch bei der letzten Räumung wieder geschossen worden, sagt Gomes. Mehrere Verwandte von ihr wurden verletzt. Wie oft ihr Camp schon niedergerissen wurde? »13 Mal in weniger als einem Jahr.« Unterstützung erhalten die Männer der privaten Sicherheitsdienste häufig von der lokalen Polizei. Der Fall der Nhu Vera-Gemeinde ist kompliziert. Die Indigenen beanspruchen das Land für sich. Einst lebten Gomes' Vorfahren hier, unweit vom Camp liegt ein indigener Friedhof. »Das Land ist heilig für uns«, sagt Gomes. Das Problem: Ein Großgrundbesitzer kann Landtitel vorweisen. Ein klassischer Fall in der Region.

Seit mehreren Jahrtausenden leben Indigene in dem Gebiet des heutigen Mato Grosso do Sul. Derzeit bevölkern rund 50.000 Guarani-Kaiowá den Bundesstaat im Südwesten des Landes. Nur im nördlichen Bundesstaat Roraima leben mehr Indigene. Ende des 19. Jahrhunderts machten sich die ersten weißen Siedler*innen in der Region breit, raubten den Indigenen ihr Land, pferchten sie in Reservaten zusammen. Mit dem Sojaboom ab den 1960er Jahren begann eine zweite Welle der Vertreibung. Heute leben die Indigenen auf nicht einmal einem Prozent ihres ursprünglichen Gebiets: in acht Reservaten, einzelnen legalisierten Gemeinden, aber auch in kläglichen Holzbaracken an den Rändern der Bundesstraßen. Viele Indigene in Amazonien fürchten, dass sie auch einmal so enden könnten wie ihre Leidgenoss*innen in Mato Grosso do Sul. Ohne Land, ohne Rechte, ohne Perspektive.

Die Region um Dourados ist der Hotspot der Gewalt. Dourados ist eine wohlhabende Stadt mit rund 200.000 Einwohner*innen. Sehenswürdigkeiten gibt es kaum, aber viele schicke Arztpraxen und europäische Autohäuser. Jeeps brummen auf den Straßen, in Bars mit Texasfahnen werden saftige Steaks serviert. Ein bisschen Wilder Westen mitten im brasilianischen Hinterland. Vor den Toren der Stadt beginnt das grüne Meer. Die pfeilgerade Bundesstraße BR 163, der »Soja-Highway«, führt durch Felder, so weit das Auge reicht gen Norden. Nur ab und zu tauchen Raststätten, Stundenhotels und gigantische Silos auf. Dahinter wieder Sojafelder bis zum Horizont und vereinzelte Weideflächen mit Rindern.

Für die Agroindustrie ist Soja eine Erfolgsstory. Die Bohne ist das wichtigste Exportprodukt des Landes. Während die Sojakulturen für die einen ein Synonym für Entwicklung und Fortschritt sind, sind sie für die anderen ein ökologischer Albtraum. Denn die Monokulturen haben die Landschaft verändert. Mato Grosso do Sul bedeutet »großer Wald des Südens«, denn früher wuchs hier ein dichter Wald. Mit der Vertreibung der Indigenen wurde auch der Wald zerstört. Heute ist der Bundesstaat fast gänzlich entwaldet. Das Land muss komplett kahl sein, damit die schweren Maschinen der Sojabarone darüber fahren können.

Rund 40 Kilometer von Dourados entfernt biegt eine staubige Piste vom »Soja-Highway« ab. Am Ende des Schotterwegs wächst ein winziges Waldstück wie ein Pilz in die Höhe. Dort steht ein Mann vor einer Scheune und telefoniert. Lúcio Damália, 67 Jahre, braun gebrannt, hochgewachsen, ist Besitzer der Boa-Vista-Farm. Er trägt ein schickes Hemd, Jeans und Lederschuhe.

Damálias Urgroßeltern kamen mit dem Schiff aus Italien nach Brasilien. Seine Großeltern waren Bauern im Bundesstaat São Paulo. Damália kam 1972 nach Mato Grosso do Sul, schuftete auf Farmen, kaufte 1980 sein erstes Stück Land. »Damals gab es hier nichts«, sagt er und fläzt sich auf einen Gartenstuhl. »Kein Asphalt, kein Wasser, kein Abfluss.« Hinter der Terrasse seines äußerst geräumigen Hauses beginnt ein großer Garten. Frisch gemähter Rasen, Rosenbeete, Fischteich. In den Bäumen zwitschern Vögel. Eine kleine Idylle mitten im Sojaland.

Damália ist nicht nur Farmer, sondern auch Präsident der lokalen Bauernvereinigung. Und einer der wenigen, die mit der Presse reden. Seine Branche sieht er von der Öffentlichkeit in eine falsche Ecke gestellt. Die Gesellschaft lebe von ihrer Arbeit, das Agrobusiness habe die Region reich gemacht. Damit hat er nicht unrecht: Die Städte Mato Grosso do Suls sind vergleichsweise gut entwickelt. Die Landwirtschaft ist hoch technisiert, einige Menschen konnten spektakulären Reichtum anhäufen. Was Damália nicht sagt: Es war nie das Ziel, die Region zu entwickeln, es geht alleine darum, das exportorientierte Agrobusiness zu fördern. Eine ganze Region wird den Interessen der Soja-Branche untergeordnet.

Dann kommt Damália auf das zu sprechen, was er das »Indigenenproblem« nennt. Die meisten Indios seien integriert. Hätten Handys, Duschen und Fernseher. »So wie wir.« Er selbst habe viele fleißige Indigene kennengelernt, Kurse in den Reservaten finanziert. Doch eine kleine Minderheit sorge für großen Ärger. Ja, er sei dagegen, dass Farmer *pistoleiros,* also Auftragsmörder, engagierten. Aber irgendwie müsse man sich ja gegen die Eindringlinge verteidigen, sagt der Farmer. Und die Morde an Indigenen? »Ich weiß von keinem Indigenen, der gestorben ist«, antwortet Damália knapp. »Wenn, dann waren es wahrscheinlich Familienstreitigkeiten.« Viele seien sowieso von »den Linken« gesteuert. »Die Indigenen behaupten, dass sie Hunger haben. Warum haben sie dann aber Smartphones und Tablets?« Außerdem hätten sie ein anderes Arbeitsethos. Kurz: Für Damália sind die Indigenen an ihrer elenden Situation selbst schuld. So denken viele Sojabarone.

Aus seiner Bewunderung für Präsident Bolsonaro macht er keinen Hehl. Dieser ließ im Wahlkampf kaum eine Gelegenheit aus, seine Nähe zum Agrobusiness zu demonstrieren. Er sprach mit Cowboyhut auf Landwirtschaftsmessen, stapfte mit Sojafarmern über Felder, beschimpfte im Kneipenjargon Indigene und Umweltschutzorganisationen. Auch Damália traf sich vor der Wahl mit Bolsonaro. Er und seine Kolleg*innen hätten Wahlkampf für »ihren Kandidaten« gemacht. Nicht offen, schiebt er rasch hinterher. Doch mit Erfolg. Bolsonaro gewann die Wahl 2018, in der Region Dourados holte der Rechtsradikale rund 70 Prozent der Stimmen in der Stichwahl. Anders als der Präsident ist Damália kein Choleriker. Er tritt höflich auf, hört genau zu. Manchmal, sagt Damália, übertreibe es Bolsonaro in seinen Ansprachen. Doch die Farmer hätten ihm viel zu verdanken: mehr ökonomische Freiheit, weniger Vorschriften.

Und bei noch einer Sache können sich Großfarmer*innen wie Damália auf Bolsonaro verlassen: Seine Regierung stellt Rekorde bei der Genehmigung von Pestiziden auf. Alleine 2020 wurden 493 neue Pflanzenschutzmittel zugelassen. Viele dieser Gifte sind in der Europäischen Union verboten. Dennoch werden sie meistens in Europa und den USA hergestellt, unter anderem vom deutschen Chemieriesen Bayer. Eine »Verlagerung menschenrechtsverletzender und umweltverschmutzender Praktiken in Drittländer« nennen das Umweltschutzorganisationen. Gerade auf Monokulturen wie den Sojaplantagen in Brasilien werden Pestizide besonders häufig eingesetzt. Auch Damália benutzt sie. Der Umwelt schade er damit aber nicht, behauptet er. Expert*innen warnen hingegen vor verheerenden Auswirkungen für die Biodiversität sowie für die Gesundheit der Bevölkerung. Auch in importierten Früchten können noch Pestizidrückstände festgestellt werden. Indigene in Brasilien, die mit den Giften in Berührung kommen, klagen über Hautreizungen, Übelkeit, Durchfall und Kopfschmerzen.

Dann marschiert Damália los. Hinter seiner Farm erstreckt sich ein gigantisches Sojafeld. Er pflanze auch Zuckerrohr und Mais an. Doch die kleine Sojabohne bringt das große Geld. Damália stapft tief zwischen die hüfthohen Pflanzen hinein und reißt einen Sojazweig aus der Erde. »Wir holen als Exporteur bald die USA ein.« Ein Großteil der Soja landet als Kraftfutter in den Mägen europäischer und chinesischer Rinder und Schweine. »Die Welt will billiges Fleisch. Wir liefern es«, fasst es Damália pragmatisch zusammen. Und es stimmt: Die weltweite Nachfrage nach Lebensmitteln steigt. Und Brasilien liefert. 2020 wurden rund 1,4 Millionen Tonnen Sojabohnen aus Brasilien nach Deutschland importiert. Ein Drittel des weltweit gehandelten Rindfleisches kommt aus dem südamerikanischen Land, auch weil die Produktion dort nur halb so teuer ist wie in Europa. Weltweit hat sich ein Diskurs durchgesetzt, der die Entwaldung kritisiert und es zum Ziel erklärt, sie drastisch zu reduzieren. Doch wer es damit ernst meint, muss genau hinschauen. In Brasilien sind die kommerzielle Landwirtschaft und die Viehzucht die größten Treiber der Abholzung. So wirkt es oft wie ein Widerspruch, auf der einen Seite die Entwaldung zu kritisieren und auf der anderen Seite billige Agrarprodukte zu importieren. Doch wer trägt die Schuld? Ist es der Fleischkonsum im Globalen Norden? Der internationale Freihandel? Sind es neokoloniale Strukturen im modernen Kapitalismus? Oder ist das Problem doch hausgemacht? Es sind Fragen, denen man sich stellen muss, wenn man den Klimawandel ernsthaft bekämpfen und Brasiliens Umwelt und die indigene Bevölkerung schützen will.

DAS ANDERE BRASILIEN

Am 9. Mai 2020 kommen 47 junge Männer vor São Paulos Kunstmuseum MASP zusammen und entrollen ein Transparent. »Wir sind Demokratie!«, steht in weißen Lettern darauf. Die Gruppe reckt die Fäuste in die Höhe, macht Fotos und geht wieder nach Hause. Niemand ahnt, dass diese kleine Aktion der Startschuss für eine Protestbewegung gegen Präsident Bolsonaro sein würde. Für viele ebenso überraschend: Die Männer sind Ultras des Fußballvereins Corinthians.

Zwei Wochen später sind sie wieder vor Ort. Doch dieses Mal stehen Tausende mit ihnen auf der Straße. Man hört Sprechchöre gegen die Regierung, Pyros und Rauchbomben werden gezündet. Auch Fans der drei anderen großen Fußballvereine aus São Paulo sind dabei. Eigentlich sind die Ultragruppen untereinander verfeindet. Regelmäßig gibt es Prügeleien, manchmal sogar Schießereien. Wie kam es zu dem Schulterschluss über die Vereinsfarben hinweg?

Im Mai 2020 durchlebt Brasilien turbulente Wochen. Corona hat das Land fest im Griff. Präsident Bolsonaro spielt nicht nur das Virus hartnäckig herunter, sondern liefert sich auch heftige Auseinandersetzungen mit den demokratischen Institutionen. Der Geruch eines Putsches liegt in der Luft. Bolsonaros Fans gehen jeden Sonntag auf die Straße, einige fordern ganz offen einen Militärintervention, weitestgehend ungestört. Bis sich die Fußballfans ihnen entgegenstellen.

»Ich habe die Militärdiktatur am eigenen Leib erlebt und will nicht dorthin zurück«, sagt Chico Malfitani, während er durch

die Demonstration marschiert. Der 70-Jährige trägt Trainings-
anzug und eine Maske mit Corinthians-Logo. Oft bleibt er stehen, gibt Anweisungen am Telefon, schüttelt Hände. Malfitani
ist ein bekannter Mann in der Fanszene. 1969 gründete er die
Gaviões da Fiel, die Falken der Treue. Heute hat die Ultragruppe
von Corinthians mehr als 100.000 Mitglieder und zählt zu den
größten Fan-Organisationen Brasiliens.

Dass Anhänger*innen des Weltpokalsiegers gegen Bolsonaro protestieren, überrascht nicht. Der Arbeiterverein aus dem
Osten São Paulos blickt auf eine widerständige Geschichte zurück. Während der Militärdiktatur entwickelte sich der Verein
zu einem wichtigen Sprachrohr der Opposition. Die Spieler trugen politische Botschaften auf den Trikots, die Fans protestier-
ten in der Kurve gegen das Regime. »Verlieren oder gewinnen,
aber immer mit Demokratie«, lautete der Leitspruch. Bekanntestes Gesicht dieser Bewegung war der Topstürmer Sócrates.
Der Kinderarzt verkörperte die Antithese zum klassischen Fußballspieler. Der bekennende Linke rauchte Kette, las Marx und
unterstützte die direitas-já-Bewegung für direkte Wahlen. »Er
würde heute mit uns gegen Bolsonaro marschieren«, sagt der
Gaviões-Gründer Malfitani über den 2011 verstorbenen Spieler,
mit dem er befreundet war.

Die Proteste der Ultras waren ein Lebenszeichen, ein Symbol
der Hoffnung. Denn sie schafften etwas, was der Linken nicht
gelungen war: eine Protestbewegung gegen Bolsonaro aufzubauen. Zumindest kurzzeitig. Trotz Bolsonaros Zerstörungskurs
wirkt die Opposition bisweilen orientierungslos, nicht erst seit
Corona. Dennoch setzen sich überall im Land Menschen gegen
die rechte Zeitenwende zur Wehr. Auf der Straße und im Parlament. In der Stadt und auf dem Land. An den Universitäten
und in den Fabriken. Spontan und organisiert. Doch wird das
ausreichen, um den Bolsonarismus zu besiegen? Wo steht Brasiliens Linke?

Eine alternative Geschichte

Im Jahr 1939 veröffentlichte der Sozialhistoriker Sérgio Buarque
de Holanda das Buch »Raízes do Brasil« (Wurzeln von Brasilien),
in dem er die Fundamente der brasilianischen Gesellschaft se-

ziert. In einem Kapitel stellt der wohl bedeutendste Chronist des Landes ein Konzept vor, das bis heute die Wahrnehmung Brasiliens und seiner Bewohner*innen prägt: den *homen cordial*, den herzlichen Menschen. Emotionen zählten in Brasilien mehr als Vernunft und Rationalität. Freundlichkeit sei Bestandteil der nationalen Seele.

In einigen Überarbeitungen seines Werkes wies Sérgio Buarque de Holanda darauf hin, dass er mit »Herzlichkeit« das Handeln mit dem Herzen meinte, also eine emotionale Art. Dennoch brannte sich das Bild des lebensfrohen Brasilianers ein, der stets nach vorne blickt und aus allem etwas Positives zieht. Häufig wird daraus auch abgeleitet, die Brasilianer*innen seien gefügig, ließen Ungerechtigkeiten passiv über sich ergehen, seien gar von Natur aus unterwürfig. Stimmt das? »Diese Idee wurde von den Eliten in die Welt gesetzt, die seit dem 19. Jahrhundert die Geschichtsschreibung manipuliert haben«, schreibt der Historiker Raphael Fagundes. Ziel sei es gewesen, eine »Kultur des Schweigens« zu schaffen und ein kollektives Bewusstsein des Widerstandes auszuradieren. Die simple Idee: Wenn es keine Vorbilder gibt, kommen die Unterdrückten auch nicht auf dumme Gedanken. Die Auslöschung der Geschichte als Kontrollinstrument.

Doch in Brasilien hat es immer Widerstand gegen Unterdrückung gegeben. Während der Kolonialzeit kämpften indigene Gruppen gegen die Besatzung und schwarze Brasilianer*innen gegen das mörderische System der Sklaverei. Es gab Aufstände für die Unabhängigkeit von Portugal und Proteste für Bürgerrechte. Jedoch fehlte diesen Bewegungen lange Zeit eine Struktur und ein politisches Programm. Das sollte sich Anfang der 20. Jahrhunderts ändern.

Im Zuge der Industrialisierung entstand in Brasilien eine organisierte Arbeiterbewegung, die sich neue Aktions- und Organisierungsformen aneignete. Arbeiter*innen gründeten Gewerkschaften sowie anarchosyndikalistische und sozialistische Organisationen. Immer wieder kam es zu Streiks und lokalen Aufständen. Viele Arbeiter*innen, die auf die Barrikaden gingen, waren nach Brasilien eingewandert und importierten die Organisationserfahrungen der europäischen Arbeiterklasse in das Land. Im Jahr 1922 entstand die Kommunistische Partei Brasiliens (PCB), die die Nähe zur Sowjetunion suchte und einen revolutionären Umsturz zum Ziel hatte.

1930 kam Getúlio Vargas mit Hilfe des Militärs an die Macht. Er war Nationalist und glühender Antikommunist. Zugleich errichtete er aber das Grundgerüst für einen Sozialstaat und ließ sich als »Vater der Armen« feiern. Die Verfassung von 1934 schrieb einen Mindestlohn, kostenlosen Schulunterricht und Arbeitszeitregelungen fest. Doch die Gewerkschaften und die Arbeiterbewegung hatten sich Vargas' autoritär-korporativistischem Projekt unterzuordnen. Kommunist*innen wurden ohne Gnade verfolgt.

In diesen Jahren entstand in Brasilien auch eine faschistische Bewegung: die Integralisten. Zwischenzeitlich hatten diese »Grünhemden« über eine Millionen Mitglieder und waren die größte faschistische Bewegung außerhalb Europas. Sie waren stramm antikommunistisch, ultranationalistisch, aber weniger rassistisch und antisemitisch als ihre europäischen Pendants. Während sich in Europa viele Weltkriegssoldaten und Teile der Arbeiterschaft für faschistische Parteien begeisterten, waren die Integralisten vor allem eine Bewegung von Intellektuellen der Mittel- und Oberschicht. Viele Arbeiter*innen leisteten Widerstand. Im Jahr 1933 schlossen sich Stalinist*innen, Trotzkist*innen und Anarchist*innen zur Frente Única Antifascista zusammen, zur Antifaschistischen Einheitsfront. Regelmäßig stellten sie sich den Integralisten entgegen, es kam zu wilden Straßenschlachten.

1935 unternahmen Kommunist*innen mit Unterstützung der Sowjetunion und der Komintern einen Umsturzversuch. Der vom Brasilianer Luis Carlos Prestes und der deutschen Jüdin Olga Benario geplante Putsch scheiterte jedoch kläglich. Die Folge war ein nationales Sicherheitsgesetz, das Aufstände und soziale Proteste mit aller Härte bestrafte. Und die Ereignisse sollten gerade im Militär einen wahnhaften Antikommunismus anfachten, dem die Truppe bis heute unterliegt. Im Jahr 1938 nutzte die Vargas-Regierung einen antisemitischen Verschwörungsmythos – den sogenannten Cohen-Plan –, um ihrerseits zu putschen. Es war der Beginn des Estado Novo. Freie Wahlen wurden abgeschafft, eine neue Verfassung eingeführt, Bürgerrechte ausgesetzt. Die Situation entspannte sich erst, als Vargas 1945 zurücktreten musste, nachdem er überraschend vom Militär abgesetzt worden war, und sich das Land wieder öffnete. Es entstanden neue Gewerkschaften und viele soziale Bewegungen. Jedoch war es ein kurzes demokratisches Intermezzo. Denn Mitte der 1960er Jahre sollte der Kalte Krieg seinen Schatten auch über Brasilien werfen.

1964 putschte das Militär und über Brasiliens Linke brachen dunkle Jahre herein. Parteien wurden verboten, Medien zensiert, Oppositionelle ermordet. Jeglicher Widerstand – ob bewaffnet oder friedlich – wurde mit aller Härte niedergeschlagen. Ende der 1970er Jahre brodelte es jedoch immer mehr im Land. Im industriellen Großraum São Paulos schlossen sich Arbeiter*innen der Metallindustrie gegen die Diktatur zusammen. Federführend war ein bärtiger Mann mit Kratzstimme, den alle nur Lula nannten. Dieser war auch einer der Gründer*innen der Arbeiterpartei PT, die im Jahr 1980 entstand. Neben Arbeiter*innen drückten vor allem linke Katholik*innen der Partei ihren Stempel auf. Die sogenannte Befreiungstheologie war bereits 1960 entstanden und verstand sich als »Stimme der Armen« in der Kirche. Auf den Kanzeln trafen marxistische Reden auf christliche Gebote. Bis heute sind kirchliche Einflüsse aus der brasilianischen Linken nicht wegzudenken.

Im Jahr 1984 brachte die direitas-já-Kampagne für die Direktwahl des Präsidenten Millionen Menschen auf die Straße. Es war ein breites Bündnis verschiedener politischer Spektren. Linke, Liberale und auch einige Konservative. Die Mobilisierung hatte Erfolg: Im Jahr 1985 endete die Diktatur mit freien Wahlen. Die Jahre danach waren eine Zeit des Aufbruchs. Überall im Land entstanden soziale Bewegungen, in den Favelas gründeten sich Nachbarschaftskomitees und Landarbeiter*innen organisierten sich in Bauernvereinigungen. Als im Jahr 1988 eine neue Verfassung feierlich verabschiedet wurde, waren die Hoffnungen auf einem Wandel groß. Denn zahlreiche Forderungen der Bewegungen fanden Einzug in die Verfassung. Doch viele Rechte existierten nur auf dem Papier. Und Proteste, die die bestehende Ordnung gefährdeten, wurden weiterhin brutal niedergeschlagen.

Die Verwerfungen des Neoliberalismus erforderten in den 1990er Jahren neue Antworten auf Seiten der Linken. Gerade auf lokaler Ebene passierte viel. In der südbrasilianischen Hafenstadt etablierte die Arbeiterpartei PT aufgrund des Drucks sozialer Bewegungen im Jahr 1989 den ersten sogenannten partizipativen Bürgerhaushalt. Die Bewohner*innen hatten von nun an mehr Möglichkeiten, über die Haushaltsmittel mitzubestimmen. Das Modell feierte große Erfolge und wurde in vielen Kommunen in der ganzen Welt kopiert.

Symbolträchtige Veranstaltung des nächsten Jahrzehnt war das Weltsozialforum, das zwischen 2001 bis 2003 in der südbrasilianischen Hafenstadt Porto Alegre stattfand. Das Motto der linken Megakonferenz: »Eine andere Welt ist möglich.« Auch auf der großen politischen Bühne war in ganz Lateinamerika ein Aufbruch zu spüren. In vielen Ländern wurden progressive Präsident*innen gewählt. 2002 erfasst die »pinke Welle« auch Brasilien, als der Sozialdemokrat Lula seinen Wahlsieg feierte. Die Arbeiterpartei PT kann sich damit rühmen, während ihrer Amtszeit Millionen von Menschen aus der Armut befreit und den Hunger fast vollständig ausgelöscht zu haben. Doch die Partei leitete keine strukturellen Reformen ein und setzte weiter auf ein exportbasiertes Wachstumsmodell. Für viele soziale Bewegungen waren die Amtszeiten von Lula und seiner Nachfolgerin Rousseff Jahre des Widerspruchs. Während sich einige Bewegungen in das Regierungsprojekt Lulas eingliedern ließen, gingen andere auf Distanz.

Mit der wirtschaftlichen Talfahrt und Aufdeckung spektakulärer Korruptionsfälle machte sich rund um das Jahr 2013 eine große Unzufriedenheit im Land breit. Im Juni gipfelte der Frust in den größten Protesten seit dem Ende der Diktatur. Es waren neue Akteur*innen, die in Erscheinung traten und neue Protestformen auf die Straßen trugen. Die meisten Demonstrant*innen waren jung, ihre Gruppen horizontaler und inklusiver organisiert. Sie lehnten es ab, Anführer*innen zu wählen und Bündnisse mit Parteien und Gewerkschaften einzugehen. Frauen, Queers und Schwarze standen bei den Protesten in der ersten Reihe.

Doch die ursprünglich linken Demonstrationen wurde schon bald von rechten Gruppen gekapert. Daraus schöpften diese ein großes Selbstbewusstsein und eine neue Erkenntnis machte sich breit: Dass sich mit Druck auf der Straße ein Wandel erreichen lässt. Das sollte ein paar Jahre besonders deutlich werden, als es mit rechten Massenprotesten im Rücken gelang, ein Amtsenthebungsverfahren gegen PT-Präsidentin Rousseff einzuleiten. Und die Linke? Warum hatte sie dem »Putsch« nur wenig entgegenzusetzen? In seinem Buch »Brazil Apart« schreibt der britische Historiker Perry Anderson: »Die Gewerkschaften waren nur noch ein Schatten ihrer kämpferischen Vergangenheit. Die Armen blieben passive Nutznießer der PT-Regierung, die sie nie aufgeklärt oder organisiert, geschweige denn als kollektive Kraft mobilisiert hatte. Soziale Bewegungen – wie die der Landlosen oder der Obdachlosen – wurden auf Distanz gehalten. Die Intellektuellen waren an den Rand gedrängt.«

Als der Rechtsradikale Bolsonaro überrascht in die Stichwahl zog, wurde vielen plötzlich bewusst, was auf dem Spiel stand. Ein Gruppe von Frauen schloss sich im Internet zusammen. #elenão (Er nicht) nannten sie ihre Kampagne. In vielen Städten flammten Proteste auf, Hunderttausende gingen auf die Straße. Es war ein letztes Aufbäumen. Doch die Demonstrationen kamen zu spät. Sie schafften es nicht, Bolsonaros Aufstieg aufzuhalten.

Außerdem zeigten sie ein grundsätzliches Dilemma auf: Je mehr Frauen auf die Straße zogen, desto mehr stieg Bolsonaro in den Umfragen. Wie ist das zu erklären? Rechte Kräfte verbreiteten im Netz die wildesten Falschmeldungen über die Proteste. Bolsonaro-Gegner*innen seien männerhassende Kriminelle, führten satanische Rituale durch, hätten friedliebende Christ*innen attackiert. Die Angst vor einem radikalen Feminismus provozierte eine starke Gegenbewegung. Solche Dynamiken sind auch in anderen Ländern zu beobachten. Je selbstbewusster marginalisierte Gruppen ihre Rechte einfordern, desto vehementer verteidigen andere, vermeintlich mehrheitliche Gruppen, partikulare Interessen und eingebildete Identitäten. Bolsonaro hatte großen Erfolg darin, mit diesen Ängsten Politik zu machen.

Feindbild links

Am 1. September 2018 findet in Rio Branco eine Wahlkampfveranstaltung statt. Die Hauptstadt des Bundesstaates Acre liegt mitten im Regenwald, unweit der bolivianischen Grenze. Bolsonaro steht auf einem Lautsprecherwagen, er trägt einen Adidas-Trainingsanzug und lächelt breit über das Gesicht. Mehrere Kameras sind auf ihn gerichtet. Es sind nur noch vier Wochen bis zur Wahl, das Land ist polarisiert wie selten zuvor. Bolsonaro schnappt sich den Ständer eines Mikrophons, imitiert damit ein Gewehr und brüllt der jubelnden Menge zu: »Wir werden die petralhada erschießen.« So werden die Anhänger*innen der Arbeiterpartei PT abwertend genannt. Die Aussage war mehr als ein Aufruf zum Mord. Sie war eine Ankündigung für Bolsonaros wichtigste Mission: die Zerstörung der brasilianischen Linken.

Oppositionelle zu bedrohen, zu attackieren und letztlich zu zerstören, gehört in den Grundbaukasten jedes autoritären Staatschefs. Manchmal unter dem Vorwand »den Terror« zu bekämpfen, manchmal um einen vermeintlichen Staatsstreich abzuwenden. Oft braucht es aber nicht mal eine Rechtfertigung, um unliebsame Gegner*innen auszuschalten. Einen totalitären Durchmarsch wie in vielen anderen Ländern hat es in Brasilien nicht gegeben. Der Grund dafür ist einfach: Bolsonaro hat nicht die Macht dazu. Politisch ist er weitestgehend isoliert, er hat keine starke Partei im Rücken und die demokratische Institutionen funktionieren einigermaßen. Allerdings hat Bolsonaro andere Wege gefunden, seine Mission umzusetzen.

Der Rechtsradikale pflegt seit seiner Jugend eine paranoide Verachtung gegen die Linke, überall wittert er Feinde. So war es nicht überraschend, dass er seinen Kreuzzug im eigenen Haus begann. In einer der ersten Amtshandlungen feuerte die Regierung im Januar 2019 mehr als 320 »verdächtige Angestellte«. Es waren Mitarbeiter*innen des Regierungsapparats, die in irgendeiner Form in Verdacht standen, Sympathien für die Linke zu hegen. Die Anweisung dafür kam direkt von Bolsonaro. Einige mussten gehen, weil sie bei Facebook Ex-Präsident Lula geliked hatten. Die Message war klar: Entweder man steht auf der Seite der Regierung oder man ist gegen sie. Freund oder Feind.

Emblematisch für Bolsonaros Kurs steht auch eine weitere Episode: Per Dekret ließ er Hunderte Sozialräte streichen. Diese sollten die Mitbestimmung der Zivilgesellschaft bei politischen Entscheidungen stärken. »Stimme der Gesellschaft in der Regierung« wurden sie auch bezeichnet und waren gerade für Minderheiten wie Indigene, LGBTI und Obdachlose wichtig, um Einfluss auf die Politik zu nehmen. Offiziell wurde der Schritt mit Kosteneinsparungen begründet, folgte er doch ganz klar Bolsonaros Leitlinie: Politik für vermeintliche Mehrheiten zu machen. »Die Minderheiten müssen sich anpassen oder verschwinden«, erklärte Bolsonaro einmal.

Der Präsident nährt das Narrativ, die Linken würden das Brasilien des *cidadão de bem*, des »guten Bürgers«, und die Familie zerstören. Das Land sei wahlweise auf dem Weg in eine Homodiktatur oder in ein zweites Kuba. Eine »rosa-rote Verschwörung«. Und gesellschaftliche Fortschritte seien zum Einfallstor für den Marxismus geworden.

Tatsächlich haben emanzipative Bewegungen in den letzten Jahren einige Dinge erreicht: Schwule dürfen heiraten, Frauen sitzen in Aufsichtsräten, Schwarze fordern immer selbstbewusster ihre Rechte ein. Es waren zaghafte gesellschaftliche Fortschritte. Doch sie waren stark genug, um eine massive Gegenbewegung zu provozieren. Bolsonaro wusste genau, dass er dort punkten konnte. Die Sehnsucht nach einer imaginierten Heimat fernab der liberalen und offenen Gesellschaft ist zu einem Kennzeichen von rechts stehenden Bewegungen rund um die Welt geworden. Staatschefs wie Bolsonaro präsentieren sich als starke Führer*innen, die die bedrohte Ordnung wiederherzustellen vermögen. Das bedeutet nichts anderes als: die wenigen mühsam erkämpften Fortschritte zurückzudrehen.

In der bürgerlichen Presse wird Bolsonaros Präsidentschaft nicht selten als historischer Betriebsunfall und Abweichung einer geltenden Norm beschrieben. Und tatsächlich hat Bolsonaro das politische Geschäft auf den Kopf gestellt. Durch seine Medienstrategie, seine unkonventionelle Art und die faschistoide Inszenierung. Doch in vielen Punkten steht er vor allem für eins: Kontinuität. Zwar stellt er sich gerne als jemand dar, der den vermeintlichen Volkswillen gegen eine korrupte Elite durchsetzt. Doch seine Projekt steht ganz im Einklang mit jenen Kräften, die in Brasilien seit jeher das Sagen haben, sprich: der Elite des Landes. Das wird vor allem an seiner Wirtschafts- und Finanzpolitik sichtbar. Bolsonaro führt die neoliberale Kahlschlagpolitik seines Vorgängers Michel Temer nicht nur fort, sondern treibt sie in vielen Punkten auf die Spitze. Seine Regierung kürzte Sozialprogramme, schwächte Gewerkschaften, hob den Mindestlohn trotz galoppierender Inflation nicht an. Sie privatisierte Staatsbetriebe, schaffte Programme zur Bekämpfung des Hungers ab, setzte eine unpopuläre Rentenreform durch.

Wenig überraschend war es deshalb, dass er großen Applaus von den wirtschaftlich Mächtigen erhielt, anfänglich zumindest. Als Bolsonaro gewählt wurde, knallten die Sektkorken in den Büros der Faria Lima, der symbolträchtigen Finanzstraße von São Paulo. Auch die meisten deutschen Firmen in Brasilien bejubelten den Sieg des Rechtsradikalen, die Deutsche Bank sprach vom »Wunschkandidaten der Märkte«. Blöd für Bolsonaro: Die Corona-Pandemie und die teils völlig dilettantische Politik seiner Regierungsmannschaft stürzten Brasilien weiter in die Krise. Im Laufe seiner Amtszeit ließen ihn viele finanzkräftige Unterstützer*innen fallen. Eine späte Einsicht? Weit gefehlt. Die Distanzierung ist pragmatischer Natur. Die menschenverachtende Politik ist so lange zu ertragen, wie die Zahlen stimmen. Doch in vielen Chefetagen wissen sie immer noch genau, was sie Bolsonaro zu verdanken haben. Vor allem bei der Kriminalisierung sozialer Bewegungen leistete er ganze Arbeit.

Störungen der bestehenden Ordnung wurden in Brasilien schon immer brutal niedergeschlagen. Die brasilianische Elite war stets sehr geschickt darin, unter dem Deckmantel einer kommunistischen Bedrohung, populäre Bewegungen zu kriminalisieren. Lokale Revolten schafften es deshalb fast nie zu größeren Aufständen, die Privilegien der weiße Oberschicht blieben unangetastet. Mit seinem Angriffsmodus gegen sozialen Bewegungen knüpft Bolsonaro nahtlos an dieses verschwiegene Erbe des brasilianischen Kapitalismus an. Besonders gegen eine Gruppe teilt er immer wieder aus: Die Movimento dos Trabalhadores Rurais Sem Terra, die Landlosenbewegung MST.

Hoffnung auf 130 Hektar

Im November 2021 fahre nach Valinhos, rund 100 Kilometer von São Paulo entfernt. Vor den Toren der Stadt liegt ein grünes Tal. Am 14. April 2018 hielten dort 16 klapprige Busse vor einem brachliegenden Hang. Zahlreiche Aktivist*innen der MST stiegen aus und begannen, Planen, Holzplanken und Werkzeuge auszuladen. Sie zimmerten ein Zeltlager, hissten rote Fahnen und nannten es Acampamento Marielle Vive, eine Hommage an die ermordete Stadträtin Marielle Franco. Heute leben dort rund 400 Familien auf 130 Hektar. Eine der Bewohner*innen ist Cícera Alves Bezerra.

Die Rentnerin, Mitte 60, Lockenschopf, kommt eigentlich aus dem Industriegürtel São Paulos. Über die Kirche lernte sie die MST kennen und fasste den Entschluss, in die Marielle Vive zu ziehen. Heute ist die pensionierte Lehrerin eine der Sprecher*innen der Bewegung. Schönreden will sie nichts. Das Leben im Camp sei hart. Oft gebe es kein fließendes Wasser, der Strom fällt regelmäßig aus, bei starkem Regen laufen die Hütten voll mit Wasser. Dazu die ständige Angst vor der Polizei. Dennoch bereut es Bezerra nicht, hergekommen zu sein. »Überall wird uns eingetrichtert, individualistisch zu leben«, sagt sie, während sie durch das Labyrinth aus Plastikzelten und Holzhütten marschiert. »Hier regeln wir alles im Kollektiv.« Es gibt eine Gemeinschaftsküche, eine Bibliothek und einen organischen Garten. Privateigentum gibt es nicht, das Camp ist nach einer Rätestruktur organisiert. Ein bisschen Sozialismus mitten in Brasilien.

Die Frage, warum sich arme Landarbeiter*innen in sozialen Bewegungen zusammenschließen, führt zum Kern der sozialen Ungleichheit Lateinamerikas. Seit der Kolonialzeit hat sich nur wenig an der Landkonzentration verändert: Immer noch liegt viel Land in den Händen von wenigen Personen, während Millionen Menschen als landlos gelten. In Brasilien besitzen etwa 10 Prozent der Bevölkerung mehr als 80 Prozent des Bodens. Doch die Eigentumsstrukturen sind in den letzten Jahren komplexer geworden. Früher herrschten die *latifundiários*, die Großgrundbesitzer*innen, wie Fürsten über weite Teile des Landes. Heute muss es die MST mit hochtechnologisierten

Unternehmen aufnehmen, die oft im Ausland sitzen und ihre Vertreter*innen in allen Parlamenten haben. Das nationale und internationale Agrobusiness ist ein schier übermächtiger Gegner.

In den letzten Jahren fanden immer mehr Besetzungen der MST an den Rändern der großen Städte statt, so wie die Acampamento Marielle Vive. Wie Bezerra lebten die meisten Bewohner*innen vorher in der Stadt, praktische Erfahrung mit Landwirtschaft haben nur die wenigsten. Es gibt viele Gründe, warum sich Arme aus den urbanen Randgebieten einer Landlosenbewegung anschließen: Explodierende Mietpreise, prekäre Beschäftigung, Rassismus, Gewalt. Das Gelände, auf dem sich das Acampamento Marielle Vive gegründet hat, gehört einem großen Unternehmen, das eng mit der lokalen Elite verbandelt ist. Über viele Jahre hinweg stand die Fläche leer. Irgendwann sollten hier einmal teure Apartments entstehen. Klassische Immobilienspekulation. Das ist eigentlich illegal und macht die Besetzung rechtens, zumindest auf dem Papier. Die Behörden sehen das anders und versuchen, die Bewohner*innen des Camps mit allen Mitteln zu vertreiben. Mehrere Räumungen konnten in der letzten Minute verhindert werden. Ein typischer Fall für eine Bewegung, die auf eine turbulente Geschichte zurückblickt.

1984 gründeten landlose Bauern und Bäuerinnen die Movimento dos Trabalhadores Rurais Sem Terra, die Bewegung der Arbeiter ohne Land. Viele standen der katholischen Kirchen nahe, waren inspiriert von befreiungstheologischen Ansätzen. Im Laufe der Jahre entwickelte die Bewegung zunehmend ein marxistisch-leninistisches Profil. Mit der Verfassung von 1988 bekamen Bewegungen wie die MST einige wichtige Instrumente an die Hand. Mehrere Paragraphen schreiben eine soziale Funktion des brasilianischen Bodens vor. Wenn diese nicht erfüllt wird, können große Ländereien notfalls enteignet werden. Die neu geschaffene staatliche Agrarreformbehörde INCRA sollte »unproduktives Land« ausfindig machen und enteignen, um darauf Landlose anzusiedeln. Doch in der Praxis passierte meist nichts.

Deshalb begann die MST in den 1990er Jahren die Sache selbst in die Hand zu nehmen. Das Mittel ihrer Wahl: spektakuläre Landbesetzungen, oft mit Tausenden Familien. Auf dem besetzten Land gründeten sie ihre *acampamentos*. Damit wollten sie den Staat auffordern, endlich das Gesetz umzusetzen. Dieser reagierte vielerorts mit harter Hand. 1996 wurden 19 MST-Aktivist*innen bei einer Besetzung im Bundesstaat Pará von der Polizei erschossen. Viele Wandbilder erinnern noch heute an das Massaker in Eldorado dos Carajás. Die brutale Repression aber auch medienwirksame Aktionen wie ein Marsch nach Brasília machten die Bewegung international bekannt und rückten das Thema der ungleichen Landverteilung ganz nach oben auf der politischen Agenda.

Als 2002 Lula gewählt wurde, waren die Hoffnungen groß. Denn mit dem ehemaligen Gewerkschafter schien ein Verbündeter der MST in den Präsidentenpalast einzuziehen. Und in der Tat ließ sich Lula regelmäßig in den Siedlungen der MST blicken und posierte mit der Fahne der Bewegung. Bei der Elite schrillten die Alarmglocken. Eine soziale Bewegung mit dem Segen der Regierung? Eine Horrorvision für das konservative Brasilien. Doch die Ängste verflogen schnell. Zwar konnte die PT-Regierung kleinere Verbesserungen für die arme Landbevölkerung durchsetzen. Jedoch vermied Lula eine direkte Konfrontation und legte die langerhoffte Landreform schnell auf Eis. Statt strukturelle Veränderungen einzuleiten, setzte seine Partei auf sozialreformerische Korrekturen. In Einzelfällen war das erfolgreich, doch die Agrarlobby büßte nichts von ihrer Macht ein. Vielerorts verschärfte sich sogar noch die Landkonzentration. Einige MST-Aktivist*innen wendeten sich enttäuscht von der Partei ab, andere ließen sich in der Regierungsprojekt Lulas einspannen. Bis heute ist das Verhältnis zwischen MST und PT ambivalent.

Überall in Brasilien gibt es heute *acampamentos* wie die von Marielle Vive. Daneben gibt es viele *assentamentos*, legalisierte Siedlungen, die meist nach Besetzungen entstanden sind. Dort betreibt die MST ökologische Landwirtschaft, und darüber hinaus mehr als 3.000 Schulen. 1991 erhielt die Bewegung den Alternativen Nobelpreis. Trotz ihres Renommees ist die Bewegung der feinen Gesellschaft Brasiliens seit jeher ein Dorn im Auge. Die MST agiere außerhalb des Gesetzes, raube hart arbeitenden Brasilianer*innen ihr Land, misshandele Tiere. Schuld an diesem verzerrten Bild haben maßgeblich die großen Medien: Sie befeuern schon lange Zeit den Diskurs einer Vereinigung krimineller, arbeitsscheuer Invasor*innen. An diese Vorurteile konnte Bolsonaro anknüpfen, als er seine Wahlkampagne plante. Seine Gewaltphantasien und offenen Drohungen kamen bei vielen Brasilianer*innen gut an. Und aus Worten sollten schon bald Taten werden.

Cícera Alves Bezerra läuft zum Eingang des Camps und zeigt auf die Straße. »Hier ist es passiert«. Es ist der 19. Juli 2019, sie steht mit einigen Mitstreiter*innen vor dem bewachten Holztor. Die Aktivist*innen halten Reden und verteilen Flyer an vorbeifahrende Autofahrer*innen. Ein Protest gegen den Wassermangel im Camp. Aus dem Augenwinkel sieht Bezerra gerade noch, wie ein Pick-Up auf die Menschenmenge zurast. Sie kann zur Seite springen, anderen gelingt das nicht. Zehn Menschen werden verwundet. Der 72-jährige Luis Ferreira da Costa erliegt seinen Verletzungen. Seu Luís, wie er von allen genannt wurde, kam aus dem Nordosten und arbeitete als Maurer. Sein Traum: Den Lebensabend auf dem eigenen Stückchen Land verbringen. Heute hängt sein Konterfei überall im Camp, die Schule trägt seinen Namen. Die Erinnerung an einem Freund und Genossen, aber auch eine Mahnung: dass Landlose nicht sicher sind.

Die Polizei verhaftete den Täter. Sechs Monate saß er in Haft, dann kam er frei. Zum vollkommenen Unverständnis der Aktivist*innen. Bezerras Urteil: »Es war Mord.« In den sozialen Medien hatte der Täter fleißig die Beiträge von Bolsonaro verbreitet und gegen Linke gehetzt. Nach der Tat stürmte sein Bruder in eine Polizeistation und brüllte herum: »Man sollte die alle mit einem LKW überfahren.« Ein Einzelfall? Wahrlich nicht. Seit dem Amtsantritt Bolsonaros ist die Gewalt gegen Landlose förmlich explodiert. Zwar hat es gewaltsame Konflikte auch schon vorher gegeben.

Doch einige ländliche Regionen sind heute praktisch *terras sem lei*, rechtsfreie Räume. Dort stecken lokale Politik, Polizei und Justiz häufig unter einer Decke. Und Auftragsmörder ziehen los, um die Probleme mit den Landlosen »zu lösen«. Rückdeckung bekommen sie von ganz oben.

Im Wahlkampf beschimpfte Bolsonaro die MST als »Vandalen« und versprach, sie als »terroristische Vereinigung« einstufen zu lassen. Als Präsident hat er die Bekämpfung der MST zur Chefsache gemacht und kündigte eine »millimetergenau durchdachte Strategie« an, um die Bewegung auszulöschen. Mehrfach schickte er das Militär los, um Besetzungen zu räumen. Er kürzte NGOs die Mittel, die mit der Bewegung zusammenarbeiten und strich Lebensmittelprojekten die Gelder. Es ist eine Taktik, die Bolsonaro in fast allen Bereichen angewendet hat: Unliebsame Kräfte finanziell ausbluten zu lassen. Eine weitere Strategie: Behörden von innen aushöhlen. So setzte er fast überall linientreue Gefolgsleute ein. In der Agrarbehörde INCRA geben heute Agrarlobbyist*innen den Ton an. Bolsonaro versucht zudem, Gesetze zugunsten des Agrobusiness zu verändern. Nicht immer war er damit erfolgreich. Vielen Initiativen schoben der Kongress und der Oberste Gerichtshof einen Riegel vor. Dennoch ist die Folge seiner Politik zu spüren: Bolsonaro schickte die Força Nacional de Segurança Pública, eine staatliche, dem Justizministerium untergeordnete Eingreiftruppe los, um Besetzungen zu räumen. Die Legalisierung von Landbesetzungen wurde seit seinem Amtsantritt praktisch gestoppt und es gibt so gut wie keine neuen Besetzungen der MST. Bolsonaro feiert das als seinen Erfolg, regelmäßig betont er: Die MST ist am Ende. Stimmt das?

Es ist unbestritten, dass sich die Situation verschärft hat. Doch die allerschlimmsten Befürchtungen sind nicht eingetreten. Keine soziale Bewegung wurde verboten oder als kriminelle Vereinigung eingestuft. Eine von vielen befürchtete Verschärfung des Antiterrorgesetzes scheiterte. Und Bolsonaros Hau-Drauf-Politik hatte bisweilen sogar einen gegenteiligen Effekt: Je mehr er in Richtung sozialer Bewegungen austeilte, desto mehr Menschen zeigten sich solidarisch. Die rote Kappe der MST ist zu einem Symbol des Widerstandes geworden. Und gerade die Pandemie offenbarte, welche Modelle sich gegenüberstehen. Während der Präsident das Virus herunterspielte und keinerlei Anstalten machte, der Bevölkerung zu helfen, reagierten die als »Terroristen« gebrandmarkten Bewegungen schnell: Die Landlosenbewegung MST spendete 6.000 Tonen selbstproduzierte, organische Lebensmittel und teilte mehr als eine Millionen Mittagessen aus. Ich treffe Gerson de Souza Olivera. Der großgewachsene Mittdreißiger gehört zur Führungsriege der Bewegung im Bundesstaat São Paulo. Er ist ein wortgewandter und belesener Mann, der ein großes Bücherregal im Wohnzimmer stehen hat. »Unsere Bewegung hat schon ganz andere Dinge überstanden«, meint er. Wann die MST am Ende sei? »Erst, wenn die Menschen Land haben.«

Neue Linke, alte Linke

In Lateinamerika waren Straßenproteste schon immer so etwas wie ein Thermometer für die Stimmung der Bevölkerung und Vorboten von politischen Umbrüchen. Den Zustand der Linken konnte man oft an ihrer Mobilisierungsfähigkeit ablesen. Trotz Bolsonaros Zerstörungskurs gelang es jedoch nicht, größere Proteste zu organisieren. Als die Regierung im Mai 2019 Kürzungen im Bildungsbereich ankündigte, gingen zwar überall im Land Menschen auf die Straße. Die Wut war groß, denn Bildung ist ein wunder Punkt in Brasilien. Doch die Demonstrationen flauten schnell wieder ab. Auch die Proteste der antifaschistischen Fußballfans schafften es nicht, eine längerfristige Mobilisierung gegen die Regierung einzuleiten. Wieso tut sich die Linke so schwer?

Bundesweite Proteste haben es in einem Land von der Größe Brasiliens schon immer nicht einfach gehabt. Der Norden und Süden sind nicht nur geographisch, sondern auch kulturell und politisch weit voneinander entfernt. Lokale Themen sind oft relevanter als die große Politik. Ein weiterer Grund: Die befürchtete Repressionswelle gegen Linke ist bislang zwar ausgeblieben, dennoch fürchten sich viele vor Polizeigewalt und bleiben Protesten fern. Außerdem sind Teile der Linken zerstritten. Über eine Frage wurde besonders hitzig diskutiert: Sollte man auch mit konservativen und rechten Bolsonaro-Gegner*innen demonstrieren? Um wirklich etwas zu erreichen, sagten die einen, brauche es Massen auf den Straßen. Dafür müsse man über die linke Blase hinausgucken. Auf keinen Fall, sagten andere. Jene Kräfte hätten Mitschuld an Bolsonaros Aufstieg und können deshalb keine Bündnispartner sein. Letztlich scheiterte die demokratische Front gegen den Präsidenten. Zu tief waren die Gräben zwischen den verschiedenen Lagern, zu viel ist in den letzten Jahren passiert.

Trotz der Schwäche auf der Straße hat es in den letzten Jahren viel Bewegung gegeben. Eine neue Generation hat sich politisiert und selbstbewusst ihren Platz erkämpft. Während in Europa emotional über den vermeintlichen Widerspruch zwischen Identitäts- und Klassenpolitik diskutiert wird, ist es für Brasiliens Linke normaler, verschiedene Kämpfe zusammenzuführen. Soziale Ungleichheit kritisieren ohne Rassismus und Sexismus anprangern? Kaum vorstellbar. Fast alle Bewegungen haben Arbeitsgruppen für LGBTI. Feministische Kollektive solidarisieren sich mit streikenden Busfahrer*innen. Afrobrasilianische Gruppen weisen auf die Verbindung von Rassismus und Kapitalismus hin. Auch auf parlamentarischer Ebene gibt es Personen, die für diese neue Linke stehen.

Am 17. November 2020 steht Erika Hilton auf dem Balkon eines Kulturzentrums, im Hintergrund funkeln die Lichter der Megametropole São Paulo. Sie trägt ein grünes Blümchenkleid, in der Hand hält sie eine Sektflasche. Mehrere Menschen liegen sich in den Armen. Die Szene ist in einem verwackelten Handyvideo zu sehen. Kurz zuvor war bekannt geworden, dass Hilton als erste trans Frau in den Stadtrat von São Paulo einziehen wird. 50.508 Stimmen holte sie, so viele wie keine brasilianische Stadträtin jemals vor ihr. TV-Auftritte, Interview-Marathons, Vogue-Coverfoto: Das Leben der 28-Jährigen stellte sich auf den Kopf.

Dass in Zeiten eines beispiellosen Rechtsruckes mit Hilton eine schwarze, sozialistische trans Frau zum politischen Popstar avanciert, zeugt von der inneren Zerrissenheit Brasiliens. Auf der einen Seite haben Bolsonaro und seine reaktionäre Entourage einen historischen *rollback* eingeleitet. Auf der anderen Seite haben sich Marginalisierte ihren Platz in der Politik erkämpft. Neben Hilton zogen 30 weitere trans Politiker*innen im ganzen Land in die Lokalparlamente ein. Neue Gesichter prägen die politische Landschaft: Frauen, Schwarze, Indigene. Das kommt einer kleinen Revolution gleich in einem Land, in dem die meisten Politiker*innen immer noch männlich, weiß und wohlhabend sind.

Doch gibt es noch eine andere Seite des Ruhms. Hilton kann nur noch mit Bodyguards auf die Straße gehen, kann nicht mehr unbeschwert in Restaurants sitzen, verbringt viel Zeit in Autos mit getönten Scheiben. Mehr als 50 Morddrohungen brachte sie zur Anzeige – im ersten Monat ihres Mandats. »Wenn wir die Plätze verlassen, die uns gesellschaftlich zugewiesen sind und Machtpositionen einnehmen, werden wir automatisch Ziel von Angriffen«, sagt mir Erika Hilton.

Auch weitere Politiker*innen traf der Hass. Ein Unbekannter feuerte Schüsse auf das Haus einer Kollegin Hiltons ab, vor dem Haus einer weiteren Politikerin schoss ein Motorradfahrer in die Luft. Wie Hilton sind die beiden Schwarz, trans und Mitglied der Partei für Sozialismus und Freiheit (PSOL).

Die Partei wurde 2004 von Abtrünnigen der Arbeiterpartei PT gegründet. Lange Zeit war die linke Abspaltung aber relativ unbedeutend, doch dann feierte sie auf lokaler Ebene einige Achtungserfolge. Heute ist die PSOL im politischen System angekommen, doch sie ist anders geblieben. Die für Brasilien typische Bündnispolitik lehnt sie ab, als Oppositionspartei eckt sie an. Sie ist diverser aufgestellt, eng mit sozialen Bewegungen verbunden und verkörpert die neue Klassenpolitik wie keine andere brasilianische Partei. Dennoch schafft es die PSOL auf Bundesebene kaum, Akzente zu setzen. Viele ihrer progressiven Forderungen laufen in einem konservativen Land wie Brasilien ins Leere. Abschaffung der Militärpolizei, Entkriminalisierung von Drogen, progressive Abtreibungsgesetze. Gute Ideen, aber in der Praxis schwierig zu vermitteln. Und obwohl die Partei für ein arbeiter*innenfreundliches Programm einsteht und viele schwarze Kandidat*innen aus den Favelas aufstellt, wird sie vor allem von der weißen Mittelschicht gewählt. Es ist ein generelles Problem für die Linke: die Entfremdung von der Arbeiterklasse.

Niemand brachte das besser zum Ausdruck als Mano Brown. Der Kopf der Rapgruppe Racionais MC's ist einer der bekanntesten Musiker des Landes und prägt mit seinen messerscharfen Texten voller Sozialkritik eine ganze Generation schwarzer Vorstadtkids. Kurz vor der Wahl 2018 war er auf einer Wahlkampfveranstaltung der PT in São Paulo zu Gast. Die gesamte Führungsriege der Partei war anwesend, ebenso Vertreter*innen von Gewerkschaften und sozialen Bewegungen. Es sollte ein Signal gesendet werden, ein Zeichen von Geschlossenheit. Doch Mano Brown hatte keine Lust auf künstliche Harmonie. »Ich mag die Partyatmosphäre nicht«, sprach er zum sichtbaren Missfallen einiger Anwesender in das Mikrophon. »Wenn wir die Arbeiterpartei sind, die Partei des Volkes, dann müssen wir verstehen, was das Volk will. Wenn ihr das nicht wisst, geht zurück zu euer Basis und findet es heraus.« Es gab einige Buhrufe, doch auch Applaus. Der Rapper hatte den Nagel auf den Kopf getroffen.

Die Linke muss sich die Frage stellen, warum ihre Inhalte im Wahlkampf und darüber hinaus nicht ankamen und viele arme Brasilianer*innen Bolsonaro unterstützten. Er ist zu einfach, dass nur mit den Hetzkampagnen der bürgerlichen Medien, den Falschmeldungen Bolsonaros und dem Einfluss der evangelikalen Freikirchen zu erklären. Viele Probleme sind hausgemacht. Wo war die Linke, als die Polizei mal wieder die Favela xy stürmte? Wieso gibt es an jeder Straßenecke Kirchen, aber keine Kulturzentren? Warum lassen sich auch linke Politiker*innen erst im Wahlkampf am Stadtrand blicken? Solche Fragen müssen sich linke Parteien gefallen lassen. Und auch, warum die Lust am Regieren viel zu oft größer war, als eine Politik von unten zu betreiben.

Viele Linke sitzen zudem einem alten Irrglauben auf und spekulieren auf einen gefährlichen Automatismus: Wahlsieg, Reformen, gesellschaftlicher Linksrutsch. Doch ganz so einfach ist es nicht. Es wäre ein Trugschluss zu glauben, dass man einfach nur Wahlen gewinnen muss. Das haben auch die Amtszeiten der PT schmerzlich aufgezeigt. Denn die Partei hat, trotz aller erzielten Fortschritte, zur Demobilisierung und Individualisierung der armen Bevölkerung beigetragen. Es ging vor allem darum, Arme in Marktstrukturen einzugliedern. Konsum statt Klassenbewusstsein. Dies ging so lange gut, wie es wirtschaftlich bergauf ging. Später fiel ihr das auf die Füße. Die linke Anthropologin Rosana Pinheiro-Machado schreibt in ihrem Buch »Amanhã vai ser maior« (Morgen wird es größer sein): »Das Problem (der PT) war, dass sie den Peripherien den Rücken zukehrte, weil sie glaubte, dass das Selbstwertgefühl dieser neuen Konsumenten ausreichen würde, um ewige Parteitreue zu erzeugen.«

Dennoch ist die PT weiterhin die einzige Partei des Landes, die über eine breite Basis verfügt und auch viele arme Wähler*innen anspricht. Gerade im Nordosten, dem Armenhaus des Landes, fährt sie regelmäßig spektakuläre Ergebnisse ein. Bezüglich der Mitgliederzahlen, des Organisationsgrads und der inhaltlicher Kohärenz hat die Partei kein Äquivalent in Lateinamerika. Außerdem hat die Partei einen Mann in ihren Reihen, der es vermag, die Massen zu elektrisieren wie kein Zweiter: Lula.

Superman trägt Vollbart

»Immer wenn ich ihn reden hören, ist es so, als spräche er nur zu mir.« Das sagte mir eine Freundin einmal, nachdem wir zusammen mit Tausenden Menschen eine Rede Lulas gehört hatten. Die rhetorischen Fähigkeiten des vollbärtigen Ex-Präsidenten sind legendär. Er versteht es knallharte Kritik und emotionale Appelle mit Alltagsanekdoten und Selbstironie zu verbinden, alles in einfacher Sprache, die jede*r versteht. Selbst seine schärfsten Kritiker*innen geben zu: Lula ist ein politisches Genie. Seine Rhetorik zieht in den Bann, sein Charme verführt, seine Lebensgeschichte bewegt.

Im Oktober 2019 reise ich nach Curitiba. Die Stadt liegt im Süden Brasiliens, hat eine netten botanischen Garten und ein gut ausgebautes Bussystem. In dieser Zeit steht die Hauptstadt des Bundesstaates Paraná aber vor allem wegen einer Sache im Rampenlicht: Lula ist dort inhaftiert. Das Gebäude der Bundespolizei liegt in einem ruhigen, wohlhabenden Vorort. Direkt vor dem gutbewachten Klotz baut sich ein buntes Wirrwarr vor mir auf. Zelte, Holzhütten, Transparente: Die Mahnwache Lula Livre. Als der Ex-Präsident verhaftet wurde, kündigten viele ihre Jobs und zogen nach Curitiba. Ganze Karawanen aus ganz Brasilien machen sich Woche für Woche auf mehrtägige Reisen, um Lula für ein paar Stunden nah zu sein. Jeden Morgen, Mittag und Abend schicken sie »ihrem Präsidenten« lautstarke Grüße.

Im Camp lerne ich eine Zwanzigjährige mit Zahnspange und riesigen Afro kennen, die sich als Marciele vorstellt. Warum sie hier sei? »Ich verdanke Lula alles.« Sie wuchs am armen Stadtrand von Curitiba auf. Ihre Familie erhielt das Familienstipendium Bolsa Família und sie erlebte hautnah mit, wie sich ihr Viertel entwickelte. Menschen wie ihre Eltern hatten plötzlich ein bisschen mehr Geld in der Tasche, aber was noch viel wichtiger war: zum ersten Mal verspürten sie so etwas wie Würde und Stolz. Als Lula verhaftet wurde, entschied sich Marciele, ihr Studium nicht anzutreten. Mahnwache statt Hörsaal. Wie Maricele sind viele Lula-Fans von persönlicher Dankbarkeit getrieben. Im Camp wird er wahlweise mit Jesus, Nelson Mandela oder Superman verglichen. Aus europäischer Perspektive mag der Personenkult bisweilen befremdlich wirken, doch in Brasilien ist die Politik schon immer extrem personalisiert. Parteien sind eher unbedeutend, Charisma ist wichtiger als ein stringentes Wahlprogramm.

Als Lula im November 2019 freikommt, fahre ich nach São Bernando do Campo, Industriestadt in der Metropolregion São Paulos. Dort machte der Ex-Gewerkschafter einst seine politischen Gehversuche. Und hier will er seine erste Rede in Freiheit halten. Tausende sind gekommen, ein Meer aus roten Fahnen und T-Shirts. Gebrüll, Feuerwerk, Freudentränen. Lula umringt von seiner Anhänger*innen, ein Symbol. Mittlerweile ist er politisch rehabilitiert und bringt sich für höhere Aufgaben in Stellung. Doch wird das ausreichen, um Bolsonaro in die Knie zu zwingen?

Wenn man über Politik in Brasilien spricht, ist es notwendig festzuhalten: Die meisten Brasilianer*innen sind unpolitisch, nur wenige haben ein klares ideologisches Profil. Viele arbeiten 12 Stunden am Tag und haben keine Zeit, Wahlprogramme genau zu studieren. Man wählt jemanden, den man kennt. Scheinbar banale Fragen sind entscheidend: Kriegen wir eine neue Schule im Viertel? Wird das Gas teurer? Wie präsentiert sich die Kandidatin? Die wenigsten Brasilianer*innen stimmten für Lula, weil sie überzeugte Sozialist*innen waren. Doch genau so wenig wählten sie Bolsonaro, weil sie rechtsextreme Monster sind. Im Jahr 2018 hatte Bolsonaro sein Momentum. Er schaffte es, eine allgemeine Unzufriedenheit zu kanalisieren, sich als etwas Neues darzustellen.

Ein Zeitsprung nach vorne: Bolsonaro hat die meisten seiner Versprechen nicht eingehalten, das Land an den Rand eines Kollaps geführt. Traumatisiert durch die Pandemie, als Paria im Ausland, zernagt durch die Wirtschaftskrise. In diesem Chaos weiß Lula genau, wie er sich zu geben hat. Als großer Versöhner. Als jemand, der das Land wieder zusammenbringt. Er zeigt Empathie für die Corona-Toten, gibt sich staatsmännisch auf Europa-Tour. Und er tut, was er schon immer besten konnte: Seine Fühler in alle Richtungen ausstrecken. Am frühen Morgen über ein besetztes Gebiet der MST marschieren und am Nachmittag in der gläsernen Bankfiliale Kaffee trinken? Kein Widerspruch für Lula. Vor der Wahl 2002 legte er das Image des ruppigen Gewerkschaftsführers ab und suchte den großen Schulterschluss. Die Rechnung ging auf, er gewann die Wahl. In seiner Amtszeit stiegen die Armen ein wenig auf und die Reichen wurden noch reicher. Bei seinem Ausstieg im Jahr 2011 lag seine Zustimmungsrate bei 82 Prozent.

So ist es nicht verwunderlich, dass Lula in vielen Brasilianer*innen das Gefühl von Sehnsucht nach einer besseren Zeit weckt. Seine Amtszeiten waren Phasen der Hoffnung. Das hat nicht nur mit dem Wirtschaftsaufschwung, sondern auch mit Lulas Verhandlungsgeschick und Gespür zu tun. Rationale Entscheidungen und emotionale Intelligenz. Doch die goldenen Zeiten sind vorbei, Brasilien hat sich verändert. Die Fronten sind verhärteter, die Gesellschaft gespalten, wirtschaftlich geht es dem Land schlecht. Und der Bolsonarismus ist gekommen, um zu bleiben. Außerdem: Für viele gilt Lula als Reinkarnation des Bösen und als Symbol für Korruption. Er polarisiert, wie es wahrscheinlich sonst nur Bolsonaro tut.

In einem Land mit solchen Ungleichheiten wie in Brasilien gab es noch nie ein Patentrezept, um die Interessen von Kapital und Arbeit, Grundbesitzer*innen und Bauern, Mittel- und Unterschicht in Einklang zu bringen. Doch im aktuellen krisengebeutelten, tief gespaltenen Brasilien scheint ein entsprechender Versuch, fast ein Ding der Unmöglichkeit zu sein. Lula versucht es trotzdem. Einige linke Analyst*innen bezeichnen seine Politik der »permanenten Versöhnung« als großen Fehler. Jene Kräfte, auf die er zugeht, hätten ihn beim letzten Mal abgesägt. Warum sollten sie das nicht noch einmal tun? Anderseits: Lula hat kaum eine andere Wahl, als ein breites Bündnis zu schmieden. In einem konservativen Land mit einer langen antikommunistischen Tradition kann zu viel Radikalität abschrecken. Besser mit einem moderaten Programm die Wahl gewinnen, meinen einige, als gar nicht zu regieren. Und Lula scheint tatsächlich der Einzige zu sein, der Bolsonaro schlagen kann. Doch es ist eine Illusion zu denken, dass sich der Bolsonarismus in der Wahlkabine beenden ließe. Welchen Ausweg gibt es?

Oft wird davon gesprochen, dass die Linke die »Herzen und Köpfe« der Menschen erreichen muss. Eine Phrase, ja. Doch es stimmt: Eine Linke im 21. Jahrhundert muss sich der Realität und den veränderten Lebensbedingungen anpassen. Und sie muss auch aus eigenen Fehlern lernen. Ein Beispiel: Das Internet. 2018 hatten dort die Rechten die Nase um Längen vorne und die Linke hatte ihnen nur wenig entgegenzusetzen. Doch langsam ziehen Linke nach, gründen Video-Kanäle, entwickeln eine eigene digitale Handschrift. Auch die Arbeitswelt hat sich verändert. Wenn man als Linker immer noch glaubt, man habe es ausschließlich mit klassenbewussten, in Gewerkschaften organisierten Fabrikarbeiter*innen zu tun, irrt man sich. Die Arbeiterklasse hat sich verändert. Heute ist es der Lieferant, der für einen Hungerlohn Essen durch die Städte fährt. Es ist die alleinerziehende schwarze Mutter, die Bonbons an Ampeln verkauft. Es sind die Mitarbeiter*innen von Callcentern oder Warenlagern. Die Linke braucht eine neue Erzählung, um diese Menschen zusammenbringen. Sicherlich, es gibt nicht die eine Wunderformel. Aber vielleicht ergibt sich gerade aus der Amtszeit Bolsonaros eine Möglichkeit, sich neu aufzustellen. Denn seine Amtszeit hinterlässt eine Spur der Zerstörung. Die Armut steigt immer weiter, der Hunger ist mit aller Wucht zurück, auch die Mittelschicht bekommt das zu spüren. Die Pandemie hat die Situation allenfalls verschlimmert. Das Problem heißt Rechtsautoritarismus und Neoliberalismus. Es ist eine toxische Mischung für die Mehrheit der Bevölkerung. Nicht wenige vermuten, dass die soziale Frage für das Land in den kommenden Jahren bestimmender sein wird als je zuvor. Das ist eine Chance für die Linke. Wenn sie die Bekämpfung der Ungleichheit ins Zentrum rückt, ohne den Kampf gegen Rassismus, Sexismus und Homofeindlichkeit zu vernachlässigen, gibt es Grund zur Hoffnung.

EPILOG

Die Sonne lugt durch einen Spalt des Fensters und wirft einen grellen Lichtstrahl auf den Boden. In einer Ecke sind 20 Fahnen an Stangen aufgereiht. Menschen in Anzügen und Blazern stehen in Grüppchen zusammen und unterhalten sich. Unter ihnen sind die Staatschefs der mächtigsten Länder der Welt. Nur ein Mann steht etwas verloren am Rand: Brasiliens Präsident Jair Bolsonaro.

Es ist der 31. Oktober 2021, Auftakt des G20-Gipfels in Rom. Das Video wurde vom brasilianischen Journalisten Jamil Chade aufgenommen und ins Netz gestellt. In Begleitung eines Beraters und eines Übersetzers schlendert Bolsonaro durch den großen Saal. Niemand grüßt ihn, niemand spricht ihn an. So geht Bolsonaro zu einem Tisch, von dem Kellner Kaffee servieren. »Alles Italiener hier?«, fragt der Präsident. Einer nickt, »sì, sì«. Geht aber nicht weiter auf die Frage ein. Das hält Bolsonaro nicht davon ab, über seine italienischen Vorfahren zu sprechen. Er macht einen Witz über Fußball, der Kellner nickt verlegen. Dann dreht sich Bolsonaro um und blickt in den Saal. Auch die Kamera schwenkt um. Man sieht die Mächtigen der Welt. In einem Kreis stehen die damalige deutsche Bundeskanzlerin Angela Merkel, Frankreichs Präsident Emmanuel Macron, UN-Generalsekretär António Guterres und EU-Kommissionspräsidentin Ursula von der Leyen. Auch andere Staatschefs unterhalten sich angeregt. Nur Bolsonaro steht für mehrere Minuten alleine am Rand. Später schafft er es dann doch noch, einige kurze Gespräche zu führen. Doch der Eindruck bleibt: Nach drei Jahren im Amt ist Bolsonaro international isoliert.

Das Video ging in Brasilien viral, wurde Tausende Mal geteilt. Für viele war die Szene des einsamen Präsidenten ein Sinnbild für den Absturz des Landes. Das einst so respektierte Brasilien? Ein Paria im Ausland. Der Journalist Jamil Chade schrieb später: Das Video habe nicht nur einen isolierten Präsidenten gezeigt, sondern ein Land, dass seinen Platz in der Welt verloren habe.

International steht Brasilien vor allem wegen seiner Umweltpolitik im Fokus. Der Raubbau am Regenwald führt auch dem Globalen Norden die Gefahr eines ökologischen Kollaps vor Augen. Die Flammen in Amazonien wurden zum Symbol für die drohende Klimakatastrophe und der ultrarechte Klimawandelskeptiker Bolsonaro dient als perfekter Schuldiger. Auch sein schulterzuckender Umgang mit der Corona-Pandemie machte viele im Ausland fassungslos. Es sind jedoch vielmehr die kleinen Schritte, abseits der Aufmerksamkeit der Weltöffentlichkeit, die Brasilien weit zurückgeworfen haben.

Als Einstieg in dieses Buch habe ich eine Szene vom Wahlabend 2018 gewählt. Hunderttausende strömten an jenem Oktobertag auf die Straße und feierten den Sieg Bolsonaros. Im ganzen Land war die Hoffnung auf einen Wandel zu spüren. Doch diese Tage liegen weit zurück, viel ist seitdem passiert, Brasilien ist ein anderes Land.

Gerne würde ich mein Buch mit einem positiven Ausblick beenden. Und es gibt durchaus Gründe für einen zaghaften Optimismus. Viele Brasilianer*innen leisten Widerstand gegen die Regierung, ehemalige Gefolgsleute haben sich abgewendet, die Enttäuschung ist allgemein groß. Bolsonaro war angetreten, um alles anders zu machen. Doch sein Image als Saubermann und Anti-Establishmentpolitiker bekam schon ein paar Wochen nach seinem Amtsantritt einen Riss, als Ermittlungen gegen seinen Sohn Flávio wegen Veruntreuung und Geldwäsche eingeleitet wurden. In mehreren Bundesstaaten soll Bolsonaros damalige Partei außerdem Strohmänner ins Rennen geschickt haben, um öffentliche Wahlkampfgelder einzustreichen. Später wurde auch bekannt, dass der Präsident wohl von Korruptionsversuchen bei der Beschaffung eines Corona-Impfstoffes gewusst und nicht eingegriffen hat. Und der Rechtsradikale betrieb schon sehr bald genau die »alte Politik«, gegen die er im Wahlkampf lautstark gewettert hatte. Der vermeintliche Anti-Establishment-Politiker suchte aus strategischen Gründen die Zusammenarbeit mit dem bürgerlich-konservativen Machtblock im Parlament. Er sicherte ihnen Posten zu, um ein Amtsenthebungsverfahren gegen ihn abzuwenden. Es sollen auch Gelder für die Zustimmung zu Regierungsprojekten geflossen sein. Am schwersten wiegt für Bolsonaro allerdings die miserable Wirtschaftslage. Trotz ambitionierter Pläne befindet sie sich im freien Fall. Die Corona-Pandemie, Missplanungen und die neoliberale Politik stürzten Millionen Brasilianer*innen in die Armut.

Es war eine historische Allianz ganz unterschiedlicher gesellschaftlicher Kräfte, die den Wahlsieg Bolsonaros möglich machte. Doch dieses Bündnis währte nicht lange. Teile der Elite wendeten sich schon bald ab – nicht wegen Bolsonaros menschenverachtender Politik, sondern aufgrund der wirtschaftlichen Instabilität. Die Tage des rechten Schulterschlusses waren endgültig gezählt, als Justizminister Sérgio Moro im April 2020 seinen Rücktritt bekannt gab.

Noch eine Sache kam der Regierung in die Quere: Die Corona-Pandemie. Bolsonaro spielte das Virus wie kaum ein zweiter Staatschef als »kleine Grippe« herunter. Hunderttausende starben, das Land ist schwer traumatisiert. Für viele gilt Bolsonaro seitdem als *genocida*, als Völkermörder. Selbst Konservative wendeten sich bestürzt von ihm ab. Ein Parlamentarischer Untersuchungsausschuss ermittelte über mehrere Monate die dilettantische Reaktion der Regierung, und die neusten Ergebnisse wurden den Brasilianer*innen jeden Abend pünktlich in den Nachrichten serviert. Auch Bolsonaros Impfkritik lief in einem Land mit einer langen Impftradition und großem Vertrauen in das öffentliche Gesundheitssystem ins Leere. Hat sich Bolsonaro in der Pandemie verzockt? Könnte Bolsonaro gar ein ähnliches Schicksal wie sein Idol Donald Trump erleiden? Nicht wenige Analyst*innen führen seine Abwahl maßgeblich auf die Verwerfungen während der Corona-Pandemie zurück. Sicherlich, Bolsonaro gab ein verheerendes Bild ab. Doch es ist unwahrscheinlich, dass die Pandemie sein Sargnagel wird. Seine Politik folgt seit jeher einem gnadenlosen Kalkül, das war auch während der Pandemie so. Und es gelang ihm bisweilen sogar, mit seinem Chaoskurs zu punkten. Politiker*innen wie Bolsonaro brauchen den konstanten Krisenmodus, denn der Ausnahmezustand rechtfertigt radikale Schritte, in diesen Zeiten blühen die Verschwörungsmythen und die Basis lässt sich durch imaginierte Feinde zusammenschweißen.

Nichtsdestotrotz ist Bolsonaro im politischen Alltag weitestgehend isoliert. Im Parlament bekommt er keine Mehrheiten zusammen, er regiert per Dekret. Nicht selten hört man deshalb die Einschätzung, Bolsonaro sei ein zahnloser Tiger, nichts mehr als ein Maulheld. Ich halte dieses Urteil für gefährlich. Denn in vielen Punkten war Bolsonaros rechte Revolte erfolgreich. Mit dem Segen der Regierung haben sich fundamentalistische Christ*innen in der Politik festgesetzt, Invasor*innen haben ganze Landstriche erobert, es sind immer mehr Waffen im Umlauf. Soziale und gesellschaftliche Errungenschaften wurden systematisch zurückgedreht, die Auswirkungen des rechten Kulturkampfes sind überall sichtbar und die sozialen Medien haben die Kommunikation auf den Kopf gestellt. Obwohl sich viele ehemalige Wähler*innen von Bolsonaro abgewendet haben, kann er sich auf den harten Kern seiner Unterstützer*innen verlassen. Gerade wegen seiner ständigen Provokationen und der von Hass geleiteten Politik feiern sie ihn wie ein Popstar und stehen bedingungslos hinter ihm. Jetzt erst recht! Es ist davon auszugehen, dass sich Teile der brasilianischen Bevölkerung weiter radikalisieren. Wie weit sind sie bereit zu gehen? Droht gar eine Welle des rechten Terrors?

Der Blick in andere Länder lohnt, um mögliche Szenarien für die Zukunft Brasiliens zu skizzieren: In den USA ist der Trumpismus trotz Donald Trumps Abwahl weiterhin stark, die Gesellschaft tief gespalten. Bei der nächsten Wahl könnte ein*e Kandidat*in aus dem Trump-Lager mit derzeit erschreckend guten Aussichten in den Wahlkampf ziehen – oder im schlimmsten Fall sogar Trump selbst. Man sollte nicht den Fehler machen, autoritäre Staatschefs als individuelle Phänomene und nur im Rahmen ihrer Amtszeiten zu betrachten. Ihr Ziel war nie, einfach nur Wahlen zu gewinnen. Es geht darum, Gesellschaften zu verändern. Und damit sind sie bisweilen erschreckend erfolgreich.

Bolsonaros Angriffe gegen die Umwelt, internationale Konventionen und demokratische Normen haben das Land durchgerüttelt. Der Bolsonarismus wird sich nicht einfach in Luft auflösen. Er repräsentiert eine Idee und eine neue Art, Politik zu machen – nicht nur auf der großen Bühne der brasilianischen Bundespolitik. In den Parlamenten im ganzen Land sitzen Tausende ultrarechte Ex-Polizist*innen und bibelschwingende Gotteskrieger*innen, die die Politik bereits nach ihren reaktionären Grundsätzen mitgestalten. So scheint es einfacher zu sein, Bolsonaro abzuwählen, als den Geist des Bolsonarismus aus der Legislative zu entfernen. Es ist davon auszugehen, dass die Marke Bolsonaro dem Land noch lange erhalten bleiben wird, auch weil sich die Söhne des Präsidenten für größere Aufgaben in Stellung bringen.

Auf der ganzen Welt sind wir mit Realitäten konfrontiert, die vor wenigen Jahren kaum vorstellbar gewesen wären. Der fulminante Aufstieg der Neuen Rechten, die Corona-Pandemie und die Gefahren neuer Kriege haben gefühlte Sicherheiten aufgekündigt. Der digitale Wandel hat eine neue Sprache etabliert und die Kommunikation revolutioniert. In dieser neuen Welt können autoritäre Prozesse nicht mehr getrennt voneinander betrachtet werden. Rechte Kräfte sind gut miteinander vernetzt, sie lernen von- und miteinander. Die Entwicklungen in Brasilien wurden im Ausland genau beobachtet. Für viele gilt das Land heute als eine der wichtigsten Frontlinien eines global geführten Kampfes. Und in der Tat kommt Brasilien nach der Abwahl Donald Trumps eine führende Rolle in diesen transnationalen Allianzen zu. Akteur*innen der europäischen und nordamerikanischen Neuen Rechten reisten in das Land, sie trafen sich mit hochrangigen Regierungsmitglieder, kopierten Strategien. Brasilien, ein rechtsextremer Sehnsuchtsort?

Bolsonaro hat nie einen Hehl daraus gemacht, was er ist und wofür er steht. Er ist ein notorischer Antidemokrat, ein Bewunderer der Militärdiktatur. Dennoch halten ihm die demokratischen Institutionen bisher noch stand und dem Präsidenten ist nicht gelungen, einen offenen Bruch zu provozieren. Doch Bolsonaro hat andere Wege gefunden, um das demokratische System auszuhöhlen: Mit Attacken auf Medien und die Justiz, durch staatlich legitimierte Gewalt, Hetze gegen Oppositionelle und die Ernennung von linientreuen Richter*innen. Wie auch in anderen Ländern geschieht die Erosion der brasilianischen Demokratie in vielen kleinen Schritten, die oft nicht direkt wahrnehmbar sind. In ihrem Buch »Wie Demokratien sterben« schreiben die Harvard-Professoren Steven Levitsky und Daniel Ziblatt: »Aber es gibt noch eine andere Art des Zusammenbruchs, die zwar weniger dramatisch, aber genauso zerstörerisch ist. Demokratien können nicht nur von Militärs, sondern auch von ihren gewählten Führern zu Fall gebracht werden, von Präsidenten oder Ministerpräsidenten, die eben jenen Prozess aushöhlen, der sie an die Macht gebracht hat.« Demokratien verschwinden heute meist nicht mehr über Nacht. Der brasilianische Autor Rui Fausto spricht von einer *democratura* (Demokratur) – ein System, in dem ein demokratisch gewählter Staatschef versucht, eine Diktatur zu errichten. Und in Europa wird viel über das Konzept der »illiberalen Demokratien« diskutiert, in denen eine demokratische Fassade aufrecht erhalten wird, um ihre Substanz von innen aufzulösen.

Jeder autoritäre Staatschefs folgt seinen eigenen Regeln. Der brasilianische »Autoritarismus über Wahlen« steckt noch in seiner Anfangsphase. Beispiele aus anderen Ländern zeigen, dass autoritäre Präsident*innen mindestens einmal wiedergewählt werden müssen, um das demokratische System vollends auszuhebeln. Die erste Wahl eines Anti-Establishment-Kandidaten ist oft die Folge schwerer gesellschaftlicher und wirtschaftlicher Krisen. In solchen Zeiten florieren der Hass auf vermeintliche Eliten, klare Feindbilder und der Wunsch nach einem radikalen Neustart. Viele Wähler*innen mögen nicht mit allen Positionen des Kandidaten übereinstimmen, doch sie sehen keine Alternative zum Status quo. Die große Demaskierung folgt oft bald. Nach ihrem Amtsantritt enttäuschen die gewählten Autoritären meist, ihre Umfragewerte fallen, Wähler*innen schämen sich gar für ihre Entscheidung. Wenn ein Kandidat jedoch wiedergewählt wird, öffnet das die Türen für einen autoritären

Staatsumbau. Somit ist es nicht übertrieben, die in Brasilien für Oktober 2022 angesetzte Wahl als die »wichtigste Wahl in der Geschichte des Landes« bezeichnen.

Es ist schon immer schwer gewesen, genaue politische Prognosen zu erstellen. Das Wahlverhalten in Brasilien ist oft unberechenbar, Umfragen nicht sonderlich verlässlich, die Stimmung der Gesellschaft extrem volatil. Was jedoch bereits klar ist: Bolsonaro bereitet den Boden vor, um die Wahl anzufechten. Er erklärte, kein anderes Ergebnis als seinen Sieg zu akzeptieren. »Nur Gott« könne ihn von der Präsidentschaft entfernen. Regelmäßig hetzt er seine Anhänger*innen auf, er erging sich öffentlich in Putschfantasien und ließ sich bei antidemokratischen Protesten blicken. Kaum jemand bezweifelt, dass es im Vorfeld der Wahl zu Gewalt kommen wird. So ist es nicht verwunderlich, dass Bolsonaro im Januar 2021 mit keinem Wort die Stürmung des US-Kapitols durch fanatisierte Trump-Anhänger*innen verurteilte. Im Gegenteil: Er sekundierte Trumps Lüge einer Wahlfälschung. Und er nährt immer wieder Zweifel am elektronischen Wahlsystem in Brasilien, obwohl es dafür seit der Re-Demokratisierung 1985 keinerlei Anhaltspunkte gegeben hat. Es deutet darauf hin, dass er die Grundlage für einen institutionellen Bruch vorbereitet. Die Bilder aus Washington könnten dafür als Drehbuch dienen. Entscheidend wird es deshalb sein, wie das Militär und die Polizei reagieren werden. Fühlen sie sich eher der Verfassung oder dem Präsidenten verpflichtet? Und noch wichtiger: Ist die Zivilgesellschaft stark genug ist, um einen autoritären Bruch aufzuhalten? Ist Brasilien stärker als der Bolsonarismus? Diese Fragen werden die Zukunft des Landes entscheiden.

DANK

Zu Beginn des denkwürdigen Jahres 2020 lebte ich in São Paulo. Es war der Beginn der Pandemie. Der journalistische Alltag wurde immer stressiger, in Brasilien überschlugen sich die Ereignisse, man kam den neuen Meldungen kaum noch hinterher. Trotz dieser hektischen Phase wollte ich einen tieferen Blick wagen und den Hintergründen der brasilianischen Verhältnisse auf die Spur gehen – unabhängig von Redaktionsschlüssen und dem oft nervenaufreibenden, tagesaktuellen Geschäft. So beschloss ich dieses Buch zu schreiben.

Viele Menschen haben mich bei diesem Projekt begleitet und unterstützt. Ohne sie wäre das Buch nicht zustande gekommen. Der erste Dank gebührt all jenen Brasilianer*innen, die ich bei meinen Recherchen kennenlernen durfte. Sie öffneten die Türen ihrer Häuser und erzählten mir ihre Geschichten. Einige dieser Personen kommen in meinem Buch zu Wort, viele nicht. 2009 kam ich zum ersten Mal nach Brasilien. Ich verliebte mich auf den ersten Blick in São Paulo, die Megametropole mit dem dystopischen Charme, der paranoiden Architektur und ihrer pulsierenden Art. In der Stadt lernte ich wundervolle Menschen kennen. Mit einigen verbindet mich seitdem eine enge Freundschaft. Raquel, Mona, Gui und Rodrigo teilten ihre Welt mit mir und brachten mir Brasilien auf vielen Wegen näher. Ich könnte nicht dankbarer sein, sie kennengelernt zu haben.

Auch möchte ich mich bei vielen tollen Kolleg*innen bedanken, die mir zur Seite gestanden haben. Besonders Andrea Dip vom Investigativmedium Agência Pública gab mir wertvolle

Hinweise und half bei meinen Recherchen weiter. Brauchte ich neue Kontakte, konnte ich mich stets auf Nina Lemos verlassen. In Brasília versorgte mich Diego Scardone nicht nur mit einem Anzug, sondern verschaffte mir auch Zugänge zum Parlament. Mit den Kolleg*innen der Rosa-Luxemburg-Stiftung in São Paulo verbindet mich eine lange persönliche und berufliche Beziehung.

Ebenso gilt mein Dank den Kolleg*innen der Friedrich-Ebert-Stiftung. Ohne ihre Unterstützung hätte ich viele Recherchen vor Ort nicht machen können und das Buch sähe jetzt anders aus. Besonders Christoph Heuser, Büroleiter der Friedrich-Ebert-Stiftung in Brasilien, half mir immer wieder weiter.

Auch in Deutschland haben mich viele Menschen unterstützt. Hervorzuheben ist Dr. Matthias Schindler, der früh an dieses Buch glaubte und mich förderte. Ich schätze mich glücklich, mit Assoziation A einen Verlag gefunden zu haben, mit dem ich jederzeit vertrauensvoll zusammenarbeiten konnte. Besonders danke ich meinem Lektor Rainer Wendling. Die Gestaltung des Buches übernahm Andreas Homann, André Groth schoss das Autorenfoto, und es war Michael Kegler, der mich mit Assoziation A zusammenbrachte. Mehrere Personen haben einzelne Teile des Buches Korrektur gelesen: Hişar Schönfeld, Dennis Pauschinger, Alrik Schubotz. Mein besonderer Dank gilt auch Lea, die mich immer unterstützte und schon vor Jahren mir die Idee näher brachte, ein Buch über Brasilien zu schreiben.

Die letzten Monate waren nicht immer einfach. Umso wichtiger war es, mich auf Unterstützung verlassen zu können. Besonders Jan, Mareike und Jonny standen immer an meiner Seite und sprachen mir auch in schwierigen Momenten Mut zu. Der letzte und größte Dank geht an meine Eltern, die mich lehrten, kritisch auf die Welt zu blicken.

Brasilianische Literatur bei Assoziation A

»Wer Brasilien verstehen will, muss Ruffato lesen.«

Luiz Ruffato
Mama, es geht mir gut
Vorläufige Hölle, Band 1
Aus dem Portugiesischen von Michael Kegler

ISBN 978-3-86241-421-5 | 160 Seiten | gebunden

Luiz Ruffato
Feindliche Welt
Vorläufige Hölle, Band 2
Aus dem Portugiesischen von Michael Kegler

ISBN 978-3-86241-430-7 | 192 Seiten | gebunden

Luiz Ruffato
Teilansicht der Nacht
Vorläufige Hölle, Band 3
Aus dem Portugiesischen von Michael Kegler

ISBN 978-3-86241-434-5 | 144 Seiten | gebunden

Luiz Ruffato
Das Buch der Unmöglichkeiten
Vorläufige Hölle, Band 4
Aus dem Portugiesischen von Michael Kegler

ISBN 978-3-86241-469-7 | 152 Seiten | gebunden

Luiz Ruffato
Sonntage ohne Gott
Vorläufige Hölle, Band 5
Aus dem Portugiesischen von Michael Kegler

ISBN 978-3-86241-481-9 | 120 Seiten | gebunden